佛典密意系列

# 《解深密经》密意

谈锡永 ◎ 著

复旦大学出版社

# 目录

总序 ………………………………………………… 001

引言 ………………………………………………… 001
序品第一 …………………………………………… 007
胜义谛相品第二 …………………………………… 023
心意识相品第三 …………………………………… 057
一切法相品第四 …………………………………… 071
无自性相品第五 …………………………………… 091
分别瑜伽品第六 …………………………………… 133
地波罗蜜多品第七 ………………………………… 197
如来成所作事品第八 ……………………………… 223

释迦牟尼

# 总　序

## 一、说　密　意

"佛典密意"系列丛书的目的在于表达一些佛家经论的密意。什么是密意？即是"意在言外"之意。一切经论都要用言说和文字来表达，这些言说和文字只是表达的工具，并不能如实表出佛陀说经、菩萨造论的真实意，读者若仅依言说和文字来理解经论，所得的便只是一己的理解，必须在言说与文字之外知其真实，才能通达经论。

《入楞伽经》有偈颂言：

由于其中有分别　名身句身与文身<br>
凡愚于此成计著　犹如大象溺深泥①

这即是说若依名身、句身、文身来理解经论，便落于虚妄分别，由是失去经论的密意，失去佛与菩萨的真实说。所以在《大涅槃经》中，佛说"四依"（依法不依人、依义不依语、依智不依识、依了义不依不了义），都是依真实而不依虚妄分别，其中的"依义不依语"，正说明读经论须依密意而非依言说文字作理解。佛将这一点看得很严重，在经中更有颂言：

---

① 依谈锡永译：《入楞伽经梵本新译》，第二品，颂172，台北：全佛文化，2005年。

> 彼随语言作分别　　即于法性作增益
> 以其有所增益故　　其人当堕入地狱①

这个颂便是告诫学佛的人不应依言说而诽谤密意,所以在经中便有如下一段经文:

> 世尊告言:大慧,三世如来应正等觉有两种教法义(dharma-naya),是为言说教法(deśanā-naya)、自证建立教法(siddhānta-pratyavasthāna-naya)。
>
> 云何为言说教法之方便?大慧,随顺有情心及信解,为积集种种资粮而教导经典。云何为观修者离心所见分别之自证教法?此为自证殊胜趣境,不堕一异、俱有、俱非;离心意意识;不落理量、不落言诠;此非堕入有无二边之外道二乘由识观可得尝其法味。如是我说为自证。②

由此可知佛的密意,即是由佛内自证所建立的教法,只不过用言说来表达而已。如来藏即是同样的建立,如来法身不可思议、不可见闻,由是用分别心所能认知的,便只是如来法身上随缘自显现的识境。所以,如来法身等同自证建立教法,显现出来的识境等同言说教法,能认知经论的密意,即如认知如来法身,若唯落于言说,那便是用"识观"来作分别,那便是对法性作增益,增益一些识境的名言句义于法性上,那便是对佛密意的诽谤,对法性的损害。

这样,我们便知道理解佛家经论密意的重要,若依文解字,便是将识境的虚妄分别,加于无分别的佛内自证智境上,将智境增益名言句义而成分别,所以佛才会将依言说作分别看得这么严重。

---

① 依谈锡永译:《入楞伽经梵本新译》,第三品,颂34。
② 同上书,第三品,第151页。

## 二、智识双运

由上所说,我们读经论的态度便是不落名言而知其密意,在这里强调的是不落名言,而不是摒除名言,因为若将所有名言都去除,那便等于不读经论。根据言说而不落言说,由是悟入经论的密意,那便是如来藏的智识双运,亦即是文殊师利菩萨所传的不二法门。

我们简单一点来说智识双运。

佛内自证智境界,名为如来法身。这里虽说为"身",其实只是一个境界,并非有如识境将身看成是个体。这个境界,是佛内自证的智,所以用识境的概念根本无法认知,因此才不可见、不可闻,在《金刚经》中有偈颂说:

若以色见我　以音声求我
是人行邪道　不能见如来

色与音声都是识境中的显现,若以此求见如来的法身、求见如来的佛内智境,那便是将如来的智境增益名言,是故称为邪道。

如来法身不可见,因为遍离识境。所以说如来法身唯藉依于法身的识境而成显现,这即是依于智识双运而成显现。经论的密意有如如来法身,不成显现,唯藉依于密意的言说而成显现,这亦是依于智识双运而成显现。如果唯落于言说,那便有如"以色见我,以音声求我",当然不能见到智境、不能见到经论的密意。不遣除言说而见密意,那便是由智识双运而见,这在《金刚经》中亦有一颂言(义净译):

应观佛法性　即导师法身
法性非所识　故彼不能了

是即不离法性以见如来法身(导师法身),若唯落识境(言说),便不能了知法性,所谓不离法性而见,即是由智识双运的境界而见,这亦是不二法门的密意,杂染的法与清净的法性不二,即是于智识双运的境界中法与法性不二。

然而,智识双运的境界,亦是如来藏的境界,我常将此境界比喻为荧光屏及屏上的影像:荧光屏比喻为如来法身,即是智境;法身上有识境随缘自显现,可比喻为荧光屏上的影像,即是识境。我们看荧光屏上的影像时,若知有荧光屏的存在,那便知道识境不离智境而成显现(影像不离荧光屏而成显现),因此无须离开影像来见荧光屏(无须离开言说来见密意),只需知道荧光屏唯藉影像而成显现(密意唯藉言说而成显现),那便可以认识荧光屏(认识经论的密意)。这便即是"应观佛法性,即导师法身",也即是"四依"中的"依义不依语"、"依智不依识"、"依了义不依不了义"。

简单一点来说,这便即是"言说与密意双运",因此若不识如来藏,不知智识双运,那便不知经论的密意。

## 三、略说如来藏

欲知佛的密意须识如来藏,佛的密意其实亦说为如来藏。支那内学院的学者吕澂先生在《入楞伽经讲记》中说:

> 此经待问而说,开演自证心地法门,即就众生与佛共同心地为言也。
>
> 自证者,谓此心地乃佛亲切契合而后说,非臆测推想之言。所以说此法门者,乃佛立教之本源,众生入道之依处。[1]

由此可见他实知《入楞伽经》的密意。其后更说:

> 四门所入,归于一趣,即如来藏。佛学而与佛无关,何贵此学,故四门所趣必至于如来藏,此义极为重要。[2]

---

[1] 《吕澂佛学论著选集》卷二,齐鲁书社,1991年,第1217页。
[2] 同上,第1261页。

所谓"四门",即《入楞伽经》所说的"八识"、"五法"、"三自性"及"二无我",吕澂认为这四门必须归趣入如来藏,否则即非佛学,因此他说:

> 如来藏义,非楞伽独倡,自佛说法以来,无处不说,无经不载,但以异门立说,所谓空、无生、无二,以及无自性相,如是等名,与如来藏义原无差别。①

佛说法无处不说如来藏、无经不载如来藏,那便是一切经的密意、依内自证智而说的密意;由种种法异门来说,如说空、无生等,那便是言说教法,由是所说四门实以如来藏为密意,四门只是言说。

吕澂如是说四门:

> 前之四法门亦皆说如来藏,何以言之?八识归于无生,五法极至无二,三性归于无性,二空归于空性,是皆以异门说如来藏也。

这样,四门实在已经包括一切经论,由是可知无论经论由哪一门来立说,都不脱离如来藏的范限。现在且一说如来藏的大意。

认识如来藏,可以分成次第:

一、将阿赖耶识定义为杂染的心性,将如来藏定义为清净的心性,这样来理解便十分简单,可以说心受杂染即成阿赖耶识,心识清净即成如来藏心。

二、深一层次来认识,便可以说心性本来光明清净,由于受客尘所染,由是成为虚妄分别心,这本净而受染的心性,便即是如来藏藏识。本来清净光明的心性,可以称为如来藏智境,亦可以称为佛性。

三、如来藏智境实在是一切诸佛内自证智境界,施设名言为如来法身。如来法身不可见,唯藉识境而成显现。这样,藉识境而成显现的佛内自证智境便名为如来藏。

关于第三个次第的认识,可以详说:

---

① 《吕澂佛学论著选集》卷二,齐鲁书社,1991年,第1261页。

如来法身唯藉识境而成显现，这个说法，还有密意。一切情器世间，实在不能脱离智境而显现，因为他们都要依赖如来法身的功能，这功能说为如来法身功德。所以正确地说，应该说为：如来法身上有识境随缘自显现，当这样说时，便已经有两重密意：(1) 如来法身有如来法身功德；(2) 识境虽有如来法身功德令其得以显现，可是还要"随缘"，亦即随着因缘而成显现，此显现既为识境，所依处则为如来法身智境，两种境界双运，便可以称为"智识双运界"。

什么是"双运"？这可以比喻为手，手有手背与手掌，二者不相同，可是却不能异离，在名言上，即说二者为"不一不异"，他们的状态便称为双运。

如来法身智境上有识境随缘自显现，智境与识境二者不相同，可是亦不能异离，没有一个识境可以离如来法身功德而成立，所以，便不能离如来法身而成立，因此便说为二者双运，这即是智识双运。

如来法身到底有什么功能令识境成立呢？第一，具足周遍一切界的生机。若无生机，没有识境可以生起，这便称为"现分"；第二，令一切显现能有差别。两个人，绝不相同，两株树，亦可以令人分别出来，识境具有如是差别，便是如来法身的功能，称为"明分"。所谓"明"，即是能令人了别，了了分明。

智境有这样的功能，识境亦有它自己的功能，那便是"随缘"。"随缘"的意思是依随着缘起而成显现。这里所说的缘起，不是一般所说的"因缘和合"，今人说"因缘和合"，只是说一间房屋由砖瓦木石砌成；一只茶杯由泥土瓷釉经工人烧制而成，如是等等。这里说的是甚深缘起，名为"相碍缘起"，相碍便是条件与局限，一切事物成立，都要适应相碍，例如我们这个世间，呼吸的空气、自然界的风雷雨电，如是等等，都要适应。尤其是对时空的适应，我们是三度空间的生命，所以我们必须成为立体，然后才能够在这世间显现。这重缘起，说为甚深秘密，轻易不肯宣说，因为在古时候一般人很难了解，不过对现代人来说，这缘起便不应该是什么秘密了。

这样来认识如来藏，便同时认识了智识双运界，二者可以说为同义。于说智识双运时,其实已经表达了文殊师利法门的"不二"。

## 四、结　　语

上面已经简略说明密意、智识双运与如来藏,同时亦据吕澂先生的观点,说明"无经不载如来藏",因此凡不是正面说如来藏的经论,都有如来藏为密意,也即是说,经论可以用法异门为言说来表达,但所表达的密意唯是如来藏(亦可以说为唯是不二法门)。因此,我们在读佛典时便应该透过法异门言说,来理解如来藏这个密意。

例如说空性,怎样才是空性的究竟呢? 如果认识如来藏,就可以这样理解:一切识境实在以如来法身为基,藉此基上的功能而随缘自显现,显现为"有",是即说为"缘起",缘起的意思是依缘生起,所以成为有而不是成为空。那么,为什么又说"性空"呢? 那是依如来法身基而说为空,因为释迦将如来法身说为空性,比喻为虚空,还特别声明,如来法身只能用虚空作为比喻,其余比喻都是邪说,这样一来,如来法身基(名为"本始基")便是空性基,因此在其上显现的一切识境,便只能是空性。此如以水为基的月影,只能是水性;以镜为基的镜影,只能是镜性。能这样理解性空,即是依如来藏密意而成究竟。

以此为例,即知凡说法异门实都归趣如来藏,若不依如来藏来理解,便失去密意。因此,本丛书即依如来藏来解释一些经论,令读者知经论的密意。这样来解释经论,可以说是一个尝试,因为这等于是用离言来解释言说,实在并不容易。这尝试未必成功,希望读者能给予宝贵意见,以便改进。

*谈锡永*

2011年5月19日七十七岁生日

# 引 言

## 一、《解深密经》在佛典中所处的位置

《解深密经》的结集流通是在《般若经》系列经典之后。介乎《般若经》与《解深密经》之间，还有一系列经典是以说"如来藏"为主。这系列经典即是《胜鬘经》等。《胜鬘经》系列经典不但为了义，而且还由此开出《解深密经》一系列经典。

《般若经》的主旨是说一切法空。那么，知道空性之后，又怎样进入成佛之道呢？

《胜鬘经》一系列经典所说者即是成佛的机理，且将这机理名之为"如来藏"。必须先明白这机理，然后才谈得上怎样成佛。此系列经典既说成佛的机理，当然也便说到成立众生的机理。众生的心识状态恒常受贪瞋痴污染，这种状态即名之为藏识（阿赖耶识）。正由于藏识的作用，才有六道轮回，众生即由是成立。

学佛的人都是众生，佛的本怀在于教导众生如何成佛，因此便需教导学人如何瞭解自己的心识，进一步则教导学人如何清净自己的心识。由是便有《解深密经》一系列经典。

此系列经典详细分析众生的心识。众生的心识功能在于认知、了别一切法，但当众生一旦能了别认识（见或知）时，却将所认知、所分别的概念执之为实，这样一来，心识即受污染，由此便入轮回。

《解深密经》之所以重要，正在于能教凡夫如何藉此而修道，从而步入成佛之道。仅知道"如来藏"，对凡夫没有用处，因为即使在知见上能瞭解佛智，凡夫亦不能因此成佛。必须知道自己的心识状态，同时知道如何清净自己的心识，凡夫才能瞭解需如何修持。对凡夫来说，《解深密经》一系列经典实在比《胜鬘经》系列还要重要。前者是实际指引，后者仍属知见。在这层意义上，可以强调《解深密经》是了义经典。

以上所述为藏密宁玛派的观点。宁玛派属"瑜伽行中观派"，他们并不是想调和"中观"与"唯识"，只是以中观见来修瑜伽行，是故亦称为"瑜伽行中观师"。印度祖师无垢友尊者说修证般若波罗蜜多，处处广引《解深密经》及《现观庄严论》。释《心经》内义，主要依据《解深密经》所说的修证次第。不败尊者于《广说如来藏》中所说之四理（相依理、法性理、作用理、证成理），是大乘瑜伽行古学依据《解深密经》所演的教法而建立。《辨中边论》所发扬的"五法"、"三自性"、次第离诸粗重等教法，皆脱胎自《解深密经》及《入楞伽经》，由此可知此经的重要。

印度佛学分三大流派，即弥勒建立的瑜伽行，以《解深密经》为其根本经典；龙树建立的中观，以《般若经》为其根本经典；文殊建立的瑜伽行中观（亦即如来藏），根本的经是《入楞伽经》，以及《维摩经》等文殊不二法门的经典。这三系列经典，其实都含密意。

## 二、《解深密经》与弥勒瑜伽行

"瑜伽行"即是大乘行人的修学。弥勒所说的修学系统，即名为弥勒瑜伽行。

弥勒瑜伽行派有古学与今学之分。所谓今学即是由玄奘法师传入汉土的唯识学派。此学派由陈那论师创立，由护法继承及发展。瑜伽行古学由真谛三藏传入汉土，论师包括无著、世亲（陈那为其弟子），以及世亲其余弟子，如安慧等。

古学与今学的分野在于今学家不谈如来藏，而古学家则几乎无人不以如来藏为修证果。这即是说，古学家以法相为基、以唯识为道、以如来藏为果；今学家则将唯识学深化，另行建立自己的基道果。

《解深密经》中有多处观点与唯识今学所讲不同，虽然唯识今学亦以此经作为自己的根本经典，可是对它多有批评，认为于读此经时，要懂得分别古学与今学，勿作混淆。因为若完全依止古学，有些唯识家的观点便难以说得通。

所以，唯识今学学人便将本经视为唯识思想形成初期的经典，这等于是认为陈那的思想比《解深密经》更加成熟。依此立场，他们说，本经虽然重要，但其重要性却无非是提供了一些资料，使人能了解唯识思想的来龙去脉。

实质上，唯识今学与瑜伽行并非同义词。唯识今学是理论，所以是一门学术；瑜伽行则是依心识修证的修学，所以是种种修习道。

瑜伽行古学与唯识学派有很多根本差异，此从二者对《解深密经》的解读可看出端倪。前者以"如来藏"为究竟，后者则以"唯识"为究竟；前者以"三无自性"超越"三自性"，后者则视"三无自性"与"三自性"同一层次，只是三自性有三无性。

唯识学派着重依阿赖耶识、种子等学说，解释如何转舍污染而依得清净之机理，是故便视唯识为究竟。瑜伽行古学则着重于次第显露本具的如来藏清净心。因此所说的"转依"，便有所不同。唯识学派是转舍阿赖耶识而依真如；瑜伽行古学是无所舍离而见如来藏。

于观修，唯识学派特别重视"四正加行"的离能取所取次第以证入"圆成自性"，而瑜伽行古学则着重"离相四加行"之圆证究竟无分别智次第；前者范围较窄，后者则范围为广大，所以后者实已包括前者。

如是由两重"转依"义及两重"四加行"义，应更易厘清瑜伽行古学与唯识今学之关系和差别。

弥勒瑜伽行据《解深密经》而建立，此为三转法轮说教。经中说之为"无上无容非诤论立足处"，故为了义。其了义，非但说唯识，以其立基于法相,证果为如来藏,唯识仅为道上之所依,如是基道果井然,然后始能说为了义。故知法相即是瑜伽行的了义基,亦可说三性、三无性为此了义基之基。

瑜伽行中观是以瑜伽行为道,《解深密经》的重点亦在于建立观修道之次第修证,可是它亦是分基道果来讲。第一品序品是等于前行,正行从第二品开始至第八品便分成基道果来讲。

### 三、《解深密经》的标题、主旨及结构

"深密"在梵文叫做 samdhi。Samdhi 的意思可以解释为一个竹节、一个竹节,一段一段这么接下来,是故真谛译作《解节经》。求那跋陀罗译作《相续解脱经》。相续之意,正是从竹子一节一节地相续这意义来翻译,易与佛家讲心的相续、身的相续混淆,而且用"解脱"一词过于严重。

"解"即解释、解明,不能说是解脱。菩提流支译作"密意",以示佛的密意。佛的密意等于一个竹的结,前面我们很容易通,可是到了结就难通了。所以这就等于佛所讲的密意。

密意的意思就是语言之外所含之意,没有明白地讲出来,他虽然用语言来表达,但读者却须理解言外之意。这个 samdhi,真谛翻译的经就讲四个节,有一个"令入节",就是所说的东西是不究竟的,可是为了让你入这个解脱道,因此我就这么讲,吸引你来。等于佛说有什么福报,你听见福报就相信佛教,就想学佛。佛说有福报的意思是令你进到佛道来,如此而已,这是他的密意。像这样一举例,你就晓得什么叫节。节的意思即为含有密意。唐玄奘译作《解深密经》,翻译得很好,使人明白它是解释佛的深密意。

日本现代学者高崎直道认为,所谓"深密",有"系结 X(A1A2A3…)而叫做 B"这种形式的意思,由于 X 不表出,所以当用 B 来表达时,如果 B

含有A1A2A3等意义,便可以说B道出了X的"深密"。

在这里,B便是言说,须了解B所含有的A1A2A3等,才能理解离言的X,那便是知佛密意。

《解深密经》的结集约略与《入楞伽经》同期,而《入楞伽经》亦同样被弥勒瑜伽行派视为根本经典。在此经中表达了一个很重要的主题,那即是佛内自证智境界无可显现,唯藉识境而成显现,所成的显现,用识境的道名言来说,便即是五法、三自性、八识、二无我。

对照高崎氏的解释,智境便即是X,识境便即是B。X不可说、不可表达、不可显现,于是即由B而成可说、可表、可显现。B说出X的"深密",即是《解深密经》的主题思想。

唯识家强调"转识成智",强调"转依",其所转,实际上即由B转而成X,亦即由识境转成智境。若用弥勒瑜伽行的道名言,便可说为转舍藏识而依如来藏。

所以,研读《解深密经》,必须从"唯有识境才能表现出智境"这一观点来理解,这亦是弥勒瑜伽行派的基本立场。若将之完全比附为唯识,那恐怕便始终是识境范围内的事,此亦恐非陈那论师之本怀,亦非玄奘法师之传授。

《解深密经》共有五卷八品。《序品》为全经大纲,以佛土庄严、如来功德、闻法众、菩萨众之名号,展现智识双运界。《胜义谛相品》所说即为智境,《心意识相品》所说即为识境,以其为境界,故说为"相"。然后于《一切法相品》,施设"三自性相",此即认识识境之三层次,凡庸依名言执实,是为遍计自性(分别自性);入道者知一切法皆为缘起,是由依他自性而认知识境;初地菩萨住于相碍缘起,现证一切法、一切世间皆因应其局限(相碍)而成显现,如我们的世间依三度空间、一度时间而成显现,如是即触证真如,由圆成自性以认知识境,住入法性。

于是即由"三无自性"以说《无自性相品》。此中现代唯识今学学人对此有一误解,他们认为三自性相有三无性。但是,"三无自性"实为对"三自性相"的超越,亦即由现证"相无自性"始能超越由遍计(分别)而成的识境,由现证"生无自性"始能超越落于相依、相对缘起以认识的识境,由此现证"胜义无自性",始能超越住于相碍缘起所认识的识境,由是超越初地而入修道。

接下来的二品:《分别瑜伽品》说实际观修的次第。瑜伽行派将观修次第定为(止、)观、止、止、观,与宁玛派所传相同。《地波罗蜜多品》说十地菩萨别别之观修与现证,及说佛地之机理,此即"转识成智"之次第差别。

最后,《如来成所作事品》说如来法、报、化三身。此中法身即为佛内自证智境,报身与化身即智境上随缘自显现而成的识境。

本经全部内容可概括如上,此亦为读者掌握此经的重要脉络。本书写作的目的,便是通过此经的重要脉络来指出密意。本经既称为"解深密",也就是说,根据本经之所说,就能得到佛言说以外的密意。于其密意已随文指出,此处不赘。

# 序品第一

# 序品第一

在讲序分之前，要注意以下几点。

第一，佛讲经处所。

凡是一本经，于序分须留意，佛是在何处讲经。如果是了义的经、重要的经，就一定不在灵鹫山来讲。

讲二转法轮的时候，很多经是在灵鹫山来讲，也有在给孤独园等地方讲的。那些经都是讲空、讲缘起。可是一讲到如来藏等了义经，地点就不同了，一定不在凡间释迦所住之地，而是在宫殿、楼台、宝阁等等地方来讲。

第二，闻法众。

还要注意的就是闻法的人了。初转法轮以声闻为主，没有菩萨。二转法轮以菩萨为主，有时候有阿罗汉、有声闻，则一定是大比丘众二千五百人俱。这是二转法轮。三转法轮听法人的条件要提高了，须具有"三大"的菩萨才堪能闻法。

何谓三大？即是愿大、断大、智大。

愿大：发大愿，即是发菩提心。

断大：即能了知何为了义、何为不了义；分辨何为佛之言说、何为佛之密意。对于言说，于闻法后不生执著，是即为"断"。断的意思不是不遵从佛的言说，而是能断除名言来理解密意。密意是佛的内自证境界，超越世间，本来无可言说，可是于说法时又不能不藉言说来表达，所以"断大"便是断名言而知离言的密意。

智大：即是已证如来藏的智。

具足三大的大菩萨,始能称为摩诃萨。"菩萨摩诃萨"即大菩萨之意,譬如文殊、弥勒、观自在菩萨摩诃萨便是具足三大的大菩萨。

第三,问法者及其名号。

闻法的菩萨都是大菩萨。于此经中出现三个大菩萨闻法,正是观自在菩萨、弥勒菩萨、文殊师利菩萨。此情形已经很不寻常。在这三大菩萨问法之前,还施设了一些菩萨的名号。这些菩萨除了在这本经出现以外,其他经中很少见到他们的名号,例如"如理请问菩萨"、"胜义生菩萨"等,可是在这本经中他们是带头的大菩萨。这就是因为他们的名号与本经的内容有关。这些菩萨的名号是施设出来的,为本经施设一个菩萨的名号,由这个名号,读者就应晓得名号的密意,此即本经的主旨。例如"如理请问",即是因为本经深密,是故若有思疑,亦应如理而问,不起诤论而问。又如"胜义生",便即是由胜义来理解生与无生,由是得究竟的无生法忍。

上面所说,便是《序分》的密意。

**【正文】如是我闻:一时薄伽梵**

**【释义】**薄迦梵译言"世尊"。无垢友尊者于《圣般若波罗蜜多心经广释》中说,"薄迦梵者,已除死魔、烦恼魔、蕴魔、天魔等四魔,为轮回众之导师,其功德与事业无量无边庄严,以功德故,具吉祥相形好。三乘眷属,能自利利他菩萨众,即以其为共依怙主"。用"薄迦梵"名,有如是功德,故经中言说即用"薄迦梵"名。

**【正文】住最胜光曜七宝庄严,放大光明,普照一切无边世界,**

**【释义】**佛在这样的地方说法,须留意,此即突显出如来藏智识双运界,亦即智境上有识境自显现,是故智境与识境双运,这些识境的显现,不是没有条件的,要随缘才可以自显现,要适应缘起才可以成为有。识境的基是佛内自证智境,因此,我们就说识境的显现即为智境上的庄严。至于称为"自显现",那是强调并非由造作而成。

说"大光明普照一切无边世界",密意是周遍,周遍一切情器世间。

用现代语言来说，便是周遍一切时空，是即为大平等性。佛放大光明周遍普照，便即是如来法身功德周遍一切时空的识境，是故一切识境平等，如来法身功德平等。

【正文】无量方所，妙饰间列，周圆无际，其量难测。

【释义】魏本此处有"住法界殿如来境界处"一句，加上这句后，经文即说智识双运的如来藏境界。如来内自证智的境界广大无边，智境上的识境亦无量无边。这并不是说，释迦说本经时有种种时空的世界出现，释迦住于如来藏境界来说本经，于此境界中，便有"无量方所"、"周圆无际"。

【正文】超过三界所行之处，胜出世间善根所起，最极自在净识为相。

【释义】佛讲经处是"最极自在净识为相"，即指这个识境是"最极自在净识为相"的地方。

为什么名为极自在？因为能够随缘。于相碍缘起中，能因应任运，适应障碍（局限），这便是"随缘"。以人为例，能显现为人，便须适应很多局限，能适应，便具足五官。蚯蚓所能适应的局限，便跟人不同，所以它没有眼，亦没有耳，可是它触觉的适应，却比人灵敏，因此，它便可以凭触觉来认知周围的环境。这样的任运，便是"极自在"。

至于说"净识为相"，那就是说释迦说法的地方显现为识境相，但却是清净的识境相，在这里，亦有"智识双运"的密意。

由上来所说，便知释迦说法处即是如来藏境界，因此本经所说，必然与如来藏有关。

【正文】如来所都，诸大菩萨众所云集，无量天龙、药叉、健达缚、阿素洛、揭路荼、紧捺洛、牟呼洛伽、人非人等常所翼从，广大法味喜乐所持，作诸众生一切义利，灭诸烦恼灾横缠垢，远离众魔。

【释义】闻法者皆为如来所都之大众。"所都"为唐代到宋代用语。

遗留至今,说"都是",一切都包括在里面称为"都"。"都"就是总的意思、总摄的意思。

"如来所都"是即如来所总摄的部众。由此可知,于说本经时,如来已经有分部的建立,例如如来部、金刚部、莲花部等。正因为有分部,所以才相对说为无分部的"如来所都"。本经所说,是大总义,若分部而说,则是别义。是故经言"如来所都",即显示本经说大总义,即究竟义,是即密意。

这些菩萨听经,听经是"现作众生一切义利,蠲除一切烦恼缠垢"。讲经之功德可成就我们的利,祛除我们的害。把我们的垢障祛除,则成就我们的义利。义利的意思就是我们懂得佛经所讲的境界。

梵本中"境界"一词为 artha,artha 有两个含义:一为境;一为义。境与义其实相通。例如,心中生起一个行相,既是行相便自然是境,然而此境亦必同时有义,而且境与义不可分离,所以心的行相,既是境相,亦是义相。我们想起一个人,便以此人的境相为心行相,行相中亦同是具有此人之义。

我们闻法,懂得佛经的义理,于是便得到一个心理境界,因此闻法之所得,可以称之为义,又可以称之为境。

**【正文】过诸庄严如来庄严之所依处,**

**【释义】**此句的意思其实很简单,却翻译得很难解。此说超过"如来庄严"的庄严,依什么处所而成显现。

看瑜伽行的经典,一定要重视它讲庄严。弥勒菩萨有一本论《现观庄严论》,以庄严为名。无著论师有一本论《大乘经庄严论》,亦以庄严为名。从这两本论你就晓得,瑜伽行派很重视"庄严"二字。

拙作《心经释颂》中有两句:"修为现观诸庄严,证则究竟无分别。"这是按瑜伽行中观来说的,是当时我闭关修止观的境界,于关中写此《心经释颂》。坛城本尊等等一切境界都是法界的庄严,是智境上呈现出来的识境。智识双运界中的识境即可称为庄严,我们观修便是依种种庄严而修。所以这里说"过诸庄严如来庄严",便是说如来藏的境界,是如来法身上显现的一切庄严,亦即是如来法身上显现出来的一切识境。周遍一切的世界,所以是广大无边的世界。在这样的一个广大无边法界中的一个识境世界来讲经。不只三千大千世界,故于此处即不说三千大千世界。

那么,这里的众生则不只是我们这个世间,不只我们所晓得的六道,还包括我们不认知的一切其他世间、其他时空的众生。所以,这是把如此广大的识境,当成是瑜伽行中观行人所应观修的境界。此点极为重要,亦为观修如来藏所需的抉择见,是亦显示密意。

这就与唯识不同了,远远超越唯识。唯识只是我们心识所能到的境界,我们想到什么地方,我们的心量有多大便只有多大。而瑜伽行所观的境界则远远超越我们心识的境界,因此我们也把这超越我们心识的境界,叫做非识境。这非识境其实亦是识境,只不过不是我们的识境。

这样说来,如来智境上所显现的识境,就包含两个境界:一个我们称之为识境;一个我们称之为非识境。

【正文】大念慧行以为游路,大止妙观以为所乘,大空、无相、无愿解脱为所入门。

【释义】这主要是讲三解脱门:大空、无相、无愿,要由哪条路来走,才到这个解脱门?这条路是大念慧行。在这条路上乘坐什么交通工具?交通工具是大止妙观,即是修止观。修止观就是瑜伽行。我们以大念慧行为路,修止观为乘,如此始能入三解脱门。

要注意它不是"空解脱门",是"大空",超越了小中观所讲的"无自性空"。超越它了,所以叫大空。这个大空即是"现空"。不光是空,还是现空,是现空双运。亦可以说是"明空",明空双运。由现空、明空,即可显示一切法自性即是本性。

空是代表智境,现是代表识境。藉如来之现分,识境始能生起,因此我们把现分看成是如来内自证智境的功德(功能),即是生机。所以现空等于识与智。智识双运则为现空。证到现空,才叫做大空。

此外便是"明分",识境生起能被了别,这"了别"即称为"明"。所以"明分"指的同样是如来法身功德(即如来内自证智功德),只是这是从相来讲,一切识境都显现为能被了别,识境才可以成立,如是明空双运,亦即大空。

讲现空、明空,汉传的华严宗,藏传的宁玛派、萨迦派、噶举派大中观,汉传教外别传的禅宗,其实都是讲现空、明空。禅宗以"家常日用"来讲"现"。它讲"家常日用"就等于讲现分、明分,因为我们生活所在的识境,即是现空、明空的境界,若光说空,反而不是"家常日用"。

所有属于大中观系列的宗派其实都讲现空为空,不是光讲一个空。小中观则不然,讲空、讲空性。空是不了义,空只是施设名言,在《般若经》中,释迦已明言,空是假施设。

由此我们就可以预期这本经会讲什么。就是讲大念慧行与止观,讲大空、无相、无愿三解脱门,此亦即菩萨行。下面在第七品中,即宣说菩萨行的密意。

**【正文】**无量功德众所庄严、大宝华王众所建立大宫殿中,是薄伽梵最清净觉、不二现行,趣无相法,住于佛性,逮得一切佛平等性,到无障处,不可转法,所行无碍,其所安立不可思议,游于三世平等法性,其身流布一切世界,于一切法智无疑滞,于一切行成就大觉,于诸法智无有疑惑,凡所现身不可分别。

**【释义】**接下来就是讲佛诸功德。

功德一:"是薄伽梵最清净觉,不二现行,趣无相法"。

"不二"即说现空不二,由此不二才能趣向无相法。

功德二:"住于佛性,逮得一切佛平等性,到无障处。"

"到无障处"。宁玛派讲四重缘起:业因缘起、相依缘起、相对缘起、相碍缘起。四重缘起在佛经找不到这个名词,这叫"道名言",宁玛派施设的道名言。等于天台宗讲"一心三观",在佛经也找不到"一心三观"这样的说法。这个名言亦是天台宗的道名言。华严宗讲四个缘起:阿赖耶缘起、如来藏缘起、真如缘起、法界缘起。此于佛经中亦不见如是名言,因为它亦是华严宗的道名言。

佛家每一宗为了解释自宗的教法,遂依佛之密意,并结合自宗的观修来施设道名言。我们施设相碍缘起是很有理由的,于此经中就看到了"逮得一切佛的平等性到无障处"。无障处不是没有障碍,凡识境必有识境的障碍,是即相碍,但一切诸法都能各各适应一些相碍而成为有,既能适应,是即无碍。此如不懂游泳的人,水对他们来说,即是相碍,但如果对水能适应,便成无碍。一切诸法都成无碍而显现,是即"一切佛的平等性到无障处"。

所以即是说:如何能够无障?能适应那些障,则为无障,并不是要将障碍清除,然后才成无障。于三度空间的世间,我们适应三度空间而显现为立体,那么,三度空间便不成为障碍。倘若到了五度空间,能无障,便须显现为五度空间的形态。我们无法知晓五度空间为何形态,但对五度空间的生命体而言,那便是他们的天然状态,那就是无障处。

由此可见宁玛派成立相碍缘起是佛之密意,等于华严宗成立法界缘起。说一切法相融,一法含多法,多法含一法。所以一个芥子含一切法,一切法都含有这一个芥子。这个说法亦是佛之密意,即为佛所说的"一即是多,多即是一"。是故一多相即,一就是多,多就是一,是华严宗最高的建立。就叫事事无碍,事理无碍。二者相融,等于是相碍缘起,能够相融就是能够无碍。在宁玛派就叫任运圆成。

功德三:"不可转法"。

转即是生起,"不可转法"就是无生,无一法实际生起,生起的只是智境上的识境自显现而已。等于我举的例,荧光屏上的画面生起一个影像,假如住在荧光屏的影像世界中,便会将所有影像看成是实物。一旦离开荧光屏,就看见他们只是影像,这就是并无实有的法生起,是即不可转法。

功德四:"所行无碍,其所安立不可思议"。

那就跟刚才所讲一样,刚才讲一切法的平等性无障,这样生起即是无生。如果用我的比喻,则可以这么讲,一切电视机画面上的影像无碍显现出来,但不是荧光屏生起这些影像,只是影像的显现而已。此无碍自显现便即是如来法身功德的"所行无碍"。

由于法界具足如来法身功德,此功德例如生机(称为"现分"),因为有了生机,所以一切法即能任运圆成而成为有,是即"所行无碍",这是指如来法身的无碍。

功德五:"其所安立不可思议"。

一切世间的安立是不可思议的,为什么?举例来说,一个人的成立,就不知要适应哪一些相碍,现代科学都无法一一举出,而且,所适应的局限一环扣一环,因此人体的组织才会这么精密,在人体组织中拿去任何一种组织,便会将整个组织破坏,这就可以说,人的安立不可思议。人是这样,一切法都是这样。

这句经文,即说宁玛派相碍缘起的意趣、华严宗法界缘起的意趣,亦即是识境自显现的理趣。

功德六:"游于三世平等法性,其身流布一切世界"。

不仅现在,于过去、未来(三世),法身都可以藉识境而成显现。在法性中诸法皆以本性为自性,除此别无自性,是故平等。由是说如来法身功德流布一切世界,复因功德与法身不可分离,所以便可以说,如来法身流布一切世界。

功德七:"于一切法智无疑滞,于一切行成就大觉"。

如来法身境界是身、智、界三无分别,上面已经由身来说如来的本性,现在即由智而说。

如来法智,对修行人来说,应无疑滞,因为识境即依智境而成立,是故不应只住于识境,而不知智境,若能悟知智境与识境双运,是即无疑滞，由是一切行都能成就大觉。这即是说，行者若依佛密意，悟入智识双运的如来藏境界，其所行，即能成就大觉（现证大菩提）。

功德八："凡所现身不可分别"。

智境须藉识境而成显现，因此一切识境都可以说是如来所现身。由是一切识境即无分别（玄奘译"不可分别"，实为"无分别"）。

【正文】一切菩萨正所求智，得佛无二住胜彼岸，不相间杂，如来解脱妙智究竟，证无中边佛地平等，极于法界，尽虚空性穷未来际。与无量大声闻众俱，一切调顺皆是佛子，心善解脱、慧善解脱、戒善清净、趣求法乐；多闻闻持，其闻积集；善思所思，善说所说，善作所作；捷慧、速慧、利慧、出慧、胜决择慧、大慧、广慧，及无等慧，慧宝成就，具足三明，逮得第一现法乐住；大净福田，威仪寂静，无不圆满；大忍柔和，成就无减，已善奉行如来圣教。

【释义】下面三种功德，即依闻法者而说。

功德九："一切菩萨正所求智"。

诸佛功德即是一切菩萨的正所求智，是即自然智，因为佛内自证智并非新得，只是证入一个法尔的智境，此智境有功德生起。菩萨先须证入佛内自证智境的功德，然后才能证入法尔的佛内自证智。如是便是"正智"，菩萨所求即此"正智"。

功德十："得佛无二住胜彼岸"。

佛现证自然智，同时起后得智。后得智即是观察识境的智，因此佛之所证，可以说是自然智与后得智双运，亦即根本智境与观察识境的智双运，由此双运而成智境与识境不一不异，是即"无二"，由是而住彼岸，即证菩提与涅槃。菩萨由"正所求智"的观修而得成佛，所以说"得佛无二住胜彼岸"。

功德十一："不相间杂，如来解脱妙智究竟，证无中边佛地平等，极于法界，尽虚空性，穷未来际"。

此处玄奘译"不相间杂"，依藏译应是"无有差别"。为什么要"无有差别"？因为要证无中边的佛地，无中亦无边的佛地，是即离诸分别而成无有差别，如是才能说为"无二"。依瑜伽行的教法，分别中边只是加行道上的事，世亲论师的《辨中边论》，就是为加行道上行人而造。加行道以上，即离中边，而且是离边复离中，因为既无有边，即无有中可以安立。所以如来的"解脱妙智"，既无中边，又周遍法界（"极于法界"），只能用虚空来比喻，而且还超越三时（"穷未来际"）。此即菩萨成佛时之所证。

功德十二："与无量大声闻众俱，一切调顺皆是佛子"。

这便是一乘的建立，声闻乘、缘觉乘、菩萨乘于佛功德中，能得调顺，即是佛子，此即为能得如来密意，并依此抉择、观修，由是得决定而成现证，是即能成调顺，悟入一乘。这显示如来的言说不同，但密意则一，是故只有一乘，无有三乘。

对如来功德的密意，须如上所说而理解。

说闻法众"心善解脱、慧善解脱、戒善清净"，是即说由戒、定、慧三门得空、无相、无愿三解脱门。

"具足三明"，三明为菩萨所有，不是声闻所有。三明是：第一，宿命明，宿命智明；第二，生死明，生死智明；第三，漏尽智明。

此三明，宿命明是晓得过去世；生死明是了解过去未来世。我晓得自己过去世做过一些什么事，做过什么人，或者做过什么众生。我晓得未来我会到什么地方去，我未来怎么样。还有漏尽明。漏就是烦恼，烦恼与漏是同义词。烦恼都尽了，用智来尽那个烦恼。所以这个是菩萨的三明。

"具足三明，逮得一现法乐住"，这就是讲现分，大乐。"现法乐住"即是住法乐中，这个乐，即是如来法身功德，由此功德才可以有识境生起，所以便可以说为佛的大悲，但对识境中的生命来说，则可以说为大乐。若依智识双运而修，即因大乐而得法乐，能现证这个境界，是即证入佛乘的如来藏。这是说菩萨由具足三明、现法乐住，由是得成就三解脱门。

**【正文】**复有无量菩萨摩诃萨,从种种佛土而来集会,皆住大乘,游大乘法,于诸众生其心平等,离诸分别及不分别种种分别,摧伏一切众魔怨敌,远离一切声闻独觉所有作意,广大法味喜乐所持,超五怖畏,一向趣入不退转地,息一切众生一切苦恼所逼迫地而现在前。其名曰,解甚深义密意菩萨摩诃萨、如理请问菩萨摩诃萨、法涌菩萨摩诃萨、善清净慧菩萨摩诃萨、广慧菩萨摩诃萨、德本菩萨摩诃萨、胜义生菩萨摩诃萨、观自在菩萨摩诃萨、慈氏菩萨摩诃萨、曼殊室利菩萨摩诃萨等而为上首。

**【释义】**此说种种佛土来的菩萨众,他们都是菩萨摩诃萨。

菩萨众由种种佛土来,即非释迦化土的菩萨。佛经中说及他佛化土的菩萨时,必为说不二法门、如来藏的经典。

说他们"皆住大乘,游大乘法",这大乘是指无上大乘。一般所说的大乘,是二转法轮的法,是讲空。三转法轮才叫无上大乘,就是讲如来藏,是即"狮子吼"。

"于诸众生其心平等,离诸分别及不分别种种分别"。

不同的世界就有不同的分别,我们这个世界有我们这个世界的分别。如果是不同时空的世界,就有不同时空世界的分别。这些分别是我们不理解的,不可思议的。这里就强调要不分别种种分别,对种种分别不起分别,要强调种种。本经说至此处,都一直强调周遍、强调种种,所以此处是以平等性为主旨,复由平等而说周遍及种种。

于本经序分,已说多种密意,于下面经文,便须留意大乐、周遍、平等性等密意。

"摧伏一切众魔怨敌,远离一切声闻独觉所有作意"。

有作意即有分别,没有分别则不会有作意。假如你住在如来藏的境界,你就无有作意来行、来修,就无须像声闻众等等作苦集灭道四谛、十六行相等等分别。

"广大法味喜乐所持",这是说法乐,即住于法乐之中。

"超五怖畏",这五怖畏是:

第一,不活畏。不活不是生死的活,是指不能生活,无以为生就叫不活。

第二,恶名畏。怕人家给自己一个恶名。凡是佛、凡是大菩萨一定有种种恶名加在他身上,释迦牟尼都曾经给人诽谤。因为根据佛的授记,凡是佛在我们这个化土里面,就有这个化土的魔给他为难,因此没有背上恶名的就不能成大菩萨,所有大菩萨都有恶名,龙树菩萨都有恶名,文殊师利菩萨有恶名。怕人家说我恶名,那便是有分别,落善恶边,那就不是菩萨行。

第三,恶趣畏。怕落地狱、饿鬼、畜生三恶道,这是有所疑惧,而成大悲心不足。若无疑惧,便可以到三恶趣救渡众生。

第四,死畏。即是畏惧死亡。

第五,大众威德畏。怕人家说自己没有威德,不像一个大修行人。

大菩萨没有五畏。印度八十四大成就者,很少表现他有威德,很少表现他怕恶名。因此都是没有五怖畏。五种畏惧都没有,才是大菩萨。

"一向趣入不退转地,息一切众生一切苦恼所逼迫地而现在前"。

不退转地即是八地以上。能证入如来藏的是八地菩萨,不退转地菩萨。

这些菩萨摩诃萨的名号叫什么呢?

"解甚深义密意菩萨摩诃萨",点出本经主题的名字出来,解甚深义的密意。

"如理请问菩萨摩诃萨",问得合理的问题。这本经是讲了义的经,因此不应用不了义的问题来问。如果现在还问不如理的,用不了义的问题来诤论,就不是如理请问。

"法涌菩萨摩诃萨","涌"是流露的意思,翻译成"涌"字。一个菩萨如果他有证量,他讲经的时候,是住在止观的境界来讲。现在讲如来藏的经,你住的境界就是如来藏的境界,修如来藏的止观、决定如来藏为智识双运境,于此境界中说法,即成法涌,一切言说都是法的流露,此即法涌。

"善清净慧菩萨摩诃萨",清净慧是识境的慧,不过是清净的。因此这位菩萨,便即是得离世间的名言与句义,通达识境的真实。

"广慧菩萨摩诃萨",周遍一切慧,不止是通达我们这个世间的智慧,还能通达无边世间。

"德本菩萨摩诃萨",此所谓"德",即如来法身功德,由如来法身功德才有一切种种世间显现,用现代的语言来说,便是一切时空的种种世间显现,是即一切识境以德为本,德本菩萨即对此通达。

"胜义生菩萨摩诃萨",能了知识境如何而生,如何依如来法身而生,是即知"胜义生"。这并不是以如来法身为生因,一切诸法只是随缘自显现而生,是即"胜义生"。由知胜义生,即能得无生法忍。

这些菩萨的名号,即与本经的密意有关。

然后是我们熟悉的三大菩萨:观自在菩萨、"慈氏菩萨"即弥勒菩萨、"曼殊室利菩萨"即文殊师利菩萨。他们在本经中,是主要的问法者。每位菩萨之所问,都根据菩萨自己的观修而问,在接下来的经文中,即见到他们的风格。

## 胜义谛相品第二

## 胜义谛相品第二

第二品"胜义谛相品",是由三位大菩萨与一位大比丘,分别向大菩萨及佛问法,所问之法是关于胜义谛相。问胜义谛相即是问智境,如来法身即是佛内自证智的境界。然而智境与识境不相离、胜义与世俗不相离,是故于本品便不能唯由智境而了知。

佛与大菩萨依次以如下四个主题说胜义谛的甚深义:一、一切法无二;二、胜义谛定义;三、胜义谛与世俗谛不一不异;四、胜义谛遍一切一味相。这四个主题,都是胜义谛的密意,若以空为胜义,只是言说。

【正文】尔时,如理请问菩萨摩诃萨,即于佛前问解甚深义密意菩萨言:最胜子,言一切法无二,一切法无二者,何等一切法?云何为无二?

【释义】"最胜子"是佛子的别称,在此是称呼解甚深义密意菩萨。如理请问菩萨从一切法无二来问,分作两个问题:何谓一切法?何谓无二?

【正文】解甚深义密意菩萨谓如理请问菩萨曰:善男子,一切法者,略有二种:一者有为,二者无为。是中有为,非有为非无为;无为,亦非无为非有为。

【释义】解甚深义密意菩萨如是作答:一切法分有为与无为二法。说有为、说无为则一切法都包括在内。然而有为是离四边的,无为亦是离四边的。所谓四边:一边是有为;一边是无为;一边是亦有为亦无为;一边是非有为非无为。有为、无为都是离四边的,这才是中道的有为与中道的无为。证有为的境界与证无为的境界,用语言说不出来,只能言说为离四边。

若从名言上理解,有为的定义是:凡是落在缘起法的、有因果作用的称作有为;无为的定义是:凡是离缘起、无因果作用的称作无为。

但是说中道的有为与中道的无为,则不能用此定义,因为是不了义。大致说来,我们这个世间,一切识境都是有为;佛的智境则是无为。可是智境与识境一定双运,就好像我们的手,手掌与手背一定双运,不能分离,是故说为双运。

智识双运的意思是:智境无变易,识境无异离。智境是基,在它上面显现识境,识境有杂染,却不能令智境有丝毫改变,这是智境的不动性,亦名为金刚空性。所以智境虽有识境显现,可是它不因识境而有变易;至于识境则与智境从不异离,如荧光屏影像与荧光屏从不异离,如是无变易与无异离就是智识双运的定义。

我们的世间亦是住在如来法身中,犹如荧光屏的一切影像一定住在荧光屏上。所以说什么叫如来?家常日用都有如来法身。识境与智境无异离,家常日用里面与如来法身从来没有分开过。

倘若认识到识境无异离,智境无变易,如是即成清净、恒常清净。所以我们住的境界是恒常清净的。无论打仗不打仗,以至坑蒙拐骗、奸淫邪盗等识境显现,都与智境无异离,是故善与不善都无染与净的分别。更不要说是家常日用,自然本性清净。

不了解智识双运的定义——智境无变易,识境无异离——就根本不了解如来藏。所以读这本经亦应该从智识双运无变易、无异离来读,这是很重要的事,这才是胜义谛的法相。要了解智识双运才是佛法的究竟。

**【正文】**如理请问菩萨复问解甚深义密意菩萨言:最胜子,如何有为非有为非无为;无为亦非无为非有为?解甚深义密意菩萨谓如理请问菩萨曰:善男子,言有为者,乃是本师假施设句。若是本师假施设句,即是遍计所集言辞所说;若是遍计所集言辞所说,即是究竟种种遍计言辞所说。不成实故,非是有为。善男子,言无为者,亦堕言辞。设离有为,无为少有所说,其相亦尔。

【释义】此段有三处须重新翻译:
(1)"言有为者,乃是本师假施设句"。

"假施设句"是唐玄奘的翻译,依藏译是"乃是如来以名言说法","有为"只是名言,并非真实,为了说法,所以才施设这个名言来显示。

(2)"遍计所集言辞所说"。

依藏译是"由分别所起的世间语言"。所谓名言,是佛依照世间分别而施设的名相,"有为"就是这样的一个名相。

(3)"究竟种种遍计言辞所说"。

依藏译应为"究竟不成种种世间语言所说"。

"究竟不成"即是究竟不成为有、不成为真实。此即谓,佛由世间名言而作言说,但却不能依世间言说而成立真实。

整段经文的意思是:

何谓有为? 有为是如来假设一个名言,既然是如来假设的名言,它就是由分别而起的世间语言。若是由分别而起的世间语言,即究竟不能依着这些语言来作种种成立。

所以依究竟义而言,有为是不真实的,它只是种种世间言说而已,不成为实有。因为不成为实有,是故有为非有为。

无为亦是一个名言的施设。既然有为非有为、无为非无为,那么假设离开有为、无为也不是真实。这就是说要离四边。

解甚深义密意菩萨是离四边来看有为、看无为。有为、无为是言说,不真实;离开有为、无为,亦不真实。故说有为、无为、亦有为亦无为、非有为非无为,这四边都要离。

【正文】然非无事而有所说。何等为事?谓诸圣者以圣智圣见离名言故,现正等觉。即于如是离言法性,为欲令他现等觉故,假立名相谓之有为。

**【释义】**虽然是假设名言而说,但并非无事而造一个名言。是因为有事,有密意要表达,才施设这个名言而说。

到底有什么事呢?这句话须留意:"谓诸圣者以圣智圣见离名言故,现正等觉。"佛就是证正等觉。

智者证正等觉是怎么证的?圣者是以圣智来见。圣智来见,见什么?不光是见智境,而是同时见识境。释迦牟尼成佛,智境当然已经现证,他的心理状态已经是圣智的状态,然而圣智的心理看我们世间是如何而看?所见的相仍然是识境的相,但是对相的见则不同,不落名言而见,所以圣见非我们凡夫之见。譬如,圣者看见山还是山,水还是水,但却不落在山的名言、水的名言,不落在名言句义来认识这个事物,且将之当成实有。

可以这样比喻,佛之所见,是离开荧光屏来看荧光屏的画面,是故皆为影像。这是圣智所见。若凡夫之所见,则有如一个住在荧光屏画面中的人,不离荧光屏来看这些画面,所以便将一切影像看成是真实。因为觉得真实,所以便用名言来分别,由是影像世间便成为心识显现的世间。佛如是觉,便是证平等的觉,现证离言法性,一切识境都住在离言法性之中,如《宝性论》所说,"此离言法性,便即是如来藏"。

无为亦如是。假如我离开荧光屏,你问:"你的心已经离开荧光屏,你看见的境界如何?"其实我所见的境界,若说为"无为"亦不真实,因为这个无为亦是假施设。佛的智境不能用无为来形容,不能说佛的智境是无为。可是为了让你了解,我就施设一个名言说,离开荧光屏来看荧光屏影像,这样的境界,这样的智,这样的见,就叫做无为,这亦是施设名言来说无为而已。因此,非有为非无为。

但是,亦不能离开有为、无为来说。离开有为、无为则不能说:"你们住荧光屏,我离开荧光屏。"亦不能说:"智境无变易,识境无异离。"所以,就只能施设有为、无为两个名言,用来表达真实的境界。

这一段很重要。唯识宗说圆成实是真实的。他们把圆成性(pariniṣpanna-svabhāva)翻译作圆成实性,所以他们就说无为是真实的,这两个真实,跟本经所说完全不同,经说为名言施设,当然不真实。

为什么唯识宗要说无为是真实呢?因为不这么说,识则无处安立。他们一定要分别有为、无为。有为是落在因缘,完全是心识所成,是心识变现。无为是清净的心识。唯识宗无法离开识。现在看所有唯识宗的书,一定说圆成是实性,其实这是唐玄奘添译的。原来梵文只是圆成性。

【正文】善男子,言无为者,亦是本师假施设句;若是本师假施设句,即是遍计所集言辞所说;若是遍计所集言辞所说,即是究竟种种遍计言辞所说。不成实故,非是无为。善男子,言有为者,亦堕言辞。设离无为、有为少有所说,其相亦尔。然非无事而有所说。何等为事?谓诸圣者以圣智圣见离名言故,现等正觉;即于如是离言法性,为欲令他现等觉故,假立名相谓之无为。

【释义】这一段说无为,只是上来说有为的复文,其义与说有为相同,皆说有为、无为离四边。离四边的法义甚深,是理解胜义谛一个很深的基础。

【正文】尔时,如理请问菩萨摩诃萨复问解甚深义密意菩萨摩诃萨言:最胜子,如何此事,彼诸圣者以圣智圣见离名言故,现等正觉,即于如是离言法性,为欲令他现等觉故,假立名相,或谓有为,或谓无为?

【释义】圣者以圣智圣见看到识境,凡夫则落在名言看到识境。圣者离名言,则无所谓有与无,亦无有为法与无为法。能够这样离名言来看识境,就是现证等觉的平等。

可是圣者为了说法,他却不得不施设两个名言:有为、无为,否则他无法宣说法义。故此,圣者是离名言来施设名言。但是凡夫却落在这两个施设的名言中,是故,永远住在识境中。为此,如理请问菩萨复又请解甚深义密意菩萨详解,如何由施设言说,能令学人依离言法性而现正等觉。

【正文】解甚深义密意菩萨谓如理请问菩萨曰：善男子，如善幻师或彼弟子，住四衢道，积集草、叶、木、瓦砾等，现作种种幻化事业：所谓象身、马身、车身、步身、末尼、真珠、琉璃、螺贝、璧玉、珊瑚，种种财、谷、库藏等身。

【释义】幻师及其弟子于四衢道（即十字路口），堆集草、叶、木、瓦砾等，用幻术变出：四兵——象、马、车、步兵；七宝——末尼、真珠、琉璃、螺贝、璧玉、珊瑚等，种种金银财宝，五谷粮食，储存宝物的仓库。

【正文】若诸众生愚痴顽钝恶慧种类无所晓知，于草、叶、木、瓦砾等上诸幻化事，见已闻已，作如是念：此所见者，实有象身，实有马身、车身、步身、末尼、真珠、琉璃、螺贝、璧玉、珊瑚，种种财、谷、库藏等身。如其所见，如其所闻，坚固执著，随起言说：唯此谛实，余皆愚妄。彼于后时，应更观察。

【释义】解甚深义密意菩萨以幻师变魔术为例，观察四种众生对幻境的认知。

此段这句"愚痴顽钝恶慧种类无所晓知"，依藏译是"幼稚愚痴迷乱慧自性"，不是"恶慧种类"。

乱慧，世间的智称作慧，出世间的智才称作智。我们这个慧是迷乱慧。为什么是迷乱？因为我们落在假施设的名言中认识识境，所以是迷乱。无论你如何聪明，在世间如果不懂得出世间法，皆是乱慧。此类众生觉得幻师所变实在是有象身、马身等，实实在在是变出来一头象、一匹马。那就有如在识境中看见所有东西都说它是真实。除了我们所见之外，其余都不是真实。因此，反而把佛的智境看作是不真实，把圣者的所见所闻看作是不真实。对于他们这种态度，"于后时"，即是在他们见了这些东西，这样认定以后，还应该再观察，他原先的观察是对还是不对。

【正文】若有众生非愚非钝善慧种类有所晓知，于草、叶、木、瓦砾等上诸幻化事；见已闻已，作如是念：此所见者，无实象身，无实马身、车身、步身、末尼、真珠、琉璃、螺贝、璧玉、珊瑚,种种财、谷、库藏等身;然有幻状迷惑眼事。于中发起大象身想,或大象身差别之想,乃至发起种种财、谷、库藏等想,或彼种类差别之想。不如所见,不如所闻,坚固执著,随起言说:唯此谛实,余皆愚妄。为欲表知如是义故,亦于此中随起言说。彼于后时,不须观察。

【释义】善慧种类不是迷乱慧,亦即等于佛菩萨,等于能够离开荧光屏去看荧光屏的影像,知道眼前所见是依心识的变现而成显现,皆不真实。实在"大象身"等形象,非如我所见,非如我所闻而成真实。我们只是"坚固执著,随起言说",由是将事物看成是真实。

但是,言说亦并非没有作用,为了表达如是而知,便须"随起言说"。换言之,言说的功能只是为了彼此沟通。当这样来理解言说时,于"后时"便"不须观察"。

结合上文来说,观察两类众生而知,落在名言即是迷乱,不落在名言则是智慧。所以佛的内自证智境,其实即是能够离名言。

再说清楚一点:于识境观察事物是落名言,于智境观察事物是离名言。但是离名言则无法表达,要表达则须施设名言。当一施设名言,则还是名言。若说智境与识境是一,则须知是:智境亦须施设名言,故说为一。若从所证而言,智境所证是离名言,识境所证是落名言,因此,他们亦是异,我们只能说智境与识境是不一不异。识境是有为法,智境是无为法。整段经文是成立有为与无为是不一不异,是即无二。此即佛的密意。

【正文】如是,若有众生是愚夫类,是异生类,未得诸圣出世间慧,于一切法离言法性不能了知;彼于一切有为、无为,见已闻已,作如是念:此所得者,决定实有有为、无为;如其所见,如其所闻,坚固执著,随起言说:唯此谛实,余皆痴妄。彼于后时,应更观察。

【释义】此指凡夫执著于识,执著于名言句义,即使是执著智者所施设的名言,但若由名言分别有为无为为实有,此即如执著圆成性为实有，那便须于后时应更观察，亦即观察他们之所执如理不如理。

认为圆成性真实的人，不知所谓"圆成"，实在亦依识境而建立，识境中一切法任运圆成，这是甚深密的缘起。若依识境而建立，便非究竟，所以，瑜伽行还要建立一个"胜义无自性"来超越"圆成性"。当这样来理解时，便即是对肯定圆成性"唯此谛实，余皆痴妄"的后时观察。

【正文】若有众生非愚夫类，已见圣谛，已得诸圣出世间慧，于一切法离言法性如实了知；彼于一切有为、无为，见已闻已，作如是念：此所得者，决定无实有为、无为。然有分别所起行相，犹如幻事迷惑觉慧，于中发起为无为想，或为无为差别之想。不如所见，不如所闻，坚固执著，随起言说：唯此谛实，余皆痴妄。为欲表知如是义故，亦于此中随起言说。彼于后时不须观察。

如是，善男子，彼诸圣者于此事中，以圣智圣见离名言故，现等正觉；即于如是离言法性，为欲令他现等觉故，假立名相，谓之有为，谓之无为。

【释义】有众生已经得到出世间的圣智，了知离言的法性，他亦决定无真实的有为，亦无真实的无为。了知法性即是智境，不了知法性即是识境。然而，因为有"分别所起行相"（依藏译应为"分别所起行蕴之相"），亦即五蕴（色、受、想、行、识）中的行蕴相，所以便依然"随起言说"，对这些言说便不须再作观察。此如佛用言说来说法、用言说来表达密意，对这些言说便不须观察。

结合上来对有为无为的认知，此处说对离言法性的认知，都提出后时须作观察、不须观察，那是为修瑜伽行的人作指示。行者修止观，于修观时，即是观察，对何者须观察，何者不须观察，行人必须认识，否则便不能称为胜观，亦不能说为如理。

【正文】尔时，解甚深义密意菩萨欲重宣此义而说颂曰：
佛说离言无二义　甚深非愚之所行
愚夫于此痴所惑　乐著二依言戏论

彼或不定或邪定　流转极长生死苦
　　复违如是正智论　当生牛羊等类中

**【释义】** 佛所现证的离言法性、一切法无二,其法义甚深,非愚夫所能理解、通达,是故,他们对自己所惑的事物痴迷,乐著于能取所取,乐著于言说而成戏论,那么,他们所观修的便不成为定,或成为邪定(持邪见而成禅定)。因为在观修时须作抉择与决定,若抉择见与决定见不正,例如落于边见、将识境见为真实,那么,所修的禅定便非正定。若如此作观修,则依旧轮回;若违背佛之正智正见,因为愚痴,则轮回成畜生类。

第二颂玄奘译与西藏译不同,藏译是:

　　彼或不定或邪定　当生牛羊等类中
　　复违如是正智论　流转极长生死苦

即是说,不定、邪定都会做畜生。如果违反正智的,则有极长的轮回。此二译有所不同,不过分别不大。

《胜义谛相品》第一个主题:一切法无二,已经说完。经文文句多处重复,为什么要一直地重复呢?无上瑜伽的看法是,这些重复是给修法的人,在观修的时候,依着这些文字作观想,所以每一段经文都是一个完整的观想。

现在我们亦依照经文,从头到尾作一次观修。

首先,如理请问菩萨问:何谓无二?何等一切法无二?

解甚深义密意菩萨答曰:一切法即是有为法与无为法。为什么无二?有为非有为非无为,无为亦非无为亦非有为。

这是我们的抉择:有为非有为亦非无为,无为非有为亦非无为。无为非有为很容易理解,为什么无为亦非无为呢?为什么有为亦非有为呢?这个要作抉择。

所以现在开始抉择:有为、无为都是假施设的名言,施设名言即是由分别所起的世间名言来施设。

这个就要观察了。等于禅宗参话头的参。名言是什么？是分别世间所起的世间名言。亦即名言的本质是由分别所起。如是持抉择见观修，由观察所缘境，就可以作出决定，决定有为无为都是由分别所起的名言。

复作抉择：名言是什么？名言是分别所起，是施设出来，是故不能成为真实。不成即是不真实，因为是施设的，故不真实。所谓不真实，是指一切法并非如名言施设而显现为真实。

接着说无为是语言，是言说。说有为、说无为都是言说。说有为、无为，已经包括一切世间、出世间的法，离开二者，便没有法（具体的事物，抽象的概念）可言。

这样你又要作第二重抉择：在法界，有没有既不是无为，亦不是有为的法呢？真的没有。因为只有两个情形：一个是落在缘起的，一个是不落缘起的。落在缘起则是有为，不落缘起则是无为。只有落与不落，却不能说亦落因缘、亦不落因缘，没有这样的法。因此，作出决定：既然没有这样的法，所以只需观察有为、无为那就够了。有为、无为都是言说，这样就可以说为无二。

由此再观察下去（等于把话头再参下去），就等于这样参：

接下来，"言有为者，亦堕言辞。设离无为、有为少有所说，其相亦尔。然非无事而有所说"。这是进一步作观察：说有为是言说，说无为亦是言说。可是并不是没事而施设这些名言，而是因为有事才施设这些名言。这个事对我们而言，则是我们所见的现象与我们所想的概念。前者是具体，后者是抽象。所以一定有事，才有现象或概念，现象与概念不能凭空而起。这就是决定。

"如是离言法性，为欲令他现等觉故，假立名相谓之有为"等，这个不断不断地重复，即是不断不断地一重一重地作抉择，从有为来抉择，从无为来抉择，看它与何事有关。

具体的观修在经中没有说，若依宁玛派教法，作观察时，我们如是观察：现在我观想一个坛城与本尊，此坛城与本尊在我们来看是一个现象,此现象是根据我们的概念而生起,我们给本尊一个概念叫做金刚萨埵,于是生起金刚萨埵坛城的现象。生起坛城与本尊、莲花座等,到底它是有为还是无为呢?

如果说它无为,它却是从心生起的,从我们的心性所生,故说是依他。依我们心识生起的境界,即是依他。因此,它是落于因缘,依他是因缘。是故我们观修的所缘境一定是有为法。此即由观修生起次第,决定所缘境是有为法。

接着,迎请智慧尊。智慧尊是金刚萨埵的本性,依本性,即是无为法。这本性离言,是法智性,不可思议,无可言说。因此不能说智慧尊是由心性所生,只能说是法性所生。不过,我们仍然要用言说来表示,这是金刚萨埵智慧尊,但对这言说则不须更作观察,因为已经决定了他的本性。

如果用如来藏的道名言,我们便可以说,观修智慧尊融入本尊身,是心法性与心性相融,是即智境与识境双运。这便是我们观修的境界,行者即住于此境界中继续观修,如是积二种资粮,当能生现证时,即现证到智识双运的境界,不单只是一个决定。

上述观察的过程就是这样:

起初我们是落在名言,这是一个境界,叫做识境。你这样来感觉,叫做识觉。然后我们离名言,离名言就是智觉。可是又要施设名言,这个再施设的名言,已不同于由分别所起的名言,故说此施设名言是法性。

离名言而施设名言与落于名言,就名言而言是相同的,但是两个境界则不同,也即是说,落于识境,则成分别;由智识双运,则不成分别。这即是决定,亦是观修的现证。

胜义谛相的第一个主题:一切法无二,已经由二位大菩萨阐述明白了。现在换一个主题,说胜义谛定义。先要说无二,然后才能够说胜义谛的定义。所以现在亦换了一个菩萨,由法涌菩萨摩诃萨向佛请问。

**【正文】**尔时,法涌菩萨白佛言:世尊,从此东方过七十二殑伽河沙等世界,有世界名具大名称,是中如来号广大名称。我于先日从彼佛土发来至此。我于彼佛土曾见一处,有七万七千外道并其师首,同一会坐。为思诸法胜义谛相,彼共思议称量观察遍寻求时,于一切法胜义谛相竟不能得。唯除种种意解,别异意解,变异意解,互相违背,共兴诤论,口出矛矟,更相穀刺,恼已坏已,各各离散。世尊,我于尔时窃作是念:如来出世,甚奇,希有,由出世故,乃于如是超过一切寻思所行胜义谛相,亦有通达作证可得。说是语已。

**【释义】**殑伽河即是恒河,唐玄奘译作殑伽河,一般佛经译作恒河。以恒河沙作单位,它是七十二恒河沙这样多的世界,即是说无限无量的世界。一粒沙是一个世界,一条恒河沙不知有多少个世界。法涌菩萨从东方一直走过来,经过七十二恒河沙之多的世界。有一个世界叫做"具大名称",这个世界的如来叫做"广大名称"。

"我于先日从彼佛土发来至此"这一句,依藏译是"我于先世",不是"先日"。是说法涌菩萨前一生,从这个佛土来到我们现在这个世界。

在那里,曾经有一个地方,有七万七千个外道,与他们的上师坐在一起,思维什么是胜义谛相。他们彼此讨论,无论怎么样遍寻求,亦无法说出胜义谛相,只能说出种种意解。诤论过后,不欢而散。

那时候法涌菩萨见此情形,作如是想:如来出世甚为稀有,因为有如来,我们才能够如实了知超过一切寻思所行的胜义谛相。外道与他们的上师所想,都是寻思的相。如来才能够证到胜义谛相,他不是想出来的胜义谛相。

这一段是说胜义谛不可思议,只能现证,所以是无言。这个法义只有禅宗与宁玛派作如是说,再没有其他宗派如此表述胜义谛。其他宗派都是为胜义谛立一个定义,一立定义则落言说。一落言说则不真实,因为落边。所以对不思议境界只能去现证,不能像外道那样,都是寻思的境界,作种种寻思,作各种诤论。如来之所以稀有,则在于超过一切寻思所行,现证到胜义谛相。

**【正文】** 尔时,世尊告法涌菩萨曰:善男子,如是,如是,如汝所说,我于超过一切寻思胜义谛相,现正等觉;现等觉已,为他宣说、显现、开解、施设、照了。

**【释义】** 听法涌菩萨这么说,世尊答曰:对的,对的,像你说的一样,胜义谛相我是证出来的,超越一切寻思而现证等觉。为了使未证悟胜义谛相的众生亦能现证,我就为他宣说,为他显现,为他开解,为他施设,为他照了。

**【正文】** 何以故?我说胜义是诸圣者内自所证,寻思所行是诸异生展转所证。是故,法涌,由此道理,当知胜义超过一切寻思境相。

复次,法涌,我说胜义无相所行,寻思但行有相境界。是故,法涌,由此道理,当知胜义超过一切寻思境相。

复次,法涌,我说胜义不可言说,寻思但行言说境界。是故,法涌,由此道理,当知胜义超过一切寻思境相。

复次,法涌,我说胜义绝诸表示,寻思但行表示境界。是故,法涌,由此道理,当知胜义超过一切寻思境相。

复次,法涌,我说胜义绝诸诤论,寻思但行诤论境界。是故,法涌,由此道理,当知胜义超过一切寻思境相。

**【释义】** 由"何以故"以下,一共分开五段讲胜义谛相。

第一,说胜义是诸圣者内自所证。

胜义是什么?是诸圣者内自所证。你看,佛经明明这么说,可是当宁玛派说如来藏(即如来法身与如来法身功德双运),把胜义谛说是如来法身,把世俗谛说是如来法身功德;前者是胜义,后者是世俗。当作如此表述时,反而给人家提出疑难,批评这个说法不对,这样说二谛是"太过"(过分),是否定了因缘,是落在一个场所。

恰恰《解深密经》就是这么说,说胜义即是诸圣者的内自所证,如来法身即是佛内自证智境,如来法身是一个境界。《解深密经》明明是如此而说,佛的内自证智境界就是胜义谛,没有比它更胜义的了。

"寻思所行是诸异生",异生即是凡夫。异生不是畜生,是凡夫。唐玄奘把凡夫翻译成异生。

第二,说胜义无相所行。

"无相所行",依藏译应该译作"行无相境界"。经文整句应译作"我说胜义行无相境界"。

此处说行即说觉受。觉受什么境界?觉受无相的境界,这即是胜义,即是佛内自证智的境界。超过一切寻思境界相,即是说超过我们想出来的一切相,所有寻思相都给他超越了,是故无相即是超越寻思境界相,非无识境相为佛所见。

第三,说胜义不可言说。

胜义是说不出来的。依藏译应该译作"胜义超过一切寻思言说境界相"。

第四,说胜义绝诸表示。

胜义是没有表示的,说不出来就不能表示。凡夫的寻思是可以表示的,他们都是"行表示",以表示为行。感觉就是感觉那个表示。由是知胜义超过一切寻思境界的表示相。

第五,胜义绝诸诤论。

胜义是不可诤论的。凡夫对佛法所作的诤论,是以识境的事物与智境诤论,这当然是错的,因为二者的层次不同。荧光屏中的人与荧光屏外的人起诤,哪里有得诤呢?凡夫是镜中之花,所以根本不可与之诤论。若是在荧光屏中的人相互辩论,便只是辩论荧光屏世界的事物,所以就有诤论。由此道理当知,胜义是超过寻思的诤论境界相。

以上从五个方面定义胜义谛相,最基本、最重要的定义是:把胜义谛相定义为是佛的内自证智相。接下来佛以五喻进一步阐释胜义谛相之五义。

【正文】法涌,当知,譬如有人尽其寿量习辛苦味;于蜜、石蜜上妙美味,不能寻思,不能比度,不能信解。

【释义】有的人一生都习惯了辛苦味,当他吃蜜糖的时候,便不知蜜味为何味。我们尽其一生于识境中生活,于心性中寻思,是故对法性、对胜义、对佛的智境不可思量,我们想都想不到,说亦说不出,不能比度,不能信解。

【正文】或于长夜由欲贪胜解诸欲炽火所烧然故,于内除灭一切色声香味触相,妙远离乐,不能寻思,不能比度,不能信解。

【释义】凡夫长夜地受贪欲的火煎熬,对于离开色声香味触相所得的乐(妙远离乐),他们不能理解。此处说乐,可理解为生机,亦即下来一品将要说到的阿陀那。凡夫一生都在贪瞋痴中生活,没想过自己的生机何在,没想过由于有生机才有色声香味触相所得的乐。既不理解亦体会不到自己的生机,是故便不能寻思、比度、信解。所以在密乘就教你修拙火、修明点,令我们证到一个大乐的境界。这个大乐的境界亦是说不出来的,不能理解的。凡夫一生的思维,一定没想过如何去现证这个生机相。

【正文】或于长夜由言说胜解,乐著世间绮言说故,于内寂静圣默然乐,不能寻思,不能比度,不能信解。

【释义】凡夫只是从言说、从名词、从名相来理解胜义,其乐是有说、有笑、有表示的,是乐著语言的境界。胜义是离表示、离名言的境界。此处所说的乐,不是我们常人所说的乐,而是佛、圣者所证的乐。圣智的乐是离语言、离表示,即是默然的乐。

【正文】或于长夜由见闻觉知表示胜解,乐著世间诸表示故,于永除断一切表示,萨迦耶灭,究竟涅槃,不能寻思,不能比度,不能信解。

【释义】梵文萨迦耶(satkāya),即是身。凡夫有凡夫这个身,称作有身。凡夫是落在自己身体的感觉、身体的觉受,来认识乐,这只是识境的乐,对于究竟涅槃的大乐则不能寻思、不能理解。

【正文】法涌,当知:譬如有人于其长夜,由有种种我所摄受、诤论、胜解,乐著世间诸诤论故;于北拘卢洲无我所、无摄受、离诤论,不能寻思,不能比度,不能信解。如是,法涌,诸寻思者,于超一切寻思所行胜义谛相,不能寻思,不能比度,不能信解。

【释义】"由有种种我所摄受",依藏译是"由我而执我所"。玄奘译的"摄受"应译为"执",执是执著我们的觉受,由此而有我所。既有我所,便可以起诤论等。

我们对于北拘卢洲,不起我所想,因此对北拘卢洲无执著、离诤论,然而对它亦不能寻思,不能比度,不能信解。这即是说,一旦有我与我所,即使对不成为我所的对象,亦不能寻思、比度、信解,这样就知道,对如来的境界,虽然离我所想,亦不能寻思、比度、信解。

总结上面五喻,即说长时耽著于苦、耽著于欲、耽著言说、耽著见闻觉知、耽著我所,即不能知胜义谛;这不是说,对于胜义谛即因他们的耽著而不说知,而是说,有了这些耽著,便对非耽著的境界,亦不能了知。上面已举北拘卢洲为例,我们还可以说,长时耽著于苦的人,对乐亦不能了知;长时耽著于欲的人,对离欲亦不能了知,如是等等。所以识境中的识觉,倘若不能了知一切识境,何况是如来的内自证智境。

【正文】尔时,世尊欲重宣此义而说颂曰:
内证无相之所行　不可言说绝表示
息诸诤论胜义谛　超过一切寻思相

【释义】佛以颂文总摄胜义谛定义:内自所证、无相所行、不可言说、绝诸表示、息诸诤论。

说完第二个主题:胜义谛相定义,现在开始说第三个主题:胜义谛相不一不异,亦即胜义谛相与凡夫心的行相不一不异。由善清净慧菩萨摩诃萨向佛请问。

【正文】尔时,善清净慧菩萨白佛言:世尊,甚奇,乃至世尊善说,谓世尊言。胜义谛相微细甚深,超过诸法一异性相,难可通达。世尊,我即于此曾见一处,有众菩萨等正修行胜解行地,同一会坐,皆共思议胜义谛相与诸行相一异性相。于此会中,一类菩萨作如是言:胜义谛相与诸行相都无有异;一类菩萨复作是言:非胜义谛相与诸行相都无有异,然胜义谛相异诸行相;有余菩萨疑惑犹豫复作是言:是诸菩萨谁言谛实,谁言虚妄;谁如理行,谁不如理。或唱是言:胜义谛相与诸行相都无有异;或唱是言:胜义谛相异诸行相。世尊,我见彼已,窃作是念:此诸善男子愚痴顽钝,不明不善,不如理行。于胜义谛微细甚深,超过诸行一异性相,不能解了。说是语已。

【释义】善清净慧菩萨对佛说,佛所说的胜义谛,微细甚深,超过诸法,其法义很难理解。善清净慧菩萨曾经在一处,见到有许多菩萨正在修行胜解行地。他们在一起思议:胜义谛相与诸行蕴的相是一还是异,同还是不同。

在这个会中,有一类菩萨说,胜义谛相与诸行相都无有异;一类菩萨说不是,非胜义谛相与诸行相无异,但与胜义谛相、与诸行相有异。

又有其他的菩萨疑惑、犹豫,他们问,哪一个说法是谛实的、是真的,哪一个说法是虚妄的。有些人附和这边,有些人附和那边。有些人说那一个菩萨如理行,那一个菩萨不如理行。或者说,胜义谛相与诸行相都无有异,或者说有异。

善清净慧菩萨见此情景,作如是想:这些菩萨愚痴顽钝,不明、不善、不如理行,他们对胜义谛微细甚深、超过诸行一异性相不能解了,他们只是觉得二者是一或者是异,同或者不同。他们不能理解胜义谛超越同与不同。

【正文】尔时,世尊告善清净慧菩萨曰:善男子,如是,如是,如汝所说,彼诸善男子愚痴、顽钝、不明、不善、不如理行,于胜义谛微细甚深,超过诸行一异性相,不能解了。何以故?善清净慧,非于诸行如是行时,名能通达胜义谛相,或于胜义谛而得作证。

【释义】"非于诸行如是行时"这一句,依藏译是"非于所行各各分别时"。整句是"非于所行各各分别时,名能通达胜义谛相"。意思是:对胜义谛相,不能依分别所行而通达。不是对我自己所行,对每一个所行作分别,那时候才是胜义。不是,那是识觉而已。

倘若我们能够分别各各所行,就能够证到胜义谛相,那么胜义谛相便与我们行蕴的相无异。即是说,如果我们对自己各各所行来作各各的分别即是胜义谛相,那么我们心的行相即等于胜义谛相。当然不能这么说。所以胜义谛相与行相有异,不能说不异。

下面即说胜义谛相与诸行相有异。

**【正文】**何以故?善清净慧,若胜义谛相与诸行相都无异者,应于今时一切异生皆已见谛,又诸异生皆应已得无上方便安隐涅槃,或应已证阿耨多罗三藐三菩提。

**【释义】**倘若心的行相与胜义谛相不异,那么所有凡夫(一切异生),都已经见胜义谛相,一切凡夫应已得无上方便安隐涅槃,因为他们已经见胜义谛相,胜义谛相即是佛的内自证智境界。若心的行相即是胜义谛相,那么我们已经证了胜义谛相,应该已经成佛,或者说已经证涅槃,或者说已经证阿耨多罗三藐三菩提,即无上正等正觉。由此证明二者是相异。

然而亦不能说胜义谛相与诸行相绝对相异,下面对此即作解说。

**【正文】**若胜义谛相与诸行相一向异者,已见谛者于诸行相应不除遣。若不除遣诸行相者,应于相缚不得解脱。此见谛者于诸相缚不解脱,故于粗重缚亦应不脱。由于二缚不解脱故,已见谛者应不能得无上方便安隐涅槃,或不应证阿耨多罗三藐三菩提。

**【释义】**一向异者,即是只有异这一边。如果胜义谛相与诸行相只有异这一边,那么见到真理的人(见谛者)则无须遣除诸行相,为什么?因为既然彼此相异,那么心识落于见谛的一边,自然便不会落于相异的一边。譬喻说,糖味与盐味相异,当舌头尝到甜味时,自然就没有盐味,所以根本不需遣除盐味才能得到糖味。可是实际的情形并不是这样,若不遣除诸行相,则不能于相缚中解脱,亦不能于粗重缚中解脱。所以,足见胜义谛与诸行相并非一向异,所以说为不异。

经言:"见谛者于诸相缚不解脱,故于粗重缚亦应不脱"。"粗重"是瑜伽行派建立的名相。如果用现在语言来翻译即是心理负担,心理负担就是我们的粗重。佛经说每一地的菩萨都有两种愚,一种粗重。

倘若不需遣除我们心识境界中的诸行相即可解脱,那是不合理的事,假如合理,那么凡夫都可以成佛。

"二缚不解脱",二缚即是永远落在诸相缚与粗重缚。

【正文】善清净慧,由于今时非诸异生皆已见谛,非诸异生已能获得无上方便安隐涅槃,亦非已证阿耨多罗三藐三菩提,是故胜义谛相与诸行相都无异相不应道理,若于此中作如是言:胜义谛相与诸行相都无异者,由此道理,当知一切非如理行,不如正理。

【释义】现在不是所有凡夫都已经证了胜义谛,亦不是所有凡夫都得到无上方便安隐涅槃,亦不是所有凡夫得到阿耨多罗三藐三菩提。是故证明胜义谛相与诸行相有异、不同。若胜义谛相与诸行相无异,则众生都已经成佛。所以可以否定二者是无异。

【正文】善清净慧,由于今时非见谛者于诸行相不能除遣,然能除遣;非见谛者于诸相缚不能解脱,然能解脱;非见谛者于粗重缚不能解脱,然能解脱;以于二障能解脱故,亦能获得无上方便安隐涅槃,或有能证阿耨多罗三藐三菩提。是故胜义谛相与诸行相一向异相,不应道理。若于此中作如是言:胜义谛相与诸行相一向异者,由此道理,当知一切非如理行,不如正理。

【释义】这里,佛证成胜义谛相与诸行相非一向异。

现在的情形是:不是见谛者不能除遣诸行相,而是能够除遣;不是见谛者不能解脱相缚,而是能够解脱;不是见谛者不能解脱粗重缚,而是能够解脱。因为二障都能解脱,是故便能得涅槃,或能证等觉。由此即可知,不能说胜义谛相与诸行相是一向异相。所以一切非如理行,都非正理。

上面一大段是说凡夫的心行相(即识觉)与胜义谛相不一不异,亦可以说,证胜义谛相与行者的心理状态不一不异,这个其实亦是承继前面所说的有为与无为。智觉所觉的即是觉无为法,识觉所觉的即是觉有为法。有为与无为不一不异,因此,识觉与智觉亦不一不异。最初说一切法无二,有为与无为不一不异;次说胜义谛定义;现在说胜义谛相与凡夫的心行相亦是不一不异。这是如来藏思想一个非常重要的义理,一定要对这个义理理解,才能够理解如来藏。倘若我们觉得智与识是有分别的,那么就一定落边。落在识一边,或者落在智一边。于是,都不得解脱,都有二缚。

这样的建立是瑜伽行的建立,是为了我们观修如来藏,否则不能证到如来藏。汉地只有禅宗,藏地只有宁玛派是完全与《解深密经》符合的。除此以外,其他宗派或多或少都有落边。其实禅宗与宁玛派亦是不一不异。见地上完全相同,修行上则有不同,只是如此而已。

【正文】复次善清净慧,若胜义谛相与诸行相都无异者,如诸行相堕杂染相,此胜义谛相亦应如是堕杂染相。

【释义】于此,佛再申说胜义谛相与诸行相不一不异。

先说不一。心性诸行相堕杂染相,因为不能说胜义谛相堕染相,所以不一。这即是明说智识双运。于双运中,识境即杂染相,智境是离杂染相。二者虽然双运,但智境却不因与识境双运而成杂染相。

【正文】善清净慧,若胜义谛相与诸行相一向异者,应非一切行相共相名胜义谛相。

【释义】若说二者相异,则不能把一切心行相的共相叫做胜义谛相。现在解释这个共相。

对佛家来说,观察一切法的共相与别相,非常重要。声闻与缘觉观修的是别相,此如成立十二因缘,便是从个别来观察,由无明一直看到生与死。

菩萨则观共相。若依唯识观修，观察一切法唯识无境，那便是共相，因为唯识无境是一切法的相。若观修中观，说一切法缘生性空，那亦是共相，因为一切法由缘生而成有，当超越缘起时，即现证为空。至于大中观，一切法唯心所自见，是即如实见一切法，所以都是观修共相。

如何才能如实去见呢？就是能够了解胜义谛相与心的行相不一不异，这样就是如实而见。若是见到有分别，见到相异或者见到同一，都是落边。像善清净慧菩萨所见到的一些菩萨的诤论，他们都是落边。

【正文】善清净慧，由于今时胜义谛相非堕杂染相，诸行共相名胜义谛相。是故胜义谛相与诸行相都无异相不应道理。胜义谛相与诸行相一向异相不应道理。若于此中作如是言：胜义谛相与诸行相都无有异，或胜义谛相与诸行相一向异者，由此道理当知，一切非如理行，不如正理。

【释义】这里重复宣说上面所说义理。不只此处，下面还有不断的重复，这就是给行者一边读经文，一边观修之用。想象当年释迦说法，他一边说，听众就一边依说观修，所以说法重复，实供闻法众抉择、决定之用。

例如此处，得到一个决定，说不一不异，那么下面就应该继续观察。经言："若于此中作如是言"，这是依决定而再作抉择。经言："胜义谛相与诸行相都无有异，或胜义谛相与诸行相一向异者，由此道理当知，一切非如理行，不如正理"，那便是依上来抉择观修所得的决定。这决定是，这两个说法都不如正理。

【正文】复次，善清净慧，若胜义谛相与诸行相都无异者，如胜义谛相于诸行相无有差别，一切行相亦应如是无有差别。修观行者于诸行中，如其所见，如其所闻，如其所觉，如其所知，不应后时更求胜义。若胜义谛相与诸行相一向异者，应非诸行唯无我性，唯无自性之所显现是胜义相。又应俱时别相成立，谓杂染相及清净相。

【释义】现在，再依上来决定观察，如果胜义谛相与心行相无异，则胜义谛相与心行相应无差别,由是一切行相即无差别。这"一切行相亦应如是无有差别",是依抉择观修而得的决定。

如是,依决定又作观察,"修观行者于诸行中,如其所见,如其所闻,如其所觉,如其所知,不应后时更求胜义"。这一句很重要。许多人作观修,觉得应先安立一个胜义的定义,然后观修,由观修而入定义的境界。例如观空,先安立一个空的定义,然后观修,于是就会觉得自己在观修时进入空的境界,而且这个空的境界,就正是其所定义的境界。还有些人,以不见外境为空,所以在观修等持时,若能不见外境,便以为自己现证了空,其实,这只是一种心理暗示。若如经言,便知其为误。先立一个定义来观修,并不如理,因为于观修时,行者的心理状态,已落在所设的定义边,因此无证量可得,所得的只是落边的心理。亦可以这样说,这样的观修一定不能够修到究竟胜义谛相。

对于"修观行者于诸行中,如其所见,如其所闻,如其所觉,如其所知,不应后时更求胜义"这句经文,应知即是《入楞伽经》所说的"唯心所自见",亦即离一切名言句义而见、闻、觉、知,这即是佛的后得智。所以现证至此为止,更不须再将此现证加以抉择、观修、决定。

经文接着观察"胜义谛相与诸行相一向异",观察的过程如上,经文此段已有省略,未重复说,只说出两重决定。第一重决定是:不能因为决定一切法无我、一切法无自性,就说它是胜义相,若以此为胜义,则胜义谛相与诸行相便无有异;第二重决定是:既然二者一向异,那么就必然有清净相与杂染相。既得此两重决定,复依决定而观修,此即下段经文之所说。

【正文】善清净慧,由于今时一切行相皆有差别非无差别,修观行者于诸行中,如其所见,如其所闻,如其所觉,如其所知,复于后时更求胜义。又即诸行唯无我性,唯无自性之所显现,名胜义相。又非俱时染净二相别相成立。是故胜义谛相与诸行相都无有异,或一向异,不应道理。若于此中作如是言:胜义谛相与诸行相都无有异,或一向异者,由此道理，当知一切非如理行，不如正理。

【释义】依上来决定，不能说胜义相与诸行相相异，亦不能说其不异，于是即依此二者再作抉择。

先观察一切行相。一切行相当然有差别，此如所见即非所闻，所见是山即非是水，我们如所见而见、如所闻而闻，以至如所觉而觉、如所知而知，亦一定见到一切行相的差别，由是就能决定，一切行相于别相外，必然有一个共通的胜义相，所以就应该再由观察来决定胜义相。

这时候，依观察即可决定，"诸行唯无我性，唯无自性之所显现，名胜义相"。然而，这决定尚未圆满，因为只是依一切行相来观察，亦即只是依世俗来观察。因此还须观察胜义。若依胜义而观，一切法无二，所以于胜义中，不能"俱时染净二相别相成立"。这样，就可以做出究竟决定，"胜义谛相与诸行相都无有异，或一向异"，是即胜义与世俗双运，亦即如来藏的智识双运境界。

【正文】善清净慧，如螺贝上鲜白色性，不易施设与彼螺贝一相异相。如螺贝上鲜白色性，金上黄色亦复如是。如箜篌声上美妙曲性，不易施设与箜篌声一相异相。如黑沉上有妙香性，不易施设与彼黑沉一相异相。如胡椒上辛猛利性，不易施设与彼胡椒一相异相。如胡椒上辛猛利性，诃梨涩性亦复如是。如蠹罗绵上有柔软性，不易施设与蠹罗绵一相异相。如熟酥上所有醍醐，不易施设与彼熟酥一相异相。又如一切行上无常性，一切有漏法上苦性，一切法上补特伽罗无我性，不易施设与彼行等一相异相。又如贪上不寂静相及杂染相，不易施设此与彼贪一相异相。如于贪上、于瞋痴上当知亦尔。如是，善清净慧，胜义谛相不可施设与诸行相一相异相。

【释义】为了使闻法众能了知这究竟决定，更加明了胜义谛相与诸行相不一不异，佛以十种一异相作譬喻。此中包括了六尘的色声香味触法。

1. 螺贝与白色；2. 黄金与黄色；3. 箜篌与声曲；4. 沉香与香气；

5. 胡椒与辛味；6. 诃梨与涩味；7. 蠶罗绵与柔软性；8. 熟酥与醍醐；9. 无常、苦、无我等理与事；10. 烦恼性与烦恼相。

这十个喻，是比喻智境与智境上的识境。例如螺贝是白色的基，黄金是黄色的基，箜篌是声曲的基，如是等等。智境是一切识境的基，基与基上的显现不一不异，此即十喻之所喻，由是应知，"胜义谛相不可施设与诸行相一相异相"。

说胜义谛相与诸行相，并非分别成立，即由于此。龙树才于《中论》中说：

诸佛依二谛　为众生说法　一以世俗谛　二第一义谛
若人不能知　分别于二谛　则于深佛法　不知真实义
若不依俗谛　不得第一义　不得第一义　则不得涅槃

既然二谛不一不异，便可以说为二谛双运，如手背与手掌双运。

【正文】善清净慧，我于如是微细极微细，甚深极甚深，难通达极难通达，超过诸法一异性相，胜义谛相，现正等觉。现等觉已，为他宣说、显示、开解、施设、照了。尔时，世尊欲重宣此义而说颂曰：

行界胜义相　离一异性相　若分别一异　彼非如理行
众生为相缚　及彼粗重缚　要勤修止观　尔乃得解脱

【释义】上面所说，总摄第三个主题的法义：胜义谛相与世俗谛相不一不异，随文易知。

下面，即说本品的最后一个主题：胜义谛相是遍一切一味相。

说四个主题：起初，说一切法无二，是大菩萨之间的问答；复次，说胜义谛相五义及二谛相不一不异，是菩萨请问佛；现在说胜义谛相遍一切一味相，是佛问长老善现（亦即声闻弟子中解空第一的须菩提）。

胜义谛相遍一切相，遍一切相即是平等性，因为平等才能够周遍一切。前面已经说了什么是胜义谛相，胜义谛相即是如来法身，现在说胜义谛相遍一切相，等于说如来法身是周遍一切相。因为周遍一切，是故平等。

平等性于佛经而言是最究竟的见地。若是说空,不等于说平等性。说真如,亦不等于说平等性。一定要说周遍一切,这才是说平等性。说平等性则可超越时空,因为一切时空都平等,不仅是我们这个时空。若不说平等性,我们可能这么想:只有我们这个世间才有如来法身,只有我们这个世间才具足如来藏,因此只有我们这个世间才能成佛;甚至我们还可能这样想,在我们这个世间只有人才能成佛,因此成佛只在人间。这样认知时,就失去佛的大平等性,不知如来法身周遍一切界,如是即不能对如来藏起正见。

【正文】尔时,世尊告长老善现曰:善现,汝于有情界中,知几有情怀增上慢,为增上慢所执持故,记别所解?汝于有情界中,知几有情离增上慢,记别所解?

【释义】此中"怀增上慢",依藏译应为"依我依慢";此中"为增上慢所执持故,记别所解",句中的"记别所解"应译作"说我有所得"。改译以后,整句经文的意思就是:善现,你知道有情界中,有多少有情依我依慢。复执持着依我依慢,而说我有所得。

下一句是问,有情界中有多少有情,能离依我依慢,而说我有所得。

这样一来,便可以说是有两种情形:一个是持着自我,说我有所得;一个是无我而说我有所得。前者即是异生(凡夫),后者是菩萨。凡夫执持自我而说有所得,菩萨执持无我而说有所得。

【正文】长老善现白佛言:世尊,我知有情界中,少分有情离增上慢,记别所解。世尊,我知有情界中,有无量无数不可说有情怀增上慢,为增上慢所执持故,记别所解。

【释义】长老善现说,只有很少的有情是离开依我依慢而说我有所得,却有无量数的有情是执持自我而说我有所得。

【正文】世尊,我于一时,住阿练若大树林中,时有众多苾刍亦于此林依近我住。我见彼诸苾刍于日后分,展转聚集,依有所得现观,各说种种相法,记别所解。

**【释义】**善现于是即说一往事,他曾住在"阿兰若"大树林中(即在树林中结茅舍而居),有众多比丘邻近而住,于黄昏时,诸比丘聚集,各据自己所修法门,依有所得的现观,说有所得的相法,说为种种有所得。

**【正文】**于中一类由得蕴故,得蕴相故,得蕴起故,得蕴尽故,得蕴灭故,得蕴灭作证故,记别所解。如此一类由得蕴故,复有一类由得处故,复有一类得缘起故,当知亦尔。

复有一类由得食故,得食相故,得食起故,得食尽故,得食灭故,得食灭作证故,记别所解。

**【释义】**一类比丘从五蕴作观察,但却以五蕴为所得,于是见五蕴相、见五蕴生起、见五蕴灭尽①,如是便以见五蕴灭尽而有所得。

复有一类比丘,依十二处作观察,由有所得而观察;更有一类比丘,由对缘起有所得而作观察,亦如是而说有所得。

亦有比丘,于食有所得,依食作观察。食,是一个佛家名相,意思是长养。此分为四:分段食、触食、思食、识食。分段食是每日都食,如是即为分段,其余三食,则是精神的长养,是故无可分段。这些比丘,于食有所得而观察,于是便以现证食灭尽而有所得。

**【正文】**复有一类由得谛故,得谛相故,得谛遍知故,得谛永断故,得谛作证故,得谛修习故,记别所解。

**【释义】**以上四类比丘,皆以灭尽为有所得,此处所说的比丘则不同,以遍知、永断、作证为有所得,这是三类现证相。现在并不是说三类现证相为误,只是说以有所得来修谛,而说自己的现证为有所得,即根本错误。

---

① 玄奘分译为"得蕴尽故,得蕴灭故",不甚合,因为尽不同灭。尽,是无作意而令其尽;灭,则有作意而令其灭。灭至究竟,可称为灭尽,这里的尽只是形容词,所以灭尽,不能分说为灭与尽。

人从四食，以至于有人从谛来得，觉得自己有所得。

【正文】复有一类由得界故，得界相故，得界种种性故，得界非一性故，得界灭故，得界灭作证故，记别所解。

【释义】此类比丘，依得十八界而修。十八界即是十二处加上六识。既依有所得而修，即有十八界相、十八界性、十八界非一性，如是观为十八界灭尽，于是即以其灭尽为有所得。

【正文】复有一类由得念住故，得念住相故，得念住能治所治故，得念住修故，得念住未生令生故，得念住生已，坚住不忘，倍修增广故，记别所解。如有一类得念住故，复有一类得正断故，得神足故，得诸根故，得诸力故，得觉支故，当知亦尔。

复有一类得八支圣道故，得八支圣道相故，得八支圣道能治所治故，得八支圣道修故，得八支圣道未生令生故，得八支圣道生已，坚住不忘，倍修增广故，记别所解。

【释义】更说依三十七菩提分有所得，从而观修四念住、四正断、四神足、五根、五力、七觉支与八圣道的比丘，依有所得而说得现证。

【正文】世尊，我见彼已，便作是念：此诸长老依有所得现观，各说种种相法，记别所解。当知彼诸长老，一切皆怀增上慢，为增上慢所执持故，于胜义谛遍一切一味相，不能解了。是故，世尊，甚奇，乃至世尊，善说，谓世尊言：胜义谛相微细最微细，甚深最甚深，难通达最难通达，遍一切一味相。世尊，此圣教中，修行苾刍于胜义谛遍一切一味相尚难通达，况诸外道。

【释义】"依有所得现观"，现观即是现证。

每一个比丘都是根据自己的现证而各有所得，其实是依我、依慢而得。

长老善现指出这些比丘的观修不究竟。因为他们依我依慢，便是依着自我分别，而且他们所观修的只是别法，并非总法，所以就不能现证深密胜义谛相,"遍一切一味相"。由是显示"遍一切一味相"才是佛的密意,此即无分别相、无所得相。

为什么说胜义谛相微细最微细,甚深最甚深,难通达最难通达?就是因为它是遍一切一味相。为什么如来藏最难通达?因为如来藏的平等性是超越时空,是遍一切界来成立不同时空的有情世间与器世间,所以最难通达。

遍一切一味相,亦说为"周遍"。于智境,如来法身周遍一切界,如来法身功德周遍一切界;于识境,任运圆成周遍一切界,亦即相碍缘起周遍一切界。复次,智境与识境不能说为一、不能说为二,是故于智识双运中,便可说:如来法身、如来法身功德、任运圆成皆周遍智境与识境,此即遍一切一味相。

【正文】尔时,世尊告长老善现曰:如是,如是,善现,我于微细最微细、甚深最甚深、难通达最难通达、遍一切一味相胜义谛,现正等觉。现等觉已,为他宣说、显示、开解、施设、照了。何以故?善现,我已显示于一切蕴中清净所缘是胜义谛。我已显示于一切处、缘起、食、谛、界、念住、正断、神足、根、力、觉支、道支中清净所缘,是胜义谛。此清净所缘于一切蕴中,是一味相,无别异相。如于蕴中,如是于一切处中,乃至一切道支中,是一味相,无别异相。是故,善现,由此道理,当知胜义谛是遍一切一味相。

【释义】佛告善现,佛即于"遍一切一味相胜义谛",而现证正等觉,由是可知,这"遍一切一味相胜义谛"即佛密意。依佛密意,一切清净所缘,都是胜义谛相。何谓清净所缘,即是不依名言句义而作分别,亦不依名言句义而有所得,是即离言。

【正文】复次,善现,修观行苾刍,通达一蕴真如胜义法无我性已,更不寻求各别余蕴、诸处、缘起、食、谛、界、念住、正断、神足、根、力、觉支、道支、真如胜义、法无我性。唯即随此真如胜义无二智为依止故,于遍一切一味相胜义谛,审察趣证。是故,善现,由此道理,当知胜义谛是遍一切一味相。

【释义】依一味相，于修观行时，修一法便即通达一切法。所以经文说："通达一蕴真如胜义法无我性已"，便无须更修余蕴、诸处、缘起等。以下经文，即广说此义。

【正文】复次，善现，如彼诸蕴展转异相，如彼诸处、缘起、食、谛、界、念住、正断、神足、根、力、觉支、道支展转异相。若一切法真如胜义法无我性亦异相者，是则真如胜义法无我性亦应有因，从因所生。若从因生，应是有为；若是有为，应非胜义；若非胜义，应更寻求余胜义谛。善现，由此真如胜义法无我性，不名有因，非因所生，亦非有为，是胜义谛。得此胜义，更不寻求余胜义谛。

【释义】如果我们不懂得这个道理，便见到诸蕴等展转异相，于是一切法异相，那么，如果八万四千法门异相，便应证得八万四千真如、八万四千胜义法无我性。如是，便有八万四千个因。这样，无为便会成为有为，因为无为不落因缘，有因则落因缘。

这段经文，是佛教导我们于观修时如何抉择。

宁玛派教法有一个例子，说明此甚深法义。一所房子有许多窗口，从一个窗口看见的阳光便都是阳光，无须从别别的窗口去找阳光。倘若认为从这个窗口见到的是阳光，从别的窗口见到的不是这个阳光，那么所见的就一定不是阳光，因为有异相。若是见到阳光，那么无论从哪一个窗口都可以见到阳光，这才是遍"一切一味"。

依宗义而修的人，只持宗见，对异宗的宗见，亦用自己的宗见来理解，因此认为自宗胜于他宗，那就等于从这个窗口见的阳光，比较灿烂，从那个窗口见到的阳光，比较暗淡，如是即认为有不同的阳光，这样一加分别，便无法现证胜义，无法现证如来法身。

【正文】唯有常常时、恒恒时，如来出世，若不出世，诸法法性安立，法界安住。是故，善现，由此道理，当知胜义谛是遍一切一味相。善现，譬如种种非一品类异相色中，虚空无相、无分别、无变异、遍一切一味相。如是,异性、异相一切法中,胜义谛遍一切一味相,当知亦然。

**【释义】**"诸法法性安立,法界安住"。这一句应依藏译改作如下四句:"法性常住,法体常住,法界常住,皆决定住"。

无论有无如来出世,如来法身的身、智、界都是常住,决定常住。如来藏四德常、乐、我、净中的常,便是依此而建立。以"真常"诽拨如来藏的学人,即不知胜义谛遍一切一味相为常住。

经中更说,一切异性异相法,在胜义谛中,亦应无相无分别,而成遍一切一味相。

**【正文】**尔时,世尊欲重宣此义而说颂曰:

此遍一切一味相　　胜义诸佛说无异
若有于中异分别　　彼定愚痴依上慢

**【释义】**此说一切诸法于胜义谛中无异。

复次,于诸佛所说,亦应知其胜义谛相无异。佛由言说建立的种种法门无异。虽然言说有异,但遍一切一味相无异。如是即应不依言说而知密意,这便是佛所说的四依。若依自我及我慢来作分别,才会说种种法门有异相,因为言说有异相。

说到此,这一品解说完毕。现在总结这一品的法义:

首先从胜义的观点来看,一切法无二。有为、无为无二。然后依一切法无二来定义胜义谛,则可以定义如来法身便是胜义,没有比如来法身更胜义的法。

如来法身是什么?是胜义,即是佛内自证智的境界,这是本经对如来法身的定义,经言"我说胜义是诸圣者内自所证"。

根据这个定义,胜义即不能有一与异的分别,是故一切法,不能依识境的分别来见。又由于胜义与世俗不一不异,所以依胜义谛便可以定义为"遍一切一味相"。这样定义,便成立了智境与识境双运。这是很重要的密意。

依上面所说,胜义的体性,可说为智(佛内自证智);胜义的相,可说为无二;胜义的力用,可说为周遍。亦可据此而知,如来法身的身、智、界,此三者亦无分别,只是以言说及依识境的理解,分别用言说来表达而已。

# 心意识相品第三

## 心意识相品第三

上面胜义谛相品说的是智境,且依后得行而见识境,现在心意识相品是说识境。因此,首先要弄清楚的是,心意识相品为什么只说心、意识。

对这一品,现代唯识宗有些人有很大的诤论,认为整品未提到第七识末那识,是故说当时还未发展到有第七识。这样的说法值得商榷。若依此推论,则等于说释迦牟尼不懂第七识,直到陈那论师出现,才有第七识,陈那论师所说比释迦牟尼更加完善。这说法值得商榷之处在于:他们是用学术发展的观点来看佛学,认为在此以前,释迦牟尼所说不完整,还没有发展成熟。其后慢慢地发展,发展到圆满。如果是这样,可以说释迦牟尼的证智比后人还不如。

如此的论调,恰是前面一品所说的依我依慢。是依我来说,执持着自我,还执持着我慢来看整个佛学,认为自宗是说第七末那识,而此经却未有说,是故末那识是由唯识宗发展出来。这种说法与西方一些研究佛学的人相同,皆以发展观来看佛学,将佛学等同于科学。

若是以发展观来看,即是说释迦牟尼所知有限,要经过后来一千多年的发展,才发展到现在这么圆满。这便是以论为重,不是以经为重。认为经说得不圆满。

我们的意见是:对佛经绝无任何发展之余地,但论师的见地却可以发展,例如陈那的"自证分"可以发展为护法的"自证分"与"证自证分"。因为论师不是佛,只是学者。学者的说法当然有承继与发展,正因如此,每宗的理论才可以逐渐圆满。

至于释迦,应该这样说,释迦说法处处用密意来说,所以即使说《阿含经》,亦已贯串了如来藏思想,二转法轮说般若,亦可以说是如来藏的法异门。吕澂先生说,释迦无经不说如来藏,只是用法异门来说,否则只说五法、八识、三自性、二无我皆与佛无关。如果都与佛无关,说法便不完整,所以只能将这些法门看成是如来藏的法异门。因为只有如来藏才说到如来法身及如来法身功德。

为何有密意不说出来?因为若用语言表达,容易引起误解,是故只可意会,不可言诠。例如《解深密经》,即是处处说如来藏及如来藏的观修,但当用言说来表达密意时,便变成是如来藏的法异门。

再者,凡说密意必定与观修有关。这些密意,修法的人必须要懂,才知道如何修法。宁玛派懂得如何观修,禅宗、华严宗亦然。尤其是禅宗的观修,等于是宁玛派修习且却(khregs chod)的观修,是故宁玛派祖师公开称禅宗为大密宗,这就证明他们的确是懂得汉地的禅宗,亦懂得禅宗的观修。例如,莲花生大士的弟子努·佛智,他所写的一本论《禅定目炬》,其中一品专说汉地的禅宗。"《禅定目炬》"的意思,即是以观察禅定的目光(观点),来评定一级一级的禅定,怎么样才是究竟的禅定,作出抉择。

《解深密经》正正是把佛最深的密意用法异门表达出来。何以故?是为了指导我们如何修止观。现代唯识学人不理解这一点,批评这一品不完全、不圆满,不及唯识宗的建立完整。这是很偏的宗见。

唯识宗对心、意、识的定义是:心是第八识(阿赖耶识),意是第七识(末那识 manas-vijñāna);识是前六识(眼、耳、鼻、舌、身、意识)。是故共有八个识。

然而这一品却是说心与意识,是即第八识(阿赖耶识)与第六识。此意识是指六个识(眼识、耳识、鼻识、舌识、身识、意识)中的第六识,名为意识。

今时唯识宗的人不理解,阿赖耶其实与佛性相应,佛性即是佛内自证智境,亦即如来法身,于说智识双运时,他亦是本基(本始基)。当本基受障,则名阿赖耶,阿赖耶不同于阿赖耶识①。阿赖耶受业风吹动,才生起阿赖耶识。阿赖耶本身可以说是顽空,于中无明相显现,是故无有识境。因此可以这样说,譬如一盏灯,若是没有东西罩着它,这盏灯的光明即是佛内自证智境,亦即如来法身。若是这盏灯被罩着,灯光被遮蔽,此时的灯则名为阿赖耶,无有光明。

至于意识,则住于贪的体性,是于本始基空性中生起明相的基础。因此,只有当阿赖耶识与意识相运时,才可以说为空性中生起明相。

本经说阿赖耶识及意识,目的是说,识境中一切法都是本基空性中生起的明相,因此,说这两个识便够了,根本与第七识无关。

唯识宗以自宗的道名言,把心、意、识作为八识,认为必须通说八识,这就与如来藏思想有很大分别。因为彼此的道名言不同。更者,对于心、意识,唯识宗只把他们看成是两个识,可是大中观却可以进一步把他们看成是两个境界,阿赖耶识与智境相应(心与智境相应、心性与心法性相应),意识则完全落于识境,因此说这两个识,其实亦可以看成是智识双运,不过这里说的智,只是未显露的智。正因为凡夫是由未显露的智与识双运,所以才不能由智引导无明,由是而成不净。

心意识相品由广慧菩萨向佛请问。名为广慧而不是广智,是因为世间的智谓之慧,出世间的智谓之智,是故谓之广慧菩萨。广慧菩萨对世间广大的一切法都通达,是故由他请问佛关于心与意识的问题。

【正文】尔时,广慧菩萨摩诃萨白佛言:世尊,如世尊说:"于心意识秘密善巧菩萨。"于心意识秘密善巧菩萨者,齐何名为于心意识秘密善巧菩萨?如来齐何施设彼为于心意识秘密善巧菩萨?说是语已。

【释义】世尊曾经说过"于心意识秘密善巧菩萨"。此"于心意识秘密善巧菩萨",并非特指是那一位菩萨,而是泛指谁能对心意识之密意了解通达,谁就可称作"于心意识秘密善巧菩萨"。

---

① 详参谈锡永译:《无修佛道——现证自性大圆满本来面目教授》,华夏出版社,2010年。

广慧菩萨问:"根据什么,才能称为对心意识的秘密能善巧的菩萨?根据什么,才说他有资格被称为对心意识秘密能善巧的菩萨?"

"齐何名"的意思是"凭什么叫它做"。"齐何"是唐代的口语,即是"凭什么"、"根据什么"。整句话的意思是:凭什么叫做"于心意识秘密善巧的菩萨"?如来根据什么施设他为对心意识秘密善巧的菩萨。此亦即是问:菩萨应该如何理解我们这个心识与识境,才是对于心意识密意的了解、通达?菩萨要达到什么程度,对我们的心识与识境要理解到什么程度,才能被叫做"于心意识秘密善巧的菩萨"?

【正文】尔时,世尊告广慧菩萨摩诃萨曰:善哉,善哉,广慧,汝今乃能请问如来如是深义,汝今为欲利益安乐无量众生,哀愍世间及诸天人、阿素洛等,为令获得义利安乐故发斯问。汝应谛听,吾当为汝说心意识秘密之义。

【释义】释迦牟尼对广慧菩萨说,你之所以问这个问题,是为了哀愍六道众生而问,你并非不懂,你是为了利益天人、天龙八部等众生而问。现在我说,你谛听。我就跟你说"心意识秘密之义",亦即智境与识境之秘密义。由此而知,这一段等于是说如来藏,因为如来藏即是智识双运。

【正文】广慧,当知于六趣生死彼彼有情,堕彼彼有情众中,或在卵生、或在胎生、或在湿生、或在化生身分生起。于中最初一切种子心识成熟、展转、和合、增长、广大,依二执受:一者,有色诸根及所依执受;二者,相、名、分别、言说、戏论、习气执受。有色界中具二执受,无色界中不具二种。

【释义】六趣即是六道有情:天、人、阿修罗、地狱、饿鬼、畜生。无论什么有情,佛经说,我们这个世界的众生,只有四种生法,四生的有情:卵生、胎生、湿生、化生四种生。其中只有卵生是生两次的,这一点须留意。

在敦煌文献中,许多是说修这个四生,要我们再不到下一生;不胎生,也不卵生,也不湿生,也不化生。在这个修法里面,只有卵生的修法是特别的,因为只有卵生才是生两次,其他三个都是只生一次。

无论是哪一种生,都是有最初的心识种子,他们"展转、和合、增长、广大",一直发展。

"依二执受",二执受即是二取,包括能取与所取,或者说我与我所。

"一者,有色诸根及所依执受;二者,相、名、分别、言说、戏论、习气执受。"依藏译,此二句可改译如下:

"一者,能依所依之有色根执受"。无论怎么生,都有一个色根,没有色根则没有我们这个身体。因为我们这个色根是有,故名为有色根。我们的识是能依,我们的身体即色根是识之所依。是故四种生都有有色根依着识,有这个执受是故有身,凡夫即执此有身为于自我,于是执著这个自我。

"二者,依相、名、分别、言说、戏论、习气而取"。"而取"不应译为"执受"。说为依相、名等而取,才能表出所取的意思,译为执受,此义便失。

综合两句来说,前一句成立能取(我),后一句成立所取(我所)。这样翻译才能把能取与所取的意思表达出来。

【正文】广慧,此识亦名阿陀那识,何以故?由此识于身随逐执持故。亦名阿赖耶识,何以故? 由此识于身摄受、藏隐、同安危义故。亦名为心,何以故? 由此识,色声香味触等积集滋长故。

【释义】上面说"一切种子心识",这个识依着有色根。然而依着有色根的识到底是什么识呢? 名为阿陀那识。

于佛经中,唯有《解深密经》对阿陀那识论述较多,其他经对阿陀那识说得很少,偶然一提而已。何以故? 因为阿陀那识即是生机,即是生命力,若是说得过多,则容易令人将生命力当作是自我。

阿陀那识有何功用? "由此识于身随逐执持",即谓阿陀那识是我们的生命力,因为是生命力,故说"于身随逐执持",此亦即如来法身功德。在宁玛派道名言中,则施设之为"现分"与"明分"。

前面有说"于中最初一切种子心识成熟,展转、和合、增长、广大"。这一个广大增长,即是"于身随逐执持"时的增长。是故阿陀那识会增长(当然亦会衰退),增长即是生命力会增强。所以一个小孩子生出来,他可以变成壮年,一路发育,一路成长。从婴孩到长大成人,以至衰老这个过程,阿陀那识一直相随于中。在这个生命过程中,无有一刻能够离开阿陀那识,一旦离开阿陀那识,便即是死亡。

阿陀那识亦名为阿赖耶识,何以故?"由此识于身摄受、藏隐、同安危义故"。这一句若是按唐玄奘的翻译很难理解。若依藏译解读,则为:此识与身同住(摄受),藏于身内(藏隐),与身同安危。

这个识住在我们这个身,与我们的安危相同。因为我们一切生态活动,都是阿赖耶识中种子的现行,我们病,是种子现行为病;我们健康,是种子现行为健康。所以这里其实亦与生命力有关,与生机有关,不过当说明为阿赖耶识时,便强调他执藏种子的作用。

由于说有执藏种子的作用,所以瑜伽行学派,便将他建立为业力的载体,这样建立时,便不能说他完全与阿陀那识相等。阿陀那与我们生死与共,若是藏识则不然。藏识于人死之后还在,业力就藏在藏识中,是故轮回是藏识中的业力聚转轮回。所以要藏识灭才得涅槃。倘若藏识与我们生死与共,我们死,藏识跟着灭,因为藏识灭就是涅槃,那么任何人死都是涅槃,显然不合理。

"亦名为心",阿陀那识亦名为心。何以故?因为有这个识,"色声香味触等积集滋长故"。若是知道生命力这个意义,则知道滋长的意思了,否则很难说滋长。因为若是没有生命力,则没有眼耳鼻舌身意的滋长,这样解释方能说得通。

【正文】广慧,阿陀那识为依止、为建立故,六识身转,谓眼识、耳、鼻、舌、身、意识。此中有识:眼及色为缘生眼识,与眼识俱随行同时同境,有分别意识转。有识:耳、鼻、舌、身、及声、香、味、触为缘,生耳、鼻、舌、身识,与耳、鼻、舌、身识俱随行同时同境,有分别意识转。广慧,若于尔时一眼识转,即于此时唯有一分别意识,与眼识同所行转。若于尔时,二、三、四、五诸识身转,即于此时唯有一分别意识,与五识身同所行转。

【释义】此说阿陀那识为依止、为建立,即说如来法身功德。如来法身功德的现分,即是生机,即是生命力,是即施设为阿陀那。由于依止阿陀那,是故有六识生起,当眼缘于色时,同时有眼识生起,而且亦同时有分别意识生起,此机理即依生机而起。

如是六内处缘六外处,都同时有六识生起。于中,若只有一眼识生起,便有一个分别意识与此相应;若有诸识生起,譬如眼识、耳识、鼻识同时生起,亦只有一个分别意识与此相应。所以,眼等五识可分别生起,而意识只生起为一,此即非多意识。

对观修来说,认识这一点非常重要。为什么重要?倘若我们觉得一个识转,则有一个意识与它相应;两个识转,则有两个意识与它相应。那么我们则无法修楞严定。

何谓楞严定?六根圆通即是楞严定。何谓六根圆通?不是用眼去看,不是用耳朵去听,是用六根门头去看、去听。如是六根门头可缘色、声、香、味、触、法。若分别意识须别别与六识相应,那么便有六个意识,既有六个意识,是即不能圆通。这即是说,可以六根圆通,即由只有一个分别意识而成。

【正文】广慧,譬如大瀑水流,若有一浪生缘现前,唯一浪转;若二、若多浪生缘现前,有多浪转。然此瀑水自类恒流无断无尽,又如善净镜面,若有一影生缘现前,唯一影起;若二、若多影生缘现前,有多影起。非此镜面转变为影,亦无受用灭尽可得。

【释义】释迦牟尼举例说,一个大瀑流,有一个浪生起,我们则见一个浪转;有两个浪、多个浪生起,我们则见两个浪、多个浪转。但是瀑布的水是恒常这么流着,无论有多少浪起,瀑布的水依然是一。是故眼、耳、鼻、舌、身等于是浪转,是多;意识等于瀑布的水,是一。此亦如镜,一镜影时,由一镜面生起,多镜影时,依然是由一镜面生起。这样举例,即是说,无论心性相或法性相是一是多,然心性或法性则必是一。

释迦此处,由多识身转而分别意识则一,说心性相多,心性则一,于是引申至法性与法性相,显示法性为一,法性相则为多。如是说,即与《胜义谛相品》相应,此即遍一切一味相胜义谛。

【正文】如是,广慧,由似瀑流阿陀那识为依止为建立故,若于尔时有一眼识生缘现前,即于此时一眼识转;若于尔时乃至有五识身生缘现前,即于此时五识身转。

【释义】"似瀑流",在藏文翻译中还有"似镜面"喻,即"似瀑流似镜面"两个譬喻。

"由似瀑流似镜面的阿陀那识为依止为建立故",此即喻阿陀那为瀑流、为镜面,六识所转起者为波浪、为镜影。是即谓于六识起用时,种种用亦唯藉阿陀那然后始得成立,"现分"义由是而成,以唯藉生机,诸法始得现前故。

"若于尔时有一眼识生缘现前,即于此时一眼识转;若于尔时乃至有五识身生缘现前,即于此时五识身转"。这些是波浪、是镜影、是我们看见的识境,然而这些识境依然是一个意识跟它转,是一个瀑流在流动,是一个镜面映出那些影像。

如是重申,即成决定见。

【正文】广慧,如是菩萨虽由"法住智"为依止、为建立故,于心意识秘密善巧,然诸如来不齐于此,施设彼为于心意识一切秘密善巧菩萨。广慧,若诸菩萨于内各别,如实不见阿陀那、不见阿陀那识;不见阿赖耶、不见阿赖耶识;不见积集、不见心;不见眼色及眼识、不见耳声及耳识,不见鼻香及鼻识、不见舌味及舌识、不见身触及身识、不见意法及意识,是名胜义善巧菩萨,如来施设彼为胜义善巧菩萨。广慧,齐此名为于心意识一切秘密善巧菩萨,如来齐此施设彼为于心意识一切秘密善巧菩萨。

【释义】此段第一句须解读如下：

"如是菩萨虽由法住智为依止、为建立，如实善知心意识深密之法"。

何谓法住智？即是佛智，亦可以说是佛性，即是如来藏。一切众生，都是住在佛内自证智境界上的随缘自显现，所以说，由法住性为依止为建立，称为法住，是说此法常住。

菩萨虽然依止法住智为基础，但所悟入的，只是识境，只是对心意识秘密善巧。所以，便不能称为"于心意识一切秘密善巧菩萨"。必须不见阿陀那、不见阿陀那识，如是等等，才能称为"胜义善巧菩萨"，如来才"施设彼为于心意识一切秘密善巧菩萨"。如上面所说，心意识双运，相应于智识双运，是故须住于智识双运的境界，才能不见阿陀那、阿陀那识等。所谓不见，即不依此而住入识境的名言句义，而见其实相。所以这一段经文，其密意即为，须住入智识双运的如来藏境界。

【正文】尔时，世尊欲重宣此义而说颂曰：

　　阿陀那识甚深细　一切种子如瀑流
　　我于凡愚不开演　恐彼分别执为我

【释义】若以藏文的翻译，此颂是八句，且第一个颂的次序亦不同。全颂如下：

　　阿陀那识甚深细　我于凡愚不开演
　　一切种子如瀑流　恐彼分别执为我
　　如是种种阿陀那　是即能生彼诸法
　　由是我说水镜喻　更不为彼愚人说

先说首四句颂：

"阿陀那识甚深细"，是故对凡愚不说。所以不说，是因为"一切种子如瀑流"，担心凡愚执"一切种子如瀑流"的现象为自我。

倘若按唐玄奘的翻译："阿陀那识甚深细，一切种子如瀑流。我于凡愚不开演,恐彼分别执为我",那便是执"阿陀那识"为我,与藏译有次序上的差别,意思便完全不同。依藏译,是担心凡愚执"一切种子如瀑流"这种现象为我,玄奘译是担心凡愚执"阿陀那识"为我,汉土唯识宗即是如此解释。

依藏译,执以为我的是什么?是由生命力转起的现象,此现象喻为"一切种子如瀑流"。

"一切种子如瀑流",我们可以理解为新陈代谢。有生命力则有新陈代谢,犹如瀑布一样,一波一波、一浪一浪。是故我们就把这个新陈代谢的身,亦即身的相续,当成是自我。新陈代谢就是我们身的相续,念念是我们心的相续。佛担心的是凡愚以这个新陈代谢的身当成是相续,执以为我。

次说后四句颂(唐玄奘没有这四句颂):

"如是种种阿陀那,是即能生彼诸法"。阿陀那不仅是人的生命力,而且是周遍一切界的生机。一根草、一块石头、一粒沙都有它的生命力,都有它的生机,亦都有它的阿陀那。是故这里所说的阿陀那不能理解为阿陀那识。

唯识宗认为阿陀那识即等于阿赖耶识。倘若如此,为什么要给多一个名字给它?显然是有不同的意思,才会给一个不同的名字作区别。因为阿赖耶识,不说阿赖耶识有生命力,只说它是含藏种子,我们说阿陀那是生命力,这个名词一施设出来,则不会与阿赖耶混淆。

"种种阿陀那",此句分明指出不仅人才有生机,法界各种具有不同的生机。其实生机是一,但是我们亦可看作是种种生机,譬如:山、水、沙、石的生机;昆虫、鱼以至人的生机等。

"是即能生于诸法",有阿陀那,方能生起诸法,没有生机则没有诸法生起。但是不要把它当作是自我,是故佛说水、镜喻。水起种种波浪,镜起种种影像,然而不是波浪的自我,亦不是影像的自我。镜生起影像,亦不能说此镜即是自我、此镜的功能即是自我。可是这很难理解,是故"不为愚人说"阿陀那。现在佛是对菩萨说法,所以说阿陀那,因为他所说的法是甚深秘密的如来藏，故非说此密意不可。

由此颂说明，整个心意识品说的是智识双运界。依瀑布，智境喻为水，亦喻为镜面，智境上有识境随缘自显现。种种识境等于种种水波，亦等于种种镜影，无数的影像都可以呈现于一面镜中。因此，这就是阿陀那，因为有生机，才能够生起这些现象，最根本是阿陀那。是故阿陀那即等于如来法身功德，是智境的功能。有智境功能，则能够生起种种识境，生起种种法。所以说《心意识相品》是建立智识双运界的一品。

总结《解深密经》一、二、三品所说的密意。

第一品序品，是依说法者与闻法者建立密意；第二品胜义谛相品是说胜义谛定义。从胜义的观点来看，则没有二法，只有唯一，是故一切法无二。胜义谛相最重要的是遍一切一味相、是不一不异。由此建立胜义谛相即是如来法身遍一切相、是一个基础，从这个基础我们说世俗。第三品心意识相品则从世俗来说。如来法身功德是胜义的世俗，因为如来法身功德即是生机，亦叫做现分，亦叫做大悲，亦叫做大乐。这个如来法身功德、这个生机生起我们的身体、生起我们种种识。因此，他建立我们的识境。没有生机则没有所依所建立。这个生机表现出来则是我们的意识运作。

唯识宗认为阿陀那等同阿赖耶，瑜伽行古学则强调阿陀那与意识相应。这是唯识宗唯识今学与瑜伽行古学的区别，亦可能是安慧论师与陈那论师的区别。

为什么经中言"此识亦名阿陀那识……亦名阿赖耶识……亦名为心"？却可以把它说成是与意识相应呢？因为阿赖耶亦须藉阿陀那才能生起。没有生机，阿赖耶则根本无从生起。当一生起我们的身体后，阿陀那则与我们的意识相应，由是意识才有种种运作，有情才可以有种种作意，由于我们的生机可以由意识表现出来，是故说为相应。如若不然，我们的眼、耳、鼻、舌、身便是机械的。我们的眼睛不同于摄影机，我们的耳朵不同于收音机，正是有生机与无生机的分别。由此体会，则不能执著说，阿陀那仅仅是第八识阿赖耶识别名。要这样理解，才能理解智识双运界。

如上所言,即是由生机建立阿赖耶,因此转起其他的识。转起其他识以后,意识即与阿陀那相应。

关于阿陀那识、阿赖耶识、意识等的问题,必须看清这些名言之间的关系,否则对第四品《一切法相品》便很难理解。《一切法相品》是这本经中非常重要的一品,亦可以说,前面三品都是为理解这一品来铺路。

# 一切法相品第四

# 一切法相品第四

上面第三品已经解答何谓心意识及其义理,接下来第四品则说一切法如何由心意识变现而成为有,由此始说三自性相,亦即遍计自性相、依他自性相、圆成自性相。

三自性相分别由前六识、第七识、第八识变现,例如遍计自性相即由末那识执自我以作周遍计度;依他自性相即由眼等六识依缘起而转成境相;圆成自性相即由转阿赖耶识而依如来藏智识双运境相。

是故一切法的显现分为三种自性相,非谓将一切法分为三类,说有一些事物为遍计自性相,另一些事物为依他自性相,而唯属于无为法的事物或境界(譬如真如)则为圆成自性相。它只是说,当行者直观一切法时,依心识变现,可将事物看成是三种自性相中不同自性相的事物。所以,此三自性相实为行者观一切法时之三种心识状态,或者说是认识事物的三种观点。

欲了知此三自性相,须先了知"能相"与"所相"。三自性相为"三能相",由是即有相应之"三所相"。《摄大乘论》说"三能相"为:一者,以依处为能相,此即说依他自性能相;二者,以遍计为能相,此即说遍计自性能相;三者,以法性为能相,此即圆成自性能相。由是"三能相"亦可视为观察一切法之三种见,由见而成立者即是"所相"(通常但名之为"相")。故《摄大乘论》云:"彼转识相法,有见、有相,识为自性"。是即谓"三能相"皆"转识法相",以"识"为自性而转起"见"与"相"。见不同,转起之相即不同,故遍计见所转起者,即成遍计自性相,依遍计而成立一切法相;依他见所转起者,即成依他自性相,依依他而成立一切法相;

依圆成见所转起者,即成圆成自性相,依圆成而成立一切法相。

玄奘法师所传的弥勒学,依护法的"唯识今学"系统。其所说的法相,实指依第八识变现轮回界的种种法所相,与《解深密经》所说周遍轮回涅槃之诸法能相不同,经说的法相的范围周遍法界,所以既包括轮回界的一切虚妄分别相,亦包括涅槃界的清净圆满相,后者已超越唯识,是圣者内自证智的境界,此即名为如来藏,亦即修证果。

此品由德本菩萨请佛问法。"德本"之意即是功德之根本,此功德根本即是如来藏功德。识境之所以成立,皆因有如来法身功德,此功德亦即生机。所以"德本"之名,其意即涵盖一切法相皆以如来法身功德为本,由是而成显现。

【正文】尔时,德本菩萨摩诃萨白佛言:世尊,如世尊说,于诸法相善巧菩萨。于诸法相善巧菩萨者,齐何名为于诸法相善巧菩萨?如来齐何施设彼为于诸法相善巧菩萨?

【释义】德本菩萨问释迦,根据什么叫做"于诸法相善巧菩萨"。

"如来齐何施设彼为于诸法相善巧菩萨"一句中之"齐何施设",若是根据藏文,应该译为"能知几种法相故"。整句意思是,菩萨"能知几种法相,故施设彼为于诸法相善巧菩萨"。这样问,才能与下文说三种法相相应。

【正文】说是语已。尔时,世尊告德本菩萨曰:善哉德本,汝今乃能请问如来如是深义。汝今为欲利益安乐无量众生,哀愍世间及诸天人阿素洛等,为令获得义利安乐,故发斯问。汝应谛听,吾当为汝说诸法相。谓诸法相略有三种,何等为三?一者遍计所执相,二者依他起相,三者圆成实相。

【释义】"遍计所执相"、"依他起相"、"圆成实相"中之"所执"、"起"、"实",乃唐玄奘翻译时所加,若依藏文及梵文,三自性相应译为"遍计相"、"依他相"、"圆成相"。若意译,遍计相译作虚妄分别相;依他相译作因缘相;圆成相译作第一义相。玄奘之前的译师,如真谛,便是这样译。唯识宗可能依此而理解，因此说圆成自性相是胜义，现代唯识学人，则说圆成自性有胜义。胜义与圆成，其实有很大的分别。关于这个问题，下面当说及，于此处可以不赘。

经言"一切法相"，乃指诸法之"能相"，而所说之"诸法"则周遍轮回涅槃二界。所言"能相"者，即"性相"义，亦即对一切法相所作之定义。由此引申，即谓行者以何观点来认识一切法。但是，前两种自性相则实不能周遍涅槃界。

**【正文】**云何诸法遍计所执相？谓一切法名假安立自性差别，乃至为令随起言说。

**【释义】**"谓一切法名假安立"一句，依藏译当译作"相应一切法施设名言"。譬如相应这张桌子，我们名之为桌子；相应这支笔，我们名之为笔，此即相应一切法而施设名言。

"安立自性差别"，当译作"由相及名安立诸法自性"，这样，意思便清楚明了。

两句合起来，原文"一切法名假安立自性差别，乃至为令随起言说"，当译作"相应一切法施设名言，由相及名安立诸法自性"。这即我们先由二取显现，再作名言显现，如是施设一切法的名言，再由一切法的相、名来安立他成为有。这就是由相及名来安立一切法的自性，笔的自性是如何，我们则根据笔之名、笔之相而安立它成为有。对待一切法，凡夫皆如此，随之当作真实。此即遍计相，或说为虚妄分别相。此即谓凡夫执相、名等遍计以观察一切法，成立虚妄分别有。

**【正文】**云何诸法依他起相？谓一切法缘生自性，则此有故彼有，此生故彼生，谓无明缘行，乃至招集纯大苦蕴。

**【释义】**依他相是怎么样呢？"谓一切法缘生自性"。缘生自性即是说缘起，中观宗所说之缘起，于瑜伽行派则名之为依他。但以四重缘起而言，此"依他"仅为相依缘起，以及相对缘起，不包括相碍缘起，唯相依与相对缘起谓之依他。

为何不包括相碍缘起？倘若包括相碍缘起，即等于是圆成，相碍缘起所成立的，即是成立圆成性。

"谓无明缘行，乃至招集纯大苦蕴"。此即谓依释迦所说之十二因缘等，有生灭、断常等现象之杂染法，由相依而成立为有，此如无明与行相依等。

**【正文】云何诸法圆成实相？谓一切法平等真如。**

**【释义】**"谓一切法平等真如"，依藏文应译作"谓一切法之如性"。何谓如性？亦即《入楞伽经》所言"唯心所自见"。一切法是怎么样，它就是怎么样，于见时，再不加以名言及句义以作增上。因为名言、句义无非都是虚妄分别，离虚妄分别，才见到"一切法如性"。对如性应该这样理解，能理解便够了，无须要再加名言句义来说自己的理解。此如性即是最深密的缘起，名为相碍缘起。

相碍缘起有外、内、密、密密四重相碍，其中最重要的是密密相碍，这一重相碍是说时空的相碍，于佛经中称之为"时方"。若是说般若的经，一般名为十方三时；若是说如来藏的经，一般名为十方四时；于密续中，亦即无上瑜伽的续，则不说十方四时，它只说四时与不定方，意指与我们不同的时空。我们是三时，它说四时。此第四时亦名为秘密时，亦即与我们元次不同的时间。不定方亦是与我们元次不同的空间。于四重相碍中，一切法之成立皆须适应这四重相碍。

以外相碍而言，色就是色，声就是声。为什么我们听见这个是声，看见那个是色？此即是相碍，是我们的局限。不同的生命形态，有着不同的相碍。以小狗为例，我们看见的颜色，它则看不见。然而我们听不见的声音，它却听得见。对小狗来说，它的相碍与我们不同。一切生命形态在自然环境里面，对外境的认识都有相碍，我们只能适应我们的相碍始可生存。倘若我们像小狗一样，听见的声音这么多；或者打雷，我们不觉得太大声，但对小狗而言已经令它害怕以至于躲起来。那么我们在这个自然界，对我们来说则不适应了。因此，不要以为听见声音多就是好。若是听的声音范围太广,你晚上睡觉都睡不着,连虫鸣的声音都觉得很大声。若是这样的话,声音的范围广了,我们整个生理则要改变来适应它。故说小狗的生理不同于人的生理。这即是外的相碍。

以内相碍而言,我们的耳朵只能听到声音,不能看见颜色;眼睛只能看见颜色,不能听到声音。我们身体一切的觉受即是适应这个相碍,然后始有我们这个觉受,我们的觉受刚好是适应这个自然环境的。若是天气长期寒冷,我们整个身体的机能都会发生变化,脂肪要多、皮层要厚、皮肤要粗糙,始能适应严寒的气候。然而于南方生活的人,较之北方人脂肪少一些、皮肤细嫩一些,这些都是内相碍的适应。

以密相碍而言,意指我们的心性。心性是多,法性是一。然而心性实为法性,皆因心性受到障碍,作出诸多分别,是故我们心的行相是多。此一与多之相对,我们亦须适应。心性必定是多,然后始能生活。倘若我们心的行相不是变化而且相续,则难以在这个识境中生存。

以人为例,作此种种观察,即知我们须适应各种相碍与局限。当我们能够适应它,则称之为任运。须知"任运"非谓任意运作,而是谓随顺诸法自然运作。其所随顺,即随顺其所受之相碍。以此故说圆成自性相,即是相碍缘起有。

因为任运而成立我们,我们即是圆成。其中最重要的是密密相碍,此如我们对时空的适应。是故我们生出来一定是立体的,不可能是二元次与四元次,必定是三元次。然而无论如何相碍,我们都是于智境上显现出来,是故平等。因为一切法都是在智境中随缘自显现任运圆成,是故一切法平等。唐玄奘于经中将"如性"翻作"平等真如",亦有其道理。

【正文】于此真如,诸菩萨众勇猛精进为因缘故,如理作意,无倒思惟为因缘故,乃能通达。

【释义】对这真如,须勇猛精进、如理作意、无倒思惟才能通达。可见要通达圆成性实在甚难,所以现代有些学人便生误解,他们不将圆成性当成是缘生,因此说他是胜义,这样,就不能理解如来藏与缘起的关系。倘若我们承认圆成亦是缘起,且是相碍缘起,则此句很容易理解,因为相碍缘起深密,所以才需勇猛精进、如理作意、无倒思惟。

有些唯识宗学人强调自宗与瑜伽行派不同,正因为这些差别。其实这是很大的差别。如果不把圆成看作是识境,因而将圆成看作是胜义,看作是无为法,则根本不可能理解如来藏,不知道如来藏是智识双运的境界,亦即是佛内自证智,根本智与后得智双运的境界。

民国初年支那内学院的学者并未否定如来藏,然而如今有些唯识学人却反对如来藏,因此对经中所说之真如未能正解。经中这句话亦可以说真如不离缘起。真如可喻之为荧光屏中人相,如果他的心识能离开荧光屏来看荧光屏,所见便唯是影像相;与此同时,他知道荧光屏中一切影像唯是缘起。倘若如是理解,则知为何圆成性亦是缘起。此即为《解深密经》之密意,是故理解这一点非常重要。

倘若以为从荧光屏外面来看荧光屏影像,所见者即是真如相,那么便已离缘起,这就错了。那是因为他们不理解真如相即是相碍缘起相。心识跳出荧光屏来看荧光屏世界,正是认识到影像是如何根据缘起而生起。其中最重要的是,影像应该根据荧光屏的功能始能生起,所以荧光屏的功能就是因缘,如何能说它是脱离缘起呢?

"如"是佛见识境相时之所见。智境没有相,以佛之智来看识境,识境所显现之相即可说之为"如"。因为强调其为真,故名为"真如"。

**【正文】**于此通达,渐渐修习,乃至无上正等菩提方证圆满。

**【释义】**如此通达,然后慢慢地一步一步观修,一直修到"无上正等菩提方证圆满",始为成佛。非谓见到真如则能成佛。是故瑜伽行派说,初地菩萨是触证真如,是即见到真如。初地菩萨已经跳离荧光屏,来看荧光屏的世界,然后次第观修,直至圆满成佛。于此须这样理解圆成性的相。下面对此三自性的相,还有很详细的解释。

**【正文】**善男子,如眩翳人眼中所有眩翳过患,遍计所执相当知亦尔;如眩翳人眩翳众相,或发毛、轮、蜂、蝇、苣藤,或复青、黄、赤、白等相差别现前,依他起相当知亦尔;如净眼人远离眼中眩翳过患,即此净眼本性所行无乱境界,圆成实相当知亦尔。

【释义】此段经文用眼目喻说三自性相。设若一个人的眼睛有病,病眼人所见为模模糊糊的相,比喻对事物的观察具模糊不清的过患,此等同遍计相。凡夫以遍计相认识一切法,故说"遍计所执相当知亦尔";病眼人所见毛发、颜色等相差别现前,分别不清,犹如散光眼所见,似有一光轮,此差别现前的一切相,如同依他的一切缘生法,故说"依他起相当知亦尔"。净眼人,是即眼睛没病的人,所见一切相则等同圆成相。

"即此净眼本性所行无乱境界"一句,依藏译为"本性所行境及无乱所行境"。无眼病之人,看见的是净眼本性所行境及无乱所行境,是即圆成相,因为净眼本性亦是圆成,一切净眼,都须适应其相碍才能任运圆成,因此净眼本性其实亦是圆成性。

【正文】善男子,譬如清净颇胝迦宝,若与青染色合,则似帝青、大青末尼宝像。由邪执取帝青、大青末尼宝故,惑乱有情。若与赤染色合,则似琥珀末尼宝像。由邪执取琥珀末尼宝故,惑乱有情。若与绿染色合,则似末罗羯多末尼宝像。由邪执取末罗羯多末尼宝故,惑乱有情。若与黄染色合,则似金像。由邪执取真金像故,惑乱有情。

【释义】颇胝迦宝(sphaṭika)即琉璃宝,亦即净水晶,经文以琉璃宝喻说三自性相。帝青(indranīla)是帝释天的青色琉璃宝,心想见到什么,帝青宝上便显现什么,因此,名为帝青宝。在唐诗与宋词中常以帝青宝作喻,特别是说到牵牛花。在唐代,牵牛花有一个很名贵的品种,即名为帝青宝,唐代很多诗词都说到这种牵牛花。

经文说,譬如一块清净的水晶,若以青色染之,则看起来像帝青、大青的颜色。接着,我们又根据它所像的颜色,认为是帝青末尼宝及大青末尼宝,在这里便有两重设喻。水晶成为青色,此即喻为依他;将它误作帝青末尼宝、大青末尼宝,那便是遍计,是依他自性相上的遍计所执相。其他种种颜色的设喻,与此相同。

这是一个基本的喻,由这个喻就知道,依他所成的相,我们恒时加以分别,于是成为遍计相。知道这一点非常重要,否则我们便以为自己所见的已经是依他相,那就不认识依他上的遍计。认识这点,对理解下面的经文非常重要。

【正文】如是德本,如彼清净颇胝迦上所有染色相应,依他起相上遍计所执相言说习气,当知亦尔。

【释义】"如彼清净颇胝迦上所有染色相应",此句说出一重要义理。与水晶上的染色相应,本来是与依他自性相相应,可是,我们有言说、习气,于是我们便不仅与染色相应,还因所染的颜色,将水晶看成是别的事物。在这里就有两重惑乱:我们把净水晶色看成是翡翠色,那是一重惑乱。再将净水晶末尼宝看成是翡翠末尼宝,那又是另外一重的惑乱。这重惑乱,说它是"依他起相上遍计所执相言说习气"。

再说明白一点,识境中一切法相皆可说为依他。亦即一切法的相等于一块被染色的净水晶,将染上去的颜色视为真实,那是依他。一切外境行相,都等于是曾染色的水晶,可是我们并不觉得它经过染色,所以才会依它的颜色来作分别,一分别,就将水晶看成是帝青末尼宝等,是即遍计自性相,亦即我们观察一切法所成立的自性相。要明白这点,我们才可以说应该如何观修。

何谓遍计?遍计即是分别。由分别而产生名言,譬如琥珀、翡翠、金。此即落于名言中作分别,由是便分别成不同的事物。依此名言,在识境中有真实的作用,但一切法相,则并不是依此遍计而成立,其实是由依他而成立,如外境依心识而成变现,心识依外境而起功能,这便可以说为依他自性相。

何谓圆成?不管其所染之颜色,所见唯是水晶,此谓圆成。又如瑜伽行派常用的木头幻变例。幻师将木头变现为马,看见是马的相,此谓依他;将之当作是真马,此谓遍计;知道变出来的马仍是木头,此谓圆成。三自性相之分别即在于此。

【正文】如彼清净颇胝迦上所有帝青、大青、琥珀、末罗羯多、金等邪执,依他起相上遍计所执相执,当知亦尔。如彼清净颇胝迦宝依他起相,当知亦尔。

【释义】遍计相即是邪执,于依他相上起邪执,即是"依他起相上遍计所执相执",以邪执遍计所执相故,有此邪执便变成惑乱。

在这里,颇胝迦喻为清净,种种染色喻为杂染,所以遍计是依杂染而成,由杂染得惑、业、苦三种果,即是轮回果。至于依种种颜色,当成是种种末尼宝,即是名言显现。瑜伽行派说名言显现是颠倒因,亦成惑乱果。

【正文】如彼清净颇胝迦上所有帝青、大青、琥珀、末罗羯多、真金等相,于常常时,于恒恒时,无有真实,无自性性。即依他起相上由遍计所执相,于常常时,于恒恒时,无有真实,无自性性。圆成实相,当知亦尔。

【释义】依他上所起的遍计,当然无有真实;即使是依他,此依他亦不真实,以依他亦不是真实自性故。这里说,"依他起相上由遍计所执相,于常常时,于恒恒时,无有真实,无自性性"。并不是说依他自性相本身就真实,有自性,实在是与圆成相连文而言,即是说,纵使是于圆成相上起遍计,亦无有真实,无自性性。常不真实,恒时不真实,即是无自性,一切法都具无自性性。

【正文】复次德本,相名相应以为缘故,遍计所执相而可了知。依他起相上,遍计所执相执以为缘故,依他起相而可了知。依他起相上,遍计所执相无执以为缘故,圆成实相而可了知。

【释义】此一段经文极其重要。唐玄奘的翻译比较晦涩,吕澂先生已依藏译作过校勘,我现在根据藏译,参考吕译,将之改译如下:

依着与名言相应之相,可知遍计相;依着依他相上之遍计所执相执，即可知依他相。

第一句是了知遍计相。例如，根据翡翠此名言，说翡翠色的净水晶为翡翠，知此即了知此为遍计相。

第二句是了知依他相。要了知依他相，便须了知依他相上的"遍计所执相执"。什么是"遍计所执相执"呢？将水晶遍计成翡翠，其所执，是执著翡翠颜色，这翡翠颜色便是成立遍计所执相之所执，亦即，由于执著翡翠颜色，才会把水晶当成是翡翠，于当成是翡翠时，这块翡翠，便是遍计所执相。能这样了知，便知道依他相，亦即，知道水晶的绿色相。它与遍计的区别仅在于：依他自性相没有因水晶的绿色相成立翡翠，而遍计则将翡翠成立。

接着是了知圆成。于染过青颜色之水晶，既不执著其翡翠色，更不执著其为翡翠，如实而知其为净水晶，如是即了知圆成。

这即是经文所言，"依他起相上，遍计所执相无执以为缘故，圆成实相而可了知"。如果依一般人的推理，若依他自性相上，无执于遍计所执相，那么，所知道的便应该是依他自性相，然而不然，由断除了一切遍计的依他相，所能认知的是圆成自性相。为什么？因为凡是依他，亦一定落于名言，像经文所举的例，依他相为绿色的水晶，这绿色，便即是名言分别，由这分别，就不知道这是水晶。所以，由断除了一切遍计相的依他相，即可了知圆成相。在这里，依他其实亦是施设，若执依他为真实，便成遍计。

于三自性要这样来了解：

根据名言而成立的事物，此谓遍计。譬如，染过青颜色的水晶，名言显现为翡翠，我们即将之当作翡翠。知道绿水晶，则知道是依他；知道净水晶相，则知道圆成。此为三自性之分别。

此段经文是本品之重点。这一品篇幅不大，却是全经中非常重要之一品。谓诸法相，略有三种，看我们落在哪一个层次去认识它。

遍计自性相无非由执相、名以成立；于依他起相上复须成立遍计自性，即复须执其相其名始能建立其为有，以须如是始能说依他自性相故。此如说"无明缘行",即依"无明"与"行"之相与名说依他。故一切依他自性相,除非不落言说,若落言说,必成遍计而似显现。

然行人于观修时,则可离相与名而作深观,由是于依他自性相,则能不执其与相名相应之遍计自性,如是现观,即现证圆成自性相。《解深密经》所说止观,依此三自性相而建立,观察依他自性相,可以视为关联遍计自性相与圆成自性相之桥梁。

上来所说之三句,即是修习方便。由依他起相起修,若能不执虚妄分别,远离遍计,即证成圆成相。然而此中理趣却非如是简单,下面经言,即一修行次第。

【正文】善男子,若诸菩萨能于诸法依他起相上,如实了知遍计所执相,即能如实了知一切无相之法。

【释义】原来识境中一切法(事物)是依他的,然而我们却加遍计上去。当能够这样如实了知,则懂得何谓无相。相是根据名言而成立的,我们建立翡翠这个名言,当说翡翠时,不必见翡翠,都有翡翠的相;我们给一个名言说黄金,就有黄金的相。当我们施设一个名言,即同时施设了一个概念(句义)。所有相的成立,都由名言、句义而成立,且将之当为真实。当知道这些时,我们便知道何谓无相,便即是去除名言句义来认识现象。

根据名言、句义来成立相,即是由分别而成立相。譬如一支笔,根据名言句义,即使笔不现前,我们亦得到笔的相。不过,猫、狗、乌鸦必定不会看成是笔的相,何以故?因为我们给了一个名言"笔",因此根据笔的概念就成立了笔的相(同时亦成立了笔的功能),这是由人的主观概念来成立它的相。其他的生物跟我们不同,所以它们成立的相也便不同,小狗可能把笔当作骨头去咬。我们看见是红色、绿色,小狗则看不见这些颜色。因此,我们说这件衣服是红色、那件衣服是绿色,小狗看起来即是黑、白、灰三种色。

概念不同,亦可以说是相碍不同,相碍的条件不同,则有不同的概念。因此，我们知道有相是根据我们的名言句义而来。懂得如是道理，则知道何谓无相。离开名言句义则无相，是故绿色并非真实的绿色，只是根据我们的内相碍，根据我们对局限的适应，我们才把它看成是这样的颜色，而且给一个名言给它，叫做绿色。此外，还分成草绿色、翡翠绿色等，再作种种微细分别，其实都是名言句义。

所以，无相也就是离分别。

**【正文】**若诸菩萨如实了知依他起相，即能如实了知一切杂染相法。

**【释义】**杂染分三：烦恼、业、生三种，惑、业、苦分别为其果。识境中一切法皆为杂染相，因为这些相，我们将之当作是真实，则有惑、有业、有苦，是即成立三种杂染。

识境中一切法，可成立为依他，因此一切杂染法，实在即是依他相。由于如实知道依他（即不落在遍计的层次来看依他法），因此，就如实知道杂染法实在亦是依他法。在观修时，先依相依缘起来成立一切杂染法，亦即成立杂染法为相依有。然后用相对缘起来观察，龙树在这时，是用"相互为因"来否定相依有，因此就成立相依有无自性。这就是如实了知依他相，亦即如实了知一切杂染法相。

瑜伽行派所说之依他，并非仅说心识与外境相依，他们是将心的行相亦视为外境，因此烦恼的行相、业的行相、心的行相，都如同外境，由是成立依他。

一样东西我们觉得它可以满足我们的贪，因此而给很多名言句义给它。这是宝石，这是钻石，这是珍珠。根据这些句义认为很值钱，我们由此而惑，以惑为缘则成立这些东西的价值。宝石之所以如此贵，即是根据我们的惑，把它当作是很贵重的东西。是故一切财宝其实都是由人的名言句义造它出来，始能变成为宝。常言道：物以稀为贵。稀有则贵了。倘若现在遍地皆为黄金，黄金一定不值钱。等于我们现在遍地是泥土，泥土一定不值钱。阿弥陀佛的净土以黄金为地，我们听起来这么贵,其实一点都不贵。整个土地是黄金,黄金还有什么金贵。所以说我们是从感来成立它的。

我们亦从业来成立一切法相,彼此各种因缘业力,譬如,我们觉得水对我们有用,我们去开发水源,由此成立井的相、塘的相,这便是我们的作业。引水来灌溉,这便有业在其中,灌溉即是业。植物需要水,是故要灌溉,这又牵涉到相碍缘起了。植物没有水则不能生存,不能显现,不能成为有,这即是相碍的条件,一环扣一环。因此我们要开发水利,水利对我们人来说极其重要。这即是业。业之功德其实是为了适应相碍。

苦亦然,譬如,有些东西不见了,我们觉得很苦。原来有的,变成没有,则觉得很苦。有些东西原来没有的,忽然有了,我们亦觉得很苦。此有与无即是因缘,有与无是依因缘而显现出来。因此,我们这样了解杂染相法,则知道都是因缘而成,都是缘起。是故从依他来了解。

**【正文】**若诸菩萨如实了知圆成实相,即能如实了知一切清净相法。

**【释义】**见到圆成则见到清净,因为是客观之所见。荧光屏的人看荧光屏的世界是从遍计来看。离开荧光屏来看,还是缘起,可是知道它是适应其局限,适应其条件,然后才成立它的显现与存在。没有加上名言,亦没有加上依他之因素,是故看见影像就是影像,每一个影像都是适应其条件而生起,如是则看见圆成,亦可以说是真如相。

上面三句经文,实为深一层次的观修。现证"无相",不必现观依他自性相,以缘生为本然故,无可现观,所须观察者仅为加于其上之相与名,于此无所执,即了知无相。

然则于此观修中,如何能知其为杂染相抑或清净相?前已说了知依他自性相之观修,由此观修即能如实了知一切杂染相法;前亦已说了知圆成自性相之观修,由此观修即能如实了知一切清净相法。

故此三者非是三种内观,仅是现证无相之观修。既已了知三自性相,则杂染、清净相法实已现观,不必于修证无相更有别观。此亦即宁玛派不共生起次第之观修目的,于依他自性相之所缘境不更寻求名言,唯成咒鬘庄严,如是即如实了知依他自性相上之遍计自性相。故可由是而现证无相。

【正文】善男子,若诸菩萨能于依他起相上,如实了知无相之法,即能断灭杂染相法。若能断灭杂染相法,即能证得清净相法。

【释义】上面是说生起诸法相,此段经文说断灭杂染相法。事物是从依他而生起,若从依他相能够如实了知无相之法,则能断灭杂染相法。

何谓无相之法?在依他上能够了知遍计之相。原来是依他而成的法,能够清除其遍计,则所有杂染皆不成立,因为我们的惑、业、苦都是根据名言句义而来。若能断灭杂染相法,则能证得清净相法。

上面几段经文是一环扣一环作观修。先成立三自性相,然后成立如何无相,再成立如何断灭杂染,如何证清净相。

菩萨须断灭杂染相,始能证清净相。断灭杂染,则须了知无相。因此,了知无相即是菩萨之所为。由观察三自性相,便能够了知无相,正是菩萨所要做的观修。

由是可知观修之关键,即在于"能于诸法依他起相上,如实了知遍计所执相,即能如实了知一切无相之法"。

【正文】如是德本,由诸菩萨如实了知遍计所执相、依他起相、圆成实相故,如实了知诸无相法、杂染相法、清净相法,如实了知无相法故,断灭一切杂染相法,断灭一切染相法故,证得一切清净相法。齐此名为于诸法相善巧菩萨,如来齐此施设彼为于诸法相善巧菩萨。

【释义】此段经文是一个总结。

没有遍计即是无相,知道依他是杂染,断除一切遍计即是圆成。是故根据三自性相则了知无相法、杂染相法、清净相法。如实了知无相之法,即能断灭杂染相法;若能断灭杂染相法,即能证得清净相法。

根据这样，就说他是"诸法相善巧菩萨"，是故施设诸法相善巧的菩萨，对一切法相善巧。

如来功德的根本是成立一切法。但是，凡愚则不知道一切法是藉如来法身功德而成为有，是即不了知一切法。如何了知一切法？从三个不同的观点，亦即从三个层次。三个层次彼此互有关联。原来事物是根据依他而成，我们在根据依他而成的事物上，加上名言句义，是故变成遍计；一旦有此遍计，则变成杂染。若是断除此遍计，则认识到无相；当认识到何谓无相，则杂染相亦断除，由是得到清净相。是故菩萨所要做的，不是去掉依他，而是了知依他相上之遍计，要断除的是遍计。

由于遍计即名言与概念，是故菩萨之所为，不是在概念中修行，而是离一切名言与概念，由是则断除杂染相得到清净相，现证一切法无相。依他相上去除名言句义，我们便见到圆成。

亦可以说我们不落名言句义，则了知一切事物是适应其相碍而生起，适应其局限条件而生起。以荧光屏为喻，荧光屏的功能是平等，亦即法界功德平等。在平等的法界功德中，为什么有种种变现呢？业力是一个因素，因为种种业力不同，致使我们要有种种不同的适应，譬如，狗的适应便跟人的适应不同，是故有六道众生之显现。时空亦是一个因素，这样适应就在这个时空，那样适应就在别的时空。这两个可以说是相碍缘起中的重要因素，其他的因素便可相应而知了。

由此认知，则看到真如、看到圆成，然而真如与圆成皆落于缘起，落于智识双运界的相碍缘起。

【正文】尔时，世尊欲重宣此义而说颂曰：
若不了知无相法　杂染相法不能断
不断杂染相法故　坏证微妙净相法
不观诸行众过失　放逸过失害众生
懈怠住法动法中　无有失坏可怜愍

【释义】吕澂先生对第二颂曾依藏译校勘，今引述如下：

众生放逸有懈怠　不能分别行过失
于诸无住无动法　极失坏故成可愍

第一颂重宣观修瑜伽行的要义,观修瑜伽行的目的是证一切法的微妙清净相。这现证的次第是,先了知无相法,然后断除杂染相法。

众生失坏无住无动法,这即是失坏一切法的微妙清净相,何以不知一切法本来无住无动? 是由于"不能分别行过失",那即是永远落在名言句义而行,由是不知无相,不能断除杂染相法。

颂文还有一个要点,微妙清净相法无住无动。何以故?

仍以荧光屏为例。如来藏境界喻为荧光屏境界,荧光屏喻为如来法身,荧光屏的功能喻为如来法身功德,荧光屏上的影像喻为如来法身上的识境随缘自显现。此自显现本来微妙,本来清净,所以不落入任何名言句义之中,亦即不能用任何名言句义来定义此识境的生起。一旦落入名言句义,即有所住,不落名言句义,即无所住,即是清净。

至于无动,那是说如来法身,一切法依如来法身而成存在或显现,但如来法身并不因之而受杂染,是即无动。

所以无住无动,即是智识双运界,识境无所住,智境无所动,那就是微妙清净法相,亦即是如来藏的境界。既然智境识境双运,识境必落于缘起(所以说是随缘自显现),因此智识双运界不离缘起。

在我们的譬喻中,可以这样理解: 荧光屏不因为种种影像显现而有所变动,种种影像除荧光屏外即无所住。可是,荧光屏影像中的人,却依着影像世间的名言句义来生活、来思维(二者都是"行"),因此所见即为有相(由名言句义而成为有的相),于中即成杂染相——烦恼相、业相、生相,并以此种种相为真实,是故颂言"坏证微妙净相法"。

众生"不能分别行过失",实在由于二取,以我为能取,以我所为所取,由此二取成立一切法实有,于中成立我为实有,同时成立我所有法为实有,是名"二取显现"。当取一切法依二取显现而成实有时,立即成立名言句义,即是对一切法的名言与概念,由是一切法便成为"名言显现"。所谓有相,即依名言显现而成。

人们常以禅宗的"山不是山,水不是水"为例来理解佛法,对这公案,应该这样理解:当落于名言句义作分别时,依山的名言、水的名言,便说"山即是山,水即是水"。当知道相依时,便可以说"山不是山,水不是水",这时候,可以说是证入无相。然而,当认识如来藏智识双运界时,知识境一切法,实依相碍缘起而自显现,这时便可以说"山还是山,水还是水"。此即现证微妙清净相法,亦即如来藏相、智识双运界相、任运圆成相。

如上所言,皆与观修有关,所以是瑜伽行的要领。

# 无自性相品第五

## 无自性相品第五

本品说"无自性相"。

何谓无自性？无什么自性？宗喀巴的解释最恰当，说为无一个唯一的自性，无一个不依作用而成为有的自性。无此二者的自性，即是无自性。

倘若不理解无什么的自性，泛泛而言之"无自性故空"，认为"无自性"所指是无"自"这个性，如是说空性，如此解释则太笼统。以"自"作解释，在中文可以这样说，然而依梵文及藏文，则不能解为"自"这个性。

在此有必要指出的是，中国佛学界的部分学人有一大弊病，彼依汉文的文字断章取义作解释。"自性"是依梵文翻译出来，是则焉可分裂而说，然后说无"自"这个性。此如有学者解释《心经》，将《心经》的"心"当作是说心王心所，解释得一塌糊涂。《心经》的"心"，依梵文是精华之意，亦即是般若波罗蜜多之精华，一解为心王心所，立即失去本义。

本品"无自性相品"澄清了自性的问题，说三自性相亦无自性，然后说如何涅槃。

本品问法的菩萨是胜义生菩萨。经中每一品都由不同的菩萨问法，从问法菩萨的名号即知每一品的主题。例如上一品"一切法相品"是德本菩萨问法，"德本"亦即功德的根本。功德的根本即是如来的功德，如来的功德根本则是周遍法界的生机，因此成立识境（世俗）。由是我们知道所说的一定是识境，此中没有提到胜义。因经中所说未离识境，那么便容易做出抉择与决定。

本品以"胜义生"为问法菩萨的名号，"胜义生"即是说从胜义而生，一切法其实都可说为由胜义而生。胜义是智境、是如来法身,由智境的功德、如来法身的功德生起识境。因此,从"胜义生菩萨"之名则知本品是说智识双运。

《解深密经》从序品至第五品是说见地,亦即说抉择见与决定见。其中序品、第二品主说胜义(智境);第三、四品主说世俗(识境);本品第五品始说智识双运,亦即说抉择见与决定见的最后一部分。余下六、七、八品是说菩萨的观修、现证及其现证果。

【正文】尔时,胜义生菩萨摩诃萨白佛言:世尊,我曾独在静处,心生如是寻思:世尊以无量门曾说诸蕴所有自相、生相、灭相、永断、遍知。如说诸蕴,诸处、缘起、诸食亦尔。以无量门曾说诸谛所有自相、遍知、永断、作证、修习。以无量门曾说诸界所有自相、种种界性、非一界性、永断、遍知。以无量门曾说念住所有自相、能治所治,及以修习未生令生生已,坚住不忘,倍修增长广大。如说念住,正断、神足、根、力、觉支亦复如是。以无量门曾说八支圣道所有自相、能治所治,及以修习未生令生生已,坚住不忘倍修,增长广大。

【释义】胜义生菩萨"曾独在静处,心生如是寻思",此为思法。菩萨闻法之后,继而思法,亦即作抉择,是故须独处净处作寻思、作抉择。

胜义生菩萨概述佛所说的种种法门,随文易知,不赘。

【正文】世尊复说:"一切诸法皆无自性、无生无灭、本来寂静、自性涅槃。"未审世尊依何密意作如是说:"一切诸法皆无自性、无生无灭、本来寂静、自性涅槃。"我今请问如来斯义,惟愿如来哀愍解释,说"一切法皆无自性、无生无灭、本来寂静、自性涅槃"所有密意。

【释义】"一切诸法皆无自性、无生无灭、本来寂静、自性涅槃"。此句经文少一字都不可,它是一个完整的句子。于本品中,这句话不断地重复。因其深具密意,所以在这里只略为解释,余义于下面当更说。

说涅槃,则须说与涅槃相对之轮回。何谓轮回?于一个有生有灭的境界中成立诸法的相。诸法相如何而成立?依三自性相之遍计、依他、圆成而成立。诸法相落于缘起是故一定有生有灭。以此为前提，便可能将诸法看成有自性。

如何有自性？落在识境缘起中，便会将一切法错认为有独立性。所以有生有灭，便是一个独立的个体，是个体在生灭。这样一来就将个体看成是独立的存在了。这个所谓个体，不依缘起而成立，既然不依缘起，就看不到它要依作用而圆成。这样，便可以将一切法看成有各别的自性，一切法的生、住、异、灭，成为有自性的现象，亦即有自性的相。

倘若如前所说的蕴、处、界、谛，以至修道所行的三十七道品都永断了，了知一切诸法皆无自性，那么这就是涅槃。上面所说的种种是轮回界的认知，将此认知断除，便是涅槃的认知。因此说："一切诸法皆无自性、无生无灭、本来寂静、自性涅槃。"此中，"无生无灭、本来寂静、自性涅槃"是依"一切诸法皆无自性"为前提，下面释迦即说三种无自性。

**【正文】尔时，世尊告胜义生菩萨曰：善哉，善哉，胜义生，汝所寻思甚为如理。善哉，善哉，善男子，汝今乃能请问如来如是深义，汝今为欲利益安乐无量众生，哀愍世间，及诸天、人、阿素洛等，为令获得义利安乐，故发斯问。汝应谛听，吾当为汝解释所说"一切诸法皆无自性、无生无灭、本来寂静、自性涅槃"所有密意。胜义生当知，我依三种无自性性密意，说言"一切诸法皆无自性"。所谓相无自性性、生无自性性、胜义无自性性。**

【释义】世尊赞扬胜义生菩萨悲愍众生而问深密之法，并回答说："我依三种无自性性密意，说言'一切诸法皆无自性'"。这句话很重要。

本品是说三无性。瑜伽行派认为，三自性一定要与三无性配合始能完整。倘若唯说三自性，不说三无性，则等如唯说世俗，不说胜义，是故不完整。

如今有些唯识宗学人认为，三个自性有三种无自性性，即是遍计自性有生无自性性，依他自性有相无自性性，圆成自性有胜义无自性性。此说法有违经文所说。依本品经文可知，三自性都不能说为真实，是故说三个无性,此以三无性来否定三自性是真实,所以三无性并非从属于三自性。

"我依三种无自性性密意,说言'一切诸法皆无自性'"。依藏译,此句经文当译作"我依三种自性为无之法的密意,说言'一切诸法皆无自性'"。这样一来,法义便清楚了。

是即"所谓相无自性性、生无自性性、胜义无自性性"是三种无自性的法,或说是自性为无的法。

**【正文】善男子,云何诸法相无自性性?谓诸法遍计所执相。何以故?此由假名安立为相,非由自相安立为相,是故说名相无自性性。**

**【释义】**此段经文解释何谓相无自性性。诸法的相由遍计而成立,即是根据名言与概念成立诸法的相。是由假名安立为相,不是由自相安立为相。"假名安立"即是说施设名言,因为施设名言,所以遍计自性相就只是名言相,由是这个相便不能成立为真实,如是,是即相无自性性。

例如我们将某种地形称之为山,于是有了山这个名言与概念。当人们一说山,你便有山的形象成为心的行相。然而,不同的生命形态对大地的形状有不同的认知,对夜叉而言,一定不会依照人类的心行相来成立山。我们认为的平地,他们可能视作低地、盆地。对天人而言,我们整个大地只是高低不平的地面,他们根本没有山的概念,只是等于我们走一条高低不平的路而已。因为天人的身体比我们高很多,四天王天的天人算是体积小的、最低级的天人,然而他们的身高是我们几百丈这么高。他们眼中几百尺的山,可一跨而过,如同走不平坦的路一般,根本无山可爬。亦等于人走路碰到一块石头,脚一迈而过。然而对于蚂蚁而言,这块石头则犹如一座巨山。

上述事例亦说明相碍缘起。任何事物都是任运而成,顺乎自然,各自适应自身的相碍。不能将人看见的相当作是蚂蚁看见的相,亦不能将天人看见的相当作是人看见的相。是故说相无自性性。

【正文】云何诸法生无自性性？谓诸法依他起相。何以故？此由依他缘力故有，非自然有，是故说名生无自性性。

【释义】诸法是依他而起，依缘起的作用而生起一个法，生起一个相。如经中所言，将一个琉璃染成绿色，是故像翡翠；染成红颜色，是故像琥珀。此相是依染色而成，亦即是依他而成，非自然如此，非其自相，故说一切依他的相，皆生无自性性。

上面说遍计自性相是相无自性性，因其依名言概念；依他自性相是生无自性性，因其依缘起而生，非是自生。

【正文】云何诸法胜义无自性性？谓诸法由生无自性性故，说名无自性性，即缘生法亦名胜义无自性性。

【释义】此段译文语意稍觉含混，不易解读，若依藏译，则可稍作改动如下：

云何诸法胜义无自性性？谓缘生诸法，以其无"生自性"故，说名无自性性。由是（缘生诸法）可说为无"胜义自性"，故即无（胜义）自性。

此处说胜义无自性性，然而为了说这个"胜义无自性"的性，便须先说何谓胜义自性。本段经文，说缘生诸法无生自性，因此，可以说名为无自性性，亦可以说为无胜义自性，由是即可说一切缘生法无自性。

【正文】何以故？于诸法中，若是清净所缘境界，我显示彼以为胜义无自性性。依他起相非是清净所缘境界，是故亦说名为胜义无自性性。

【释义】这句经文真的不能解读，既然"清净所缘境界"名为"胜义无自性性"，何以"非是清净所缘境界"，"亦说名为胜义无自性性"呢？

在这里，奘译有所混淆，若比对藏译，这句经文可改译如下：

于诸法中，若是清净所缘（境界），我显示彼为胜义（自性），而依他相非是清净所缘（境界），是故说为无胜义自性性。

一切法中，若是清净所缘境，即有胜义自性性，所谓清净所缘境，即非识境之所缘,实即指如来藏智识双运界,为智识双运之所缘,如佛以后得智见世间。依他起相为相依、相对缘生,是故即非是清净所缘,由是即无胜义自性性。

本段经文,明说依他相非是清净所缘境,但唯识宗则说有清净依他。依经文,依他自性相非是清净所缘境界,所以,除了上文所说之"生无自性性"外,还可以说它无"胜义自性"。在这里要注意的是,不是说依他自性相为"胜义无自性",而是说无"胜义自性",二者有所区别。玄奘译则将二者混淆。

下面即说胜义无自性性。其说,即以无自性性为胜义而说。

【正文】复有诸法圆成实相亦名胜义无自性性。何以故?一切诸法"法无我性"名为"胜义",亦得名为"无自性性",是一切法胜义谛故,无自性性之所显故。由此因缘,名为"胜义无自性性"。

【释义】此段经文,倘若比对藏译,则可稍作改动:

复有诸法圆成相亦名胜义无自性性。何以故?一切诸法之"法无我性",可名为"无自性性",是为胜义。胜义即由一切法自性之无有所显故。由此因缘,名为"胜义无自性性"。

圆成性可称之为胜义无自性性,上面已说法无我为胜义,亦为无自性性。由圆成性即知一切法无我,所以对圆成自性性,便可以名为胜义无自性性。

说圆成相可名为胜义无自性性,并非说圆成相俱有胜义无自性性,而是说不许圆成自性为实有,这样的圆成自性才能说为胜义无自性性。亦即是说,当观察为圆成相时,若以为这圆成相是依圆成自性而成立为有,那并不是究竟,因为识境中的一切法圆成,只是识境中的真实,在智识双运界中,依然是影像、依然是镜影,只不过这影像或镜影,能依相碍缘起,任运圆成。对圆成相,我们可以定义它为胜义无自性的相,但对圆成自性性,则不能说他胜义无自性,因为落于识境的圆成,不能说为胜义,但在智识双运界中,见识境相为圆成,却可以说这个相为胜义,因为这个圆成，是由智识双运而见，非唯落于识境而见。此义甚为深密。

再明白一点来说：由智识双运而见，一切诸法圆成，是依相碍缘起而任运，所以这是胜义相，亦即实相。但是，圆成这个自性，却不能说为胜义，它落于缘起，而且落于识境。如果认为，既然是圆成自性相，便当然与圆成自性性同等，那便是不解密意。

再举例来说明。在这世间，人成为人，是由任运而成，亦即是适应一切对成为人的相碍而成，是为任运圆成，这任运圆成当然不能说为胜义。可是，这任运圆成相却可以说是胜义，亦即能洞察人由任运圆成而成人相，而非由遍计、相依、相对而成人相，由这见人相的观察而成立人，便可以说，任运圆成的人相是胜义。

【正文】善男子，譬如空花，相无自性性当知亦尔。譬如幻像，生无自性性当知亦尔；一分胜义无自性性当知亦尔。譬如虚空，惟是众色无性所显，遍一切处，一分胜义无自性性当知亦尔。法无我性之所显故，遍一切故。

【释义】"譬如空花"，相无自性性则譬如空花。由于眼疾而见空中起花，其实空中并无花，是故相无自性性。

"譬如幻像"，生无自性性犹如幻像，幻像无真实。既然是幻的像，则只是一个影像而已，或者是木头变出来的像。

"一分胜义无自性性当知亦尔"，是说清净依他。胜义无自性性分作两分。这一分上面已说，理解为依他无胜义自性性。

"譬如虚空"，是说圆成。"众色无性所显，遍一切处"。虚空周遍一切处，是众色无性所显。圆成即是如此，圆成便是周遍一切。

圆成为什么周遍一切？因为从圆成可以看出法无我，不仅是人无我、个体无我，抽象的名言概念亦是无我，都不真实，都不能成立，是故它周遍一切界。

相碍缘起亦是周遍一切界。倘若依相依缘起及相对缘起，可能在我们这个世界可说为真实，然而在不同时空的世界则一定不真实。不同时空的世界，心识与外境的关系不像我们这样；心性与法性的关系亦可能不像我们这样。例如无色天，无色天的天人没有物质，等于没有我们人的身体，他成立的外境必定与我们不同。我们的外境是物质世界，无色天则没有物质，其外境是什么样，无从知道。又如无想天，他们不可以说有心性，究竟如何，亦无从知道。佛经说众香国，整个世界都由香成立，那便是我们想象不出来的世界。

我们疑惑香怎么可以成立一个世界、成立诸菩萨，是因为我们不同时空，是故不能理解他们。因此说相碍缘起，则周遍一切界。他们的国度中一定有不同的相碍，他们要适应与我们不同的相碍，才能显现，才能成立，才能存在而成为有。因此只有说圆成，亦即只有在相碍缘起中，才能说周遍一切，而不能从相依缘起及相对缘起来说。我们有精神与物质的相对，他们一定没有，因为他们根本没有物质。是故依我们的缘起，相依缘起及相对缘起都不能周遍，只有相碍缘起才能周遍，因为相碍缘起只是法则，与心识、心性无关。因此可以说一切法由适应相碍而圆成，这个法则必然可以周遍。

【正文】善男子，我依如是三种无自性性密意，说言一切诸法皆无自性。胜义生当知，我依"相无自性性"密意，说言"一切诸法无生无灭、本来寂静、自性涅槃"。何以故？若法自相都无所有则无有生；若无有生则无有灭；若无生无灭则本来寂静；若本来寂静则自性涅槃。于中都无少分所有，更可令其般涅槃故。是故我依相无自性性密意，说言"一切诸法无生无灭、本来寂静、自性涅槃。"善男子，我亦依法无我性所显胜义无自性性密意，说言"一切诸法无生无灭、本来寂静、自性涅槃"。

【释义】"我依如是三种无自性性密意，说言一切诸法皆无自性"。这是超越时空来说，所有诸法都没有自性，是即自性涅槃，这是依智识双运来说，亦即依如来藏来说。

"相无自性性"是根据我们的识境来说，亦喻为根据荧光屏的影像来说。"相无自性性"即是说识境，佛由此而说自性涅槃。

"无生无灭、本来寂静、自性涅槃"是佛说之密意,这密意可见于"相无自性性"上,可见于"生无自性性"上,亦可见于"胜义无自性性"上。

【正文】何以故?法无我性所显"胜义无自性性",于常常时、于恒恒时,诸法法性安住无为。一切杂染不相应故,于常常时、于恒恒时,诸法法性安住故无为。由无为故无生无灭,一切杂染不相应故,本来寂静、自性涅槃。是故我依法无我性所显胜义无自性性密意,说言"一切诸法无生无灭、本来寂静、自性涅槃"。

【释义】现在是从智识双运境来说,因为"胜义无自性性"即是智识双运境。

上面依"相无自性"是从识境来说,现在依"法无我性"来说,是依"于常常时、于恒恒时,诸法法性安住"来说,即是依诸法无为法性来说。无为法性是智。

现在是上升到高一个层次,用荧光屏喻,已经说到荧光屏本身,超越了荧光屏的影像世界,荧光屏的性即是法性,是恒常安住的,有荧光屏则有这个性。倘若将整个法界看作是一个荧光屏,这个法性则恒常存在。它的性我们称作无为法性,因为法界的性是超越缘起的,例如荧光屏的自性,可以说是超越荧光屏影像世界的性。荧光屏影像世界建立的自性一定不同于荧光屏的性,因为已经加上诸多名言与概念。将这些名言概念清除之后,便可以说,荧光屏影像的自性,一定是荧光屏性,即如镜中的影像,它的自性一定是镜性,由这样来理解,便可以决定法无我性,胜义无自性性。依此即可建立"一切诸法无生无灭、本来寂静、自性涅槃"。此如影像,其自性即是荧光屏性,如是一切诸法,其自性即是法性,即是如来法身,由是便可以很自然地建立为"无生无灭、本来寂静",依此说为"自性涅槃"。

【正文】复次,胜义生,非由有情界中诸有情类,别观"遍计所执自性"为自性故,亦非由彼别观"依他起自性"及"圆成实自性"为自性故,我立三种无自性性。然由有情于依他起自性及圆成实自性上增益遍计

**所执自性故,我立三种无自性性。**

【释义】"别观遍计所执自性为自性"一句,依藏译要加"别异"二字,即改作"别观遍计所执自性为别异自性"(下句说别观依他圆成亦同,"自性"应改为"别异自性")。

此处说为何建立三无性。佛言:不是因为有些有情将遍计性视为独立的自性("别异自性"即是"独立自性");亦不是因为有些有情将依他性、圆成性视为独立自性。这即是说,并不是因为有情有三种类别,各各分别执持一自性,是故建立三无自性。这即是说,佛不分别三种有情,亦不分别三种自性,这就是不从别相来观察了。不从别相,则依共相,所以说,佛是因为有情在依他自性上、在圆成自性上,增益遍计,是故才说三无自性性。换句话来说,对于相依,有情一定加以遍计;对于圆成,有情亦一定加以遍计。为什么呢?因为有情惯于住在名言与句义中,亦即惯于依佛的言说,如是一落名言,即成遍计。这就是总相了。

由这段经文,我们就可以理解,佛并不以三自性为真实,亦不以圆成自性为究竟,因为有情实在难以超越言说,来理解三自性的密意,譬如依他自性,一见"依他",我们立即就会落在"外境恒常依心识而成显现"这个概念。由这个概念可以成立唯识,然而,若依究竟,这概念其实只是识境的真实,在智识双运的境界中,心识不真实,亦非不真实,所以不能说安立依他自性即是真实。至于圆成性,在识境中是最高的建立,一切诸法在识境中如实而任运圆成,所以这任运,便是最究竟的缘起,可是,它依然落于缘起,所以只能说是,佛在后得智中见识境的生起是圆成自性相,但在法尔的根本智境中,可以成立圆成相。正唯其局限在于识境,所以对于这两种自性,便不能离开戏论来建立,因此,便必然落于遍计。这样一来,三自性不能说为真实,只是善巧方便的建立,由是才需建立三无性来超越三自性。

瑜伽行古学很理解三无性超越三自性的密意,所以在真谛的译典中,便有明白的显示,现代唯识学人说:遍计执自性有相无自性性;依他起自性有生无自性性；圆成实自性有胜义无自性性。此即不同瑜伽行古学，于佛的密意亦有所失。

**【正文】**由遍计所执自性相故，彼诸有情于依他起自性及圆成实自性中随起言说。如如随起言说，如是如是，由言说熏习心故，由言说随觉故，由言说随眠故，于依他起自性及圆成实自性中，执著遍计所执自性相，如如执著。

如是如是，于依他起自性及圆成实自性上，执著遍计所执自性。由是因缘，生当来世依他起自性；由此因缘，或为烦恼杂染所染；或为业杂染所染；或为生杂染所染。于生死中，长时驰骋，长时流转，无有休息；或在那落迦、或在傍生、或在饿鬼、或在天上、或在阿素洛、或在人中，受诸苦恼。

**【释义】**"如如"一般是说真如的"如"，此段所说的"如如"是"如是如是"之意，并非是说真如。

"如如随起言说"，是说遍计、依他、圆成三自性，无论哪种自性，我们都随起言说，都跟着名言成立一个概念。见"依他"之名，则起依他想，见"圆成"之名，则起圆成想，复由想来定义本来客观的依他与圆成，是即"如如随起言说"。

经文下面便举出遍计的例子："如是如是，由言说熏习心故，由言说随觉故，由言说随眠故"。由言说则影响我们的心，熏习我们的心。熏习是唯识宗的名词，它建立种子，种子便受熏习。无论我们作什么业，身语意的业都熏习种子，熏习是熏习我们的心，因此当我们用言说成立一切法，我们对于依他、圆成，由熏习故，便变成是执著由名言句义而起的遍计。

此段经文是强调什么？是强调言说的熏习。无论遍计、依他，以至圆成的一切法，我们都给他一个"随起言说"，由是熏习我们的心识种子，是故都变成遍计。因此下面所说的观修，便是要你离名言、离概念、离言说。

在此有必要说说宁玛派一个很重要的教法原则，那就是现证本觉。所谓本觉，是离开名言与句义的觉受，亦即证入无分别、无所得的觉受。

何谓本觉？本觉即是根本的觉受、本来就有的觉受。所谓本来，是说清净的、不落名言概念的。我们生活中的觉受都不是本觉，因为都落在名言与概念中。例如我们吃辣的东西，马上分别得出是何种类的辣，诸如胡椒的辣、辣椒的辣、芥末的辣。还分得出是哪处地方的辣椒，分别得非常清楚。这就说明，我们的觉受是对自己之所觉，都落在名言与概念来作分别，是故要离名言与概念才能证到本觉。于观修时，等持境一旦落在名言与概念，这觉受便一定不是本觉。若是传法的人只是说诸本尊对你有什么好处，对你有什么利益，给的只是一堆名言、概念、遍计。结果学手印一百八十个、咒语一百八十个、本尊一百八十个，然而绝对不能成佛，甚至不能积资粮，因为你证到的只是对一堆名言句义的觉受，这样的习所成种性绝对不能令自性住种性显现。

"由言说随觉故，由言说随眠故，于依他起自性及圆成实自性中，执著遍计所执自性相"。随觉即是随言说的觉受。这不是本觉，这是轮回。至于随眠，即是无明，更加不是本觉。

本经说到此，于本品无自性相品中，做出了一个很重要的指示及教导，由此我们懂得离遍计即是离言说，离言说才是得到本觉的窍门。是故这是《解深密经》说观修的密意，我们必须认真理解。

此处续言，倘若不懂得自性涅槃则必轮回；若是在依他与圆成自性上执著遍计自性则必轮回；"生当来世依他起自性"便是由依他而成轮回，在来生跟随着依他缘起来成立你自己，你又再变成来生的人。我们一落遍计，由此因缘便有杂染，此杂染即是烦恼杂染、业杂染、生杂染，亦即惑、业、苦的杂染。轮回界则有这三种杂染。

杂染从何而来？从遍计、从言说而来，从分别、从分别觉受而来，从本觉不显现而来。

【正文】复次，胜义生，若诸有情从本已来，未种善根、未清净障、未成熟相续、未多修胜解,未能积集福德、智慧二种资粮,我为彼故,依生无自性性宣说诸法,彼闻是已,能于一切缘生行中,随分解了无常无恒,是不安隐变坏法已,于一切行,心生怖畏,深起厌患。心生怖畏,深厌患已,遮止诸恶,于诸恶法能不造作,于诸善法能勤修习。习善因故,未种善根,能种善根;未清净障,能令清净;未熟相续,能令成熟。由此因缘,多修胜解,亦多积集福德、智慧二种资粮。

【释义】"未种善根、未清净障、未成熟相续、未多修胜解,未能积集福德、智慧二种资粮",此谓五事未具。

有情恒时落于遍计,便必然五事未具,对于这些有情,佛便依"生无自性性"来作言说,这并不是根据生无自性性来建立依他自性,而是超越依他自性来说无生。得无生法忍,便知一切诸法实为佛内自证智境上的随缘自显现,如是即为智境上的识境任运圆成。由是即能现证生无自性性,于是更不安住于变坏法中,是即出离(在《大宝积经·无边庄严会·出离陀罗尼品》即详说出离义)。

入出离道,即能种善根、得清净、成熟相续、多修胜解、积集二种资粮。

【正文】彼虽如是种诸善根,乃至积集福德、智慧二种资粮,然于生无自性性中,未能如实了知相无自性性及二种胜义无自性性;于一切行未能正厌、未正离欲、未正解脱、未遍解脱烦恼杂染、未遍解脱诸业杂染、未遍解脱诸生杂染。如来为彼更说法要,谓相无自性性及胜义无自性性。为欲令其于一切行能正厌故、正离欲故、正解脱故,超过一切烦恼杂染故,超过一切业杂染故,超过一切生杂染故。彼闻如是所说法已,于生无自性性中,能正信解相无自性性及胜义无自性性,拣择思惟,如实通达。

【释义】经文大意是说,众生"虽如是种诸善根,乃至积集福德、智慧二种资粮",五事已具,然而不能了知相无自性性与胜义无自性性,只是懂得生无自性性,因此不能正确地厌弃轮回,不能正确地厌离杂染,不能正确地离欲,不能正确地求解脱,这是说声闻众。

此段经文可参考《宝性论》。《宝性论》说有三种有情不能了知如来藏,与这里的论述有相同之处,不过说法不同而已。

前面说有一类五事未具的众生不能了知遍计自性,他们是凡夫。现在是说五事已具的声闻,这类众生了知生无自性,然而落于缘起,他们不懂得遍计及圆成,亦即不懂得如来藏,所以不是正厌离。

为什么不是正厌离呢?他们以无生为智境,于是住于智境之中,亦厌离识境,由是落于边见,所以其厌离非正。如来藏是智识双运的境界,此是诸佛密意,于智识双运中,既由生无自性性,理解依他自性的建立,然而尚需由下而知,由相无自性超越遍计,由胜义无自性超越圆成,这样才能正建立出离,所谓出离,最重要的是,由无分别、无所得,出离心识境界,当然也就出离名言句义。倘若住于识境来认识识境的无生,对智识双运便不能通达。

此段经文恰好说到目前佛家的状况,佛为这种人还要说相无自性性与胜义无自性性,谓三自性都要通达,不能只说依他,亦即不能只说缘起。

现在自以为是中观宗的人,对缘起与空的理解,只是说"因为缘起,所以性空",再说"由于性空,是故缘起",便以为已经得到龙树的教法,实为大错。《解深密经》此段经文明确指出,只懂得生无自性性,亦即落于缘起,则一定轮回。因此佛特别要为这类众生说相无自性性及胜义无自性性,使他们正厌离、正离欲、正解脱,才能够超过一切的杂染。听完佛如是说,便可于生无自性性中,"正信解相无自性性及胜义无自性性"。

在缘起的范围,凡是缘起法一定有一个遍计加在上面。为什么?因为,若离名言句义则不能成立缘起,所以依龙树的教法,"缘生"即是依缘起而生,依缘起而成为有。倘如要理解"性空",则须知遍计自性及圆成自性。依遍计自性,知一切诸法名言有;依圆成自性,知一切诸法由适应相碍而任运圆成,如是而成为有。若知二者,即知性空。于遍计,名言有当然不能说为真实有;于圆成,一切诸法的自性即是本性。何谓本性?一切诸法都是智境上的自显现,因此智境的性便是他的本性,此如镜的性,便是镜影的本性;荧光屏的性,便是荧光屏影像的本性。由圆成自性所建立的一切法,如镜影、如影像,其自性既为本性,因此便可以说为"性空",这是"性空"的究竟义,亦即佛言说的密意,是故"缘生"而成为有,超越缘生而见其本性,便成"性空"。这亦是龙树说"缘生性空"的密意。欲知此密意,必须了知三自性。

总结来说,若不知遍计自性,便不能正确认知"缘生";若不知圆成自性,便不能正确认知"性空"。世亲论师在《三自性判定》中,其实已说及这个意趣(见拙著《四重缘起深般若》)。

**【正文】于依他起自性中,能不执著遍计所执自性相。由言说不熏习智故、由言说不随觉智故、由言说离随眠智故,能灭依他起相。于现法中智力所持,能永断灭当来世因。由此因缘,于一切行能正厌患、能正离欲、能正解脱,能遍解脱烦恼、业、生三种杂染。**

【释义】"于依他起自性中,能不执著遍计所执自性相"。能正理解依他,则依他上不落于遍计,不落于名言。怎样正理解依他呢?一切诸法都要依缘生起,究竟的依缘是以法性为缘,此即可说为现分、明分,是即如来法身功德。这样就落于相碍缘起的层次,亦即圆成自性的层次。亦即于依他自性中,更不施设名言与概念来理解,这样就"能不执著遍计所执自性相"。

"由言说不熏习智故",言说不影响我们的智;"由言说不随觉智故",不随着这个言说来起觉智;"由言说离随眠智",能够离随眠(亦即烦恼),因此能够"灭依他起相"。此处是教导如何灭依他起相,亦即如何灭缘起相。

为什么要灭缘起相?因为无为法离缘起,倘若不能离缘起,永远落在缘起上,则永远是有为法。有为与无为的分别即在于此。是故一定要离缘起相。灭依他起相,则能够灭"当来世因",第二生的因给灭掉,是故不再轮回。

上面说遍计是名言,本觉是离名言。此处说如何才能够断轮回。断轮回,不需断圆成。只要灭依他,即是断缘起。若无所依,则自无圆成可言,因为无所依则无相碍,是故只需断灭依他,更不需断灭圆成。

如何能够断缘起?要懂得相无自性性及胜义无自性性,便能够灭依他,断缘起。世亲的论著《三自性判定》,其中一个颂可作为补充说明。颂云:

"能显现依他,似显现遍计。此时无变易,圆成即可知。"

一切能显现其实是依他而显现,根据缘起而显现,然而我们看不见是依他显现,所以看不见这个能显现,看见的只是似显现,即是在依他上的遍计显现,加上名言及句义,于是原来是能显现的依他,便变成似显现的遍计。

虽然如此,"此时无变易,圆成即可知"。无论是依他的能显现,还是遍计的似显现,一切法其实无变易。为什么?因为无论怎样理解荧光屏上的影像作何显现,荧光屏上的影像都无变易,如是显现即如是显现,但有一点却可以决定,即是荧光屏上的影像,一定要适应荧光屏,以及荧光屏影像世界,这就是说落于相碍缘起的智识双运境界,是故对识境来说即是圆成。

智境上的识境无论如何显现,智境都无变易(喻为荧光屏不因影像而有变易),识境对智境亦无异离(喻为荧光屏影像从来不离荧光屏),这就是智识双运的含义。我们要从智识双运来认识法界的一切自显现。能够这样认识,就知道圆成自性相。智境有功德,是故识境能随着它的相碍而适应,因此一切法便显现出来。能够认识智识双运,便能离缘起,从有为进入无为,是即能灭缘起法,这便是如来藏的观修。

还需要补充的是,一切观修,是从有相修到无相,然而若是永远住于无相,则永远不能到达无上大乘,是故一定要再从无相观修成有相,不过此时的有相不同于初时的有相。初时的有相是遍计,去掉遍计则无相。离开遍计得到的不是依他,而是圆成,在依他上再离开遍计,如是便现证圆成自性,由是成为有相。

再详细一点来说:凡夫的有相是遍计,名言有。离开遍计则离开名言,离开名言则无分别。如是离开遍计、离开名言得到的无分别相就叫做无相。从这个无相再进一步观修,我们便知道圆成。从相碍缘起来看一切相,这个有相是智识双运的相,是荧光屏连同荧光屏的影像同时看到的相。依遍计看见的相则看不见荧光屏,只看到荧光屏中的影像;依依他起看见的相,知道荧光屏的影像不实在,但是还没有见到荧光屏;依圆成看见的相,是荧光屏连同荧光屏影像同时见到的相,这是智识双运的相,是从无相到有相的相。

有这样的说法:起初看见"山是山,水是水",然后看见"山不是山,水不是水",最后又看见"山还是山,水还是水"。这说法不是证量,只是说从有相到无相再到有相的观修。见"山不是山,水不是水"是否定遍计,说"山还是山,水还是水"是断灭依他。

【正文】复次,胜义生,诸声闻乘种姓有情,亦由此道此行迹故,证得无上安隐涅槃。诸独觉乘种姓有情,诸如来乘种姓有情,亦由此道此行迹故,证得无上安隐涅槃。一切声闻、独觉、菩萨皆共此一妙清净道,皆同此一究竟清净,更无第二。我依此故,密意说言唯有一乘,非于一切有情界中,无有种种有情种姓,或钝根性、或中根性、或利根性有情差别。

【释义】"诸声闻乘种姓有情"、"诸独觉乘种姓有情"、"诸如来乘种姓有情",都是这样,能够循此道来修,才能够证到安稳的涅槃。这里是说一乘。三乘的行人都要按这样来修,才能得到这样离缘起的境界。离缘起则没有杂染,惑、业、苦三种杂染果都没有。是故说"皆共此一妙清净道,皆同此一究竟清净,更无第二"。由是说唯有一乘,这就是无上大乘,亦即观修如来藏的一佛乘。不是说没有根器的分别。

【正文】善男子,若一向趣寂声闻种姓补特伽罗,虽蒙诸佛施设种种勇猛加行方便化导,终不能令当坐道场,证得阿耨多罗三藐三菩提。

何以故？由彼本来唯有下劣种性故，一向慈悲薄弱故，一向怖畏众苦故。由彼一向慈悲薄弱，是故一向弃背利益诸众生事；由彼一向怖畏众苦，是故一向弃背发起诸行所作。我终不说一向弃背利益众生事者，一向弃背发起诸行所作者当坐道场，能得阿耨多罗三藐三菩提，是故说彼名为一向趣寂声闻。

【释义】"声闻种姓补特伽罗"，对声闻种姓人，佛虽施设种种勇猛加行，唯彼不堪受，是故"终不能令当坐道场，证得阿耨多罗三藐三菩提"。道场即是坛城，不能坐坛城观修而得正觉。为什么？因为他们是"下劣种姓，慈悲薄弱，怖畏众苦"，是故不敢轮回。"弃背利益诸众生事"，即是他们的观修只求自利，是故不能当坐道场得到正觉。

"一向趣寂声闻"，"一向"是指落于一边来观修。声闻趋于寂灭边，无大乘的发心救渡众生，是故称为一向。从如来藏的观点来说，声闻只求识境的寂灭，不认识智识双运，是故不成无上大乘的菩提心。

在此须指出，从"诸佛施设种种勇猛加行方便化导"一句，说明释迦牟尼当年有教弟子如何观修，其观修即是"勇猛加行"，这便等于密乘修法了，至今密乘亦为修四部加行。施设加行，有如施设观修的仪轨，行者依循仪轨观修，才能于心识生起观修的行相。

【正文】若回向菩提声闻种姓补特伽罗，我亦异门说为菩萨。何以故？彼既解脱烦恼障已，若蒙诸佛等觉悟时，于所知障，其心亦可当得解脱。由彼最初为自利益修行加行脱烦恼障，是故如来施设彼为声闻种姓。

【释义】"若回向菩提声闻种姓补特伽罗，我亦异门说为菩萨"。倘若声闻种姓能够回向菩提，虽然他不是菩萨，我亦叫他做菩萨。何谓回向菩提？菩提即是觉，求证本觉即是回向菩提。倘若声闻求证本觉，佛亦称之为菩萨。即是说，声闻所证的不是本觉，而是落于名言与句义的觉受，落于寂灭边的觉受。他们的名言句义是什么？是灭受想。他们以为觉受不起即是本觉、即是清净。这见地错在何处？错在他们未离名言句义，"寂灭"已经是一个名言。因此，寂灭的觉受，亦仍然是识境的觉受，与无上大乘的觉受相比，落于边际。觉受本身没有错，释迦牟尼亦有觉受。因此不是不要觉受，而是要离名言与句义而觉，这才能称为正觉。

例如修金刚波浪道，首先是修得一个觉受，然后是离所缘境来修觉受，亦即以此觉受为所缘境。于修觉受时，觉受如何便是如何，更不得加以名言与句义。例如不能于修觉受时，更说所修本尊有何种利益，一生利益想，立即落于名言句义，由是本觉即不起。

观修的人常常落在名言句义上，执著这个本尊有什么好处，那个本尊有什么好处，这样观修十万次，依然是修轮回法，充其量不过是为轮回积一点善业而已，连资粮亦不可得，因为他已经落于遍计。上面已说，持遍计见观修，无有资粮积集。

背弃众生利益则不能证觉（证菩提），若是回向菩提则不同，因为二种菩提心双运，即成自利利他，不落自利边，若为求自利、唯求寂灭，绝对不是菩提心。若自己认为是学大乘法的人，倘若不能发菩提心，不但不能称为菩萨，且比声闻还不如。因为他们连寂灭都不能证得。

释迦为引导小乘弟子趋向大乘，是故说回向菩提心的声闻亦可称为菩萨，亦即所行虽为小乘观修，但能发菩提心，就可以趋入大乘（菩萨乘）。

**【正文】**复次，胜义生，如是于我善说善制法毘奈耶，最极清净意乐所说善教法中，诸有情类意解种种差别可得。

**【释义】**法毘奈耶即是法戒，毘奈耶的梵文是 vinaya，佛善说善制的法戒，是针对诸有情类而制，有情差别不同，是故法戒亦不同，释迦所善说善制的法戒包含各种有情类别，是故说为"最极清净意乐所说善教法"，因此，不能用法戒中针对声闻的法戒来规范大乘菩萨。声闻的法戒并未注重菩提心，因此不能用此为借口来反对大乘。例如，针对声闻的法戒规定，小乘弟子不能让女人踩着他的衣影，这条法戒便不适合发菩提心的大乘菩萨了。

上面几段经文是说声闻不究竟，只有修一乘才是究竟，一乘即是无上大乘，所以此处不称作大乘。此一乘是声闻、缘觉、菩萨都要证入的教法，这个教法即是如来藏教法，以如来藏为果。弥勒瑜伽行所传的教法，便是一乘的观修，以唯识为道，以如来藏为果。

【正文】善男子，如来但依如是三种无自性性，由深密意，于所宣说不了义经，以隐密相说诸法要，谓"一切法皆无自性、无生无灭、本来寂静、自性涅槃"。

【释义】现在说到了义与不了义。释迦牟尼说法，有很多教法。当他涅槃之时，说四依：依法不依人，依了义不依不了义，依义不依语，依智不依识。其中的"依了义不依不了义"，皆因释迦牟尼所说常有不了义语。初转法轮及二转法轮所说皆不了义，三转法轮亦有不了义的言说。唯有说如来藏的经，以及文殊师利说不二法门，才是了义，称为"狮子吼"。

现在如何看那些不了义的经呢？

此段经文便是教导，如何将不了义的经，能够变成如看了义的经一样，得到这样的利益，得到这样的效果。

对于那些不了义的经，说出其密意，则变成了义。例如说空，其密意是，一切诸法的自性即是本性，这本性可以说为法性，自性与法性双运，便可说为现空，这亦是智识双运的境界。

若问这些密意为何不说出来？此乃次第的问题。当佛说这些教法的时候，其次第还未到智识双运界，是故唯有施设名言。当佛说性空，则要了解这是在说智境；当佛说缘生，则须明白这是在说识境。缘生性空的密意即在于此。能够了知此言说的密意，则所说虽不了义，学人亦能知了义。能这样理解不了义经的密意，则可理解"一切法皆无自性、无生无灭、本来寂静、自性涅槃"。

【正文】于是经中，若诸有情已种上品善根已、清净诸障已、成熟相续已、多修胜解已,能积集上品福德、智慧资粮,彼若听闻如是法已,于我甚深密意言说如实解了,于如是法深生信解,于如是义以无倒慧如实通达,依此通达善修习故,速疾能证最极究竟,亦于我所(说)深生净信,知是如来应正等觉,于一切法现正等觉。

**【释义】** 此说五类有情,对如来藏教法的反应,依其根器分别作说。

第一类有情,他们已种上品善根,已清净诸障,五事已具,对密意能够如实解了,对释迦不了义之说,能如实信解、如实通达,由是即能现证最究竟的教法,得正等觉。这里强调"正等",即是现证大平等性。

**【正文】** 若诸有情已种上品善根已、清净诸障已、成熟相续已、多修胜解,未能积集上品福德、智慧资粮,其性质直,是质直类。虽无力能思择废立而不安住自见取中,彼若听闻如是法已,于我甚深秘密言说,虽无力能如实解了,然于此法能生胜解,发清净信,信此经典是如来说,是其甚深显现、甚深空性相应,难见难悟,不可寻思,非诸寻思所行境界。微细详审聪明智者之所解了,于此经典所说义中,自轻而住,作如是言:诸佛菩提为最甚深,诸法法性亦最甚深,唯佛如来能善了达,非是我等所能解了。诸佛如来为彼种种胜解有情转正法教,诸佛如来无边智见,我等智见犹如牛迹。于此经典虽能恭敬为他宣说,书写护持、披阅流布、殷重供养、受诵温习,然犹未能以其修相发起加行,是故于我甚深密意所说言辞不能通达。由此因缘,彼诸有情亦能增长福德、智能二种资粮,于彼相续未成熟者亦能成熟。

**【释义】** 现在说第二类有情,虽然"已种上品善根",却"未能积集上品福德、智慧资粮"。前第一类有情是上根,而且二种资粮已经积集,五事已具。今第二类有情虽亦是上根,可是积资粮仍未圆满,五事中只具四事,是故不如第一类众生。

佛说这类众生"其性质直"。质则不华,直则不曲。一般有情皆为华与曲,于诸法加上名言句义,是华;不能如实理解佛之所说,是曲。所以现在第二类有情已比一般有情超胜。

虽然他们"无力能思择废立",不懂得如何思维,如何作抉择;不懂得于不了义中如何离名言句义,依密意安立等持,然而他们"不安住自见取中"。这一点很重要,诸宗宗义的建立,其实亦是"自见取",所以应成派不立宗义,无上瑜伽密亦不立宗义。我们凡夫则安住于自见取中,依自己的观点而取、依自己的观点作抉择与决定,如是则只能依文字、语言来理解佛的言说,这样一来,不但不能理解佛的密意,反而可能将了义经作不了义的理解。倘若他们听到现在佛说的"解深密",则对了义经"虽无力能如实解了",但是由于对"解深密"能生胜解、发清净信、信此经典是如来说,便能不住自见取。

现今一些学佛之人,认为《解深密经》尚未圆满,因为不同于他们的宗见,于是便用发展的观点来认识,由此说初期、中期、后期,例如对如来藏便有初期、中期、后期之分,依照他们的观点,有些如来藏说法只见于论典,不见于经,那就等于说释迦牟尼不懂得"后期如来藏",只懂得不究竟的如来藏,如来藏发展到后来才完善。那么,写论典的论师就比释迦牟尼还要究竟。这说法听起来就知道不合理,他们是按世间学术发展的观点来看佛法。世间的学术是从不完善发展到完善,例如牛顿的万有引力学说发展到爱因斯坦的相对论,再发展到量子力学,此谓之发展。所以释迦牟尼只是牛顿;说《宝性论》的弥勒是爱因斯坦。这个现象就是不信一切教法是如来所说。我们应该这样认识:释迦的教法不是由发展而来,菩萨的教法则可以分为先后,因为菩萨并非同一时期说一切教法。

第二类有情能够信解如来所说的法,是故他们"于此经典所说义中,自轻而住"。"自轻"是唐代的语言,自轻即是不骄傲。能够在胜义中"自轻而住"。若是他们这样了解,便能够慢慢增长福德、智能二种资粮,"于彼相续未成熟者亦能成熟"。

**【正文】**若诸有情广说乃至未能积集上品福德、智慧资粮,性非质直,非质直类。虽有力能思择废立而复安住自见取中,彼若听闻如是法已,于我甚深密意言说不能如实解了,于如是法虽生信解,然于其义随言执著,谓一切法决定皆无自性、决定不生不灭、决定本来寂静、决定自性涅槃。由此因缘,于一切法获得无见及无相见,由得无见无相见故,拨一切相皆是无相,诽拨诸法遍计所执相、依他起相、圆成实相。何以故?由有依他起相及圆成实相故,遍计所执相方可施设。若于依他起相及圆成实相见为无相,彼亦诽拨遍计所执相,是故说彼诽拨三相。虽于我法起于法想,而非义中起于义想。由于我法起法想故,及非义中起义想故,于是法中持为是法,于非义中持为是义。彼虽于法起信解故,福德增长,然于非义起执著故,退失智慧。智慧退故,退失广大无量善法。

【释义】第三类有情"广说乃至未能积集上品福德、智慧资粮",而且"性非质直",喜欢名言概念,纵使他们有能力思择废立,却住在自见取中。虽然懂得抉择,但却是住在自己的见地中来抉择,是故对甚深密意的教法便不能如实了解。

为什么不能如实了解?是因为他们住在"自见取"中,等于现在小中观、唯识宗否定如来藏、否定瑜伽行中观。中观宗唯说缘生是故性空,是住在自见取中;唯识宗住在唯识无境,亦是住在自见取中。是故他们不能如实了解通达密意。令人担忧的是,经中佛所指出的种种错误现象,说的正是现在学人的情形。

第三类有情对本经的意义随言执著,经文说一切诸法"皆无自性"、"无生无灭"、"本来寂静"、"自性涅槃"。他们便执著这一句话。

"由此因缘,于一切法获得无见及无相见,由得无见无相见故,拨一切相皆是无相"。认为所有的相都是无相,否定一切相,这是根本不了解佛的密意。上面说过无相之后还要有相,他们却认为佛说"一切诸法皆无自性",便是遮拨一切相皆为无相,由是便不知三自性相的密意。例如现在有些学人,一见说三自性相,便认为是说唯识,那便不知三自性相与如来藏的关系,因此又说如来藏违反缘起。

"诽拨诸法遍计所执相、依他起相、圆成实相",即由不了知三自性相而来。将依他相、圆成相错误地认为即是无相,因为无自性,是故无相;又不知遍计自性相,实在是于依他、圆成相上,用名言句义加以分别,所以便诽拨遍计相。因为若依他、圆成相都为无相,是则不能建立依他相。

"虽于我法起于法想,而非义中起于义想",这即是,虽然尊重释迦的教法,而却理解失误,执著于佛的言说,是故便将"非义"视之为"义"。例如将佛说的缘起,视为佛家的根本,那便是将非义当成为义。必须离缘起始能成佛,假若缘起是佛家的根本思想,那又如何能够离去。

此外,还有执自宗见来诽拨他宗、依不了义来诽拨了义、依名言句义来诽拨离言密意,尤其惯于依人而不依法,这样一来,佛的密意就受到诽拨。

是故第三类有情对佛的教法没有智慧。

**【正文】**复有有情从他听闻,谓法为法、非义为义。若随其见,彼即于法起于法想,于非义中起于义想,执法为法、非义为义。由此因缘,当知同彼退失善法。若有有情不随其见,从彼欻闻"一切诸法皆无自性、无生无灭、本来寂静、自性涅槃",便生恐怖,生恐怖已,作如是言:此非佛语,是魔所说。作此解已,于是经典诽谤、毁骂。由此因缘,获大衰损,触大业障。由是缘故,我说若有于一切相起无相见,于非义中宣说为义,是起广大业障方便。由彼陷坠无量众生,令其获得大业障故。

**【释义】**第四类有情"从他听闻",是从第三类有情听闻佛法。他们已经有法我,而且将非义当作是义,然后再去教他人。被教之众生从他听闻,谓法为法,执非义义,是故一切善法他们都学不到。将"一切诸法皆无自性、无生无灭、本来寂静、自性涅槃"变作口头禅,而且对这句话心生恐怖,认为非佛说,是魔在说法。对于凡是自己不理解的、与自己"自见取"不同的法门,皆作质疑。这类人"由此因缘,获大衰损,触大业障"。

这类有情的弊病在于"于一切相起无相见"。事实上一切相不是无相，而是有相，是圆成而有。圆成而有即是适应相碍缘起而有，正如华严宗所说的无碍，"事事无碍"、"事理无碍"。所谓无碍即是适应了相碍，说为任运圆成。"于一切相起无相见"时，对此即不能解悟，因而起断灭见，并为此断灭见而生恐怖。

【正文】善男子，若诸有情未种善根、未清净障、未熟相续、无多胜解，未集福德、智慧资粮，性非质直，非质直类，虽有力能思择废立，而常安住自见取中。彼若听闻如是法已，不能如实解我甚深密意言说，亦于此法不生信解，于是法中起非法想，于是义中起非义想，于是法中执为非法，于是义中执为非义，唱如是言：此非佛语，是魔所说。作此解已，于是经典诽谤、毁骂、拨为虚伪，以无量门毁灭摧伏如是经典，于诸信解此经典者起怨家想，彼先为诸业障所障。由此因缘，复为如是业障所障，如是业障初易施设，乃至齐于百千俱胝那庾多劫，无有出期。

善男子，如是于我善说善制法毗奈耶，最极清净意乐所说善教法中，有如是等诸有情类意解种种差别可得。

【释义】现在说到最后一类第五类有情，因为他们五事皆不具足——未种善根、未清净障、未熟相续、无多胜解、未集福德、智慧资粮，是故谓之根器最低的一类，因此，对佛密意全无所知，依自己的主观见解，将佛密意的法视为非法，将佛密意的义视为非义，由是只能说相似法，如相似般若波罗蜜多，相似如来藏，由是将佛所说视为魔说，甚至诽谤经典视为魔说，说为伪经，将信解佛密意法、义、经、论的人视为怨敌，由是积重重业障，无有出期。

我们平心静气地读这一段经文，再结合近代的佛学现象，应该作一省思。对那些被判为伪经伪论的典籍，是否需要重新检讨？尤其是《楞严经》和《大乘起信论》，判其为伪，是否与执持宗见有关？

上面经文，是说五类有情于佛密意生差别意解。佛说一切法相，由三自性相、三无自性相而说，由是说"一切诸法皆无自性、无生无灭、本来寂静、自性涅槃"。由于根器不同，五类有情对此有不同的理解。

经中说到"成熟相续"、"未熟相续"，关于相续的问题，需要作一补充。

唯识宗与中观宗最大的分别，则在于对相续的理解。唯识宗与瑜伽行古学对于相续的问题，亦有不同的看法，因此对如来藏的理解便有差别。

要谈相续，需要先了解如何才叫做"有"。"有"即是"存在"与"显现"。这可以分为四种状态：既存在亦显现；不存在不显现；虽存在不显现；不存在但显现。这四种状态，前两种没有问题，既存在亦显现，自然是有；不存在不显现，自然是非有。但后两种便不同了，由于宗见不同，便不一定称之为有，虽存在不显现，是深密的有，恐怕只有大中观才认识他，因为大中观用相碍缘起来看事物的有，由适应相碍，成存在而不显现的状态，这当然是有，此如不同时空的世间，彼此便都是虽存在而不显现。三度空间的世间与四度空间的世间，彼此当然不能相见，是即不成显现，但却不能否定彼此的存在。即使同一时空，亦可能存在而不显现，例如人体的经络、穴道。

弥勒瑜伽行承认虽存在不显现的一切法为有，可是唯识宗却不能称之为有，因为唯识的定义是：一切外境须依心识而成立，若不显现则非心识所缘境，既非心识所缘，那就不能说之为有，倘如承认为有，就不能说唯识无境。这就跟瑜伽行派不同，瑜伽行派将轮回界视为法所相，即依虚妄分别而成的相，那就可以超越心识的局限，不仅承认心识所缘的识境为有，也可以将超越心识、存在而不显现的事物亦视为有。

对于相续，也牵涉到这个问题，我们的身相续、我们的心相续、我们的业力相续、我们的世间相续，如何认识这些相续为有呢？这就跟存在与显现有关了。

在这个世俗现实中，我们从未留意到相续。相续亦即变化，我们可以从相续来了解自己的身体，我们的身体是一直变化的，一个变化接着一个变化，一直相续下来，是故我们觉得这个身一直存在。从出生到长大到老死，我们都是这个身。然而身体的外形变化可见，身体内部的变化则不可见（这亦可以说是存在而不显现），那么，"唯识无境"是否包括身相续呢？身相续是否可以说为有呢？唯识宗似乎没有探讨这个问题，他们根据瑜伽行古学承认相续，但却没有回答这个问题，因此就不能由相续来认识如来藏，因为他们不能认识相碍缘起。这就导致其末流学者居然违反瑜伽行的教法，否定如来藏。

用相碍缘起来认识相续非常简单。一切法都须要适应相碍而成为有，要适应时间的相碍，就显现为由新到旧、由少到老，这可以说为自然的规律。人身、心的相续亦如是，无非亦是对时间相碍的适应。例如新陈代谢，那就是身相续，死去多少细胞，同时生起多少细胞，那就叫做"生灭同时"，人就在生灭同时中相续，死去多少细胞的身灭掉，生起多少细胞的身同时生起，其实可以说已经换掉一个人，但由于同时，所以我们不觉得身体已经掉换。也可以说，其实我们已依相碍缘起，灭掉旧的"有"，同时生起新的"有"，如是适应时间的相碍。

当能用相碍缘起来认识相续时，才能超越心识来认识有与无，这就超越了"唯识无境"，甚至超越"一切唯心造"，从而悟入《入楞伽经》所说的"唯心所自见"的境界。这样才能认识到"识境自显现"的究竟，由是认识如来藏的智识双运界，于认识智识双运时，就自然信解如来藏，知道佛的密意。

既由甚深缘起悟入生灭同时，便知道"一切法皆无自性、无生无灭、本来寂静"，这才能悟入"自性涅槃"的密意。

上面经文说："善男子，如来但依如是三种无自性性，由深密意，于所宣说不了义经，以隐密相说诸法要，谓一切法皆无自性、无生无灭、本来寂静、自性涅槃。"便是强调三种无自性性的重要。三无自性性即说一切"缘起有"的空性，亦即超越四重缘起而见自性涅槃。佛的深密意是依三无自性在不了义经中宣说，因此于读经时，便非理解其为"以隐密相说诸法要"不可。近代唯识学者吕澂先生达到这个境界，所以在说《入楞伽经》时，认为无经不说如来藏，只是用法异门来说，这便是能从不了义经中知隐密相，理解佛的深密意。华严宗、天台宗亦解深密，以如来藏为根本，由是成立他们的宗义与判教，这些都是前辈学者的超胜。

经言："若诸有情已种上品善根已、清净诸障已、成熟相续已、多修胜解已"才能知佛密意，是即有望于学佛的人能种上品善根、清净诸障、成熟相续、多修胜解，由是积二资粮。

【正文】尔时，世尊欲重宣此义而说颂曰：

一切诸法皆无性　　无生无灭本来寂
诸法自性恒涅槃　　谁有智言无密意
相生胜义无自性　　如是我皆已显示
若不知佛此密意　　失坏正道不能往
依诸净道清净者　　惟依此一无第二
故于其中立一乘　　非有情性无差别
众生界中无量生　　惟度一身趣寂灭
大悲勇猛证涅槃　　不舍众生甚难得
微妙难思无漏界　　于中解脱等无差
一切义成离惑苦　　二种异说谓常乐

【释义】"一切诸法皆无性，无生无灭本来寂"。何谓寂静？去掉我们加于一切法的名言与句义（概念）即是寂静。一加名言与句义则不静、则纷乱、则颠倒、则虚妄。

"诸法自性恒涅槃"。诸法自性本来是恒常涅槃的，然而为什么不能涅槃？涅槃是智境，智境不显现，只能随缘显现为识境，住于识境则不识诸法自性为涅槃境（不知诸法自性亦是本性），若证入如来藏，则知诸法自性恒常涅槃，亦即恒常离识境的名言句义。

"谁有智言无密意"。此句未翻译全,依藏译整句是"岂有智者无密意而能说"。意指,岂有智者说出来的言说非根据密意而说。亦即谓智者是根据佛的密意而说,非根据名言句义而说。

下来第二颂,"相生胜义无自性,如是我皆已显示"。即是三个无自性性:相无自性性、生无自性性、胜义无自性性。由说三无自性性,显示佛的密意:一切诸法自性涅槃。

由上已知"一切诸法自性涅槃"即是智识双运境,一切诸法是识境,自性涅槃是智境。一切诸法依于智境而成显现,喻为荧光屏影像依于荧光屏而成显现,是故识境与智境恒时双运。

下言:"若不知佛此密意,失坏正道不能往"。这就是强调悟入"一切诸法自性涅槃"的重要,于此须知,认识自性涅槃不能依宗义随便作解,一定要依佛的密意来信解,假如说一切诸法自性空,涅槃亦自性空,所以一切诸法自性涅槃,那便是诽谤佛的密意,因为一切诸法的境界其实不能与涅槃的境界相等,是故不能用空来说一切诸法自性涅槃。佛的密意是离名言句义来悟入自性涅槃。空,亦是名言句义,是故不能悟入。这一点在读本经时须加信解,否则便失坏正道、不能往正道。

第三颂:"依诸净道清净者,惟依此一无第二,故于其中立一乘,非有情性无差别。"佛是说,佛立一乘并非不依根器差别而立,只是因为唯此一乘为清净道,更无第二乘可立。所谓清净,即是指一切诸法无生无灭、本来寂净,唯此一乘才能悟知。此前已说,无生无灭是由观修相续的生灭同时而现证,本来寂净是由抉择四重缘起,观修生圆双运,从而得离名言句义,由是即可悟入自性涅槃。这便亦是弥勒瑜伽行所说的转依。转依依四正加行观修,复依离相四加行观修,由是转舍识境而依智境,于依智境时,同时悟入智识双运,这便是由三无自性往清净道。

至第四颂:"众生界中无量生,惟度一身趣寂灭,大悲勇猛证涅槃,不舍众生甚难得。"此是说佛与菩萨的大悲。众生界实超越时空而说,于了义经中,如《维摩》、如文殊师利诸经皆多超越时空而说众生界,众生界虽无量,但都由身趣寂灭而证涅槃,是即由无分别而证涅槃,所以说为"惟度一身趣寂灭"。身的寂灭,是识境而成寂灭,佛与菩萨既趣寂灭,同时现证涅槃,不舍众生,是为大悲;这里说的勇猛,即是"楞严"(Suramgama),亦即由勇猛才能离识境的名言句义,由识境经非识境而入智境,非识境的观修即是楞严。

最后一颂:"微妙难思无漏界,于中解脱等无差,一切义成离惑苦,二种异说谓常乐。"无漏界微妙难思,非用心识可以思量言说,此即说智境,解脱而住于智识双运境中,实无分别而住,故说为"等无差",此即谓平等性自解脱。亦即无分别、无所得而于无漏界中解脱。这两句颂文强调平等性,非现证大平等性不得涅槃。

对于平等性常多误解,将世俗的平等当作是平等性,实不知此为佛内自证智境界,佛证大平等性,离有为无为、离轮回涅槃、离佛与众生而证,此即由智识双运而证。由证大平等性才能如实见一切诸法实相,这个境界非语言、思维可以表达,亦不能用识境的理论来作诠释。近代学人知道一点西洋哲学,便用佛法来比附,一旦觉得所知的佛法能与西洋哲学的认识论、现象学相通,便沾沾自喜,以为自己所知的佛法殊胜,由是持一己之所知来诽拨他宗,认为他宗之说不合西洋哲学,这实在是井蛙之见,佛说不可思议,即亦不落一切西洋哲学可思议的境界,是则焉能由西洋哲学来评价佛学呢?倘若一己之所知即西洋哲学之所言,那就是识境中事,必与佛不可思议的深密意相违,倘若深密意可以思议,佛早已用语言来表达,无须用不了义的语言来说深密,又更告诫我们不依语言,唯依密意。所以当我们看见这些学人说西洋哲学而自喜时,便觉得可悲,他们落于经中第五类人的层次,还到处讲经说法,比第四类人讲经还不如,是真末法时代之所为,离法灭尽不远。

"一切义成离惑苦"。佛是一切义成,义的梵文是 artha,有义、境两个意思。一切 artha 成就,即是住在佛的境界,懂得一切法的义。义是智,境是识。识境中所有的境界,以及智境中所有义,我们都能现证才能说是一切义成。

在智境中能够认识我们的三度空间、一度时间这个世界,这是一个世间。《十地经》说,初地菩萨能够认识一百个世间,即是说一百个与我们时空不同的世间。天台宗的经典《金光明经》,说擂大法鼓,法鼓呈现金光明,金光明中显现种种不同的世间,这些世间与我们的世间不同,与我们的结构、相续亦不同,初地菩萨即能够认识一百个这样的世间。如是即为义成,若一切义成,则能尽离惑、尽离苦。

"二种异说谓常乐"。此句参考藏译,当译作"非说二种乐或常"。这句颂文的意思,不是以乐或常为二种。乐与常,都是如来藏的功德。如来藏功德说有四种:常、乐、我、净,在言说上虽说为四,但其实是一,所以乐与常,亦非二种,都是如来法身的功德。

【正文】尔时,胜义生菩萨复白佛言:世尊,诸佛如来密意语言甚奇、希有,乃至微妙最微妙、甚深最甚深、难通达最难通达。如是我今领解世尊所说义者,若于分别所行遍计所执相所依行相中,假名安立以为色蕴,或自性相或差别相;假名安立为色蕴生、为色蕴灭,及为色蕴永断、遍知,或自性相或差别相,是名遍计所执相。世尊依此施设诸法相无自性性。若即分别所行遍计所执相所依行相,是名依他起相。世尊依此施设诸法生无自性性及一分胜义无自性性。如是我今领解世尊所说义者,若即于此分别所行遍计所执相所依行相中,由遍计所执相不成实故,即此自性无自性性,法无我真如、清净所缘,是名圆成实相。世尊依此施设一分胜义无自性性。

【释义】这段经文是胜义生菩萨赞叹佛之所说,然后依自己的理解重说三无自性性,下文则更说由此引申的法义。

胜义生菩萨说三无自性性,所说的"分别所行遍计所执相所依行相",即是说依他相,于依他上加以遍计。如是即"依名及字"(玄奘译为"假名安立")施设色蕴等,或说为自性相,或说为分别相,如是即说色蕴生灭。这是说遍计相如何成立,以及成立之后的作用。

经中"及为色蕴永断、遍知,或自性相或差别相"一句,应改译为"永断色蕴自性相或差别相等遍知"。这即是说于遍计自性相中,不能遍知色蕴自性相、差别相。遍知是弥勒瑜伽行的名言,在世亲《三自性判定》中,有一颂说:"了知此真义,如次第顿悟,遍知及遍断,证得三性相"[①]。这即是说悟入遍计自性相为遍知,悟入依他自性相为遍断,悟入圆成自性相为证得。今说永断色蕴相的遍知,即永断对遍计自性相的执持,亦即执持色蕴自性相、色蕴差别相,如是即永不能了知遍计自性相,即永落遍计来成立一切诸法的自性。由是佛即说相无自性性,令行者得以超越遍计。

胜义生菩萨更说依他相,是即"分别所行遍计所执相所依行相",佛依此施设生无自性性及一分胜义无自性性,是即遍断,断除遍计相的所依。若于此所依上,能断除遍计,那就是圆成相,亦即"自性无自性性,法无我真如、清净所缘"。更依圆成相施设一分胜义无自性性,如是即离缘起、离名言句义,证得根本智、自然智。

胜义生菩萨之所说,于上面经文中其实已说,这段经文所显示的,是施设三无自性性的用意,即由三无自性性,才能遍知遍计自性相、遍断相依自性相、证得圆成自性相。于此圆成自性相已是智识双运境界的相,亦可以说是如来藏相,但这名言的施设着重于诠说识境,不是说智境亦有相,只能说智境唯藉识境而成显现,因此仍需超越此名言,说为胜义无自性性,那才是不落智境亦不落于识境的实相。

【正文】如于色蕴,如是于余蕴皆应广说。如于诸蕴,如是于十二处一一处中皆应广说;于十二有支一一支中皆应广说;于四种食一一食中皆应广说;于六界、十八界一一界中皆应广说。

【释义】胜义生菩萨复说,如上所言是在色蕴自性相与色蕴差别相中成立三种无自性性,其实于一切蕴处界中都可如是成立,不但蕴处界,于十二有支一一支中、于四种食一一食中,都可如是成立。这里说

---

① 依拙译,参《三自性判定略释》,颂 31,收《四重缘起深般若》附录,华夏出版社,2010 年。

的十二有支,即是十二因缘,这里说的四种食即是断食、触食、思食、识食。

【正文】如是我今领解世尊所说义者,若于分别所行遍计所执相所依行相中,假名安立,以为苦谛,苦谛遍知或自性相或差别相,是名遍计所执相。

世尊依此施设诸法相无自性性。若即分别所行遍计所执相所依行相,是名依他起相。世尊依此施设诸法生无自性性及一分胜义无自性性。

如是我今领解世尊所说义者,若即于此分别所行遍计所执相所依行相中,由遍计所执相不成实故,即此自性无自性性,法无我真如、清净所缘,是名圆成实相。世尊依此施设一分胜义无自性性。

【释义】胜义生菩萨在这里由苦谛来说三种无自性性相,经文同上,无须更释。

【正文】如于苦谛,如是于余谛皆应广说。如于圣谛,如是于诸念住、正断、神足、根、力、觉支、道支中一一皆应广说。

【释义】于苦谛如是,于余谛亦如是,余谛即是苦谛以外的集、灭、道三谛。不但四谛如是,于圣谛亦如是,此即三十七道支(三十七道品、三十七菩提分),亦即四念住、四正断、四神足、五根、五力、五觉支等。于此等中皆可建立为三无自性性。

上面所说,亦见于世亲论师的《辨中边论》。读此论,须明上面经中所说义。

【正文】如是我今领解世尊所说义者,若于分别所行遍计所执相所依行相中,假名安立,以为正定及为正定能治所治,若正修未生令生生已,坚住不忘,倍修增长广大,或自性相或差别相,是名遍计所执相。世尊依此施设诸法相无自性性。

若即分别所行遍计所执相所依行相,是名依他起相。世尊依此施设诸法生无自性性及一分胜义无自性性。

如是我今领解世尊所说义者,若即于此分别所行遍计所执相所依行相中,由遍计所执相不成实故,即此自性无自性性,法无我真如、清净所缘,是名圆成实相。世尊依此施设诸法一分胜义无自性性。

【释义】此处别说正定及正定能治、所治;正修正定,有未生令生、生已坚住、不忘倍修增长广大的功德,若将此等功德看成是正定的自性,或于正定中建立差别相,是即遍计相,由是胜义生菩萨即说三种无自性性,此如上面经文所言。

【正文】世尊,譬如毘湿缚药,一切散药、仙药方中,皆应安处。如是世尊依此诸法皆无自性、无生无灭、本来寂静、自性涅槃,无自性性了义言教,遍于一切不了义经皆应安处。

【释义】于一切法皆无自性,此处作四种比喻,第一个毘湿缚药喻。"毘湿缚"依藏译即是干姜。所有的药都放点干姜进去,这是印度的药方。此譬喻是说,无论是了义经,还是不了义经,无论世尊如何言说,都有"一切诸法皆无自性、无生无灭、本来寂静、自性涅槃"这样了义的说法在其中,有如于"散药、仙药方中"都有干姜一样。散药喻为不了义说,仙药喻为了义说。虽然言说有不同,言说有次第分别,即等于药有分别,各种不同的药治各种不同的病,但是所有药中皆有干姜于其中,无论佛如何言说,都含有这个了义的密意:"一切诸法皆无自性、无生无灭、本来寂静、自性涅槃"。

【正文】世尊,如彩画地遍于一切彩画事业皆同一味,或青或黄或赤或白,复能显发彩画事业。如是世尊依此诸法皆无自性,广说乃至自性涅槃,无自性性了义言教,遍于一切不了义经皆同一味,复能显发彼诸经中所不了义。

【释义】第二个彩画地喻。用彩色在地上画画。一切的彩画,无论是什么颜色,青黄赤白诸颜色,都只是一个画面的表达,这就比喻识境的自显现。于画面的表达中,亦即于识境的自显现中,都有"一切诸法皆无自性、无生无灭、本来寂静、自性涅槃"这个密意。

于此密意中,我们在识境中生活,在识境中观修,便需要了知识境中一切法皆无自性,这便是必须从三无自性性来了知。于遍计,要了知相无自性性;于依他,要了知生无自性性;于圆成,要了知胜义无自性性。如是即见无生无灭,本来寂静,这就可以得到一切法自性涅槃的决定与现证。于用彩色画地时,我们是用彩画来表达一切法;于外加名言句义于一切法时,即等于用彩色画地。唯有在我们现证一切法自性涅槃时,才证到胜义谛,亦即证入了义的无自性性。

【正文】世尊,譬如一切成熟珍羞诸饼果内,投之熟酥,更生胜味。如是世尊依此诸法皆无自性广说乃至自性涅槃,无自性性了义言教,置于一切不了义经,生胜欢喜。

【释义】第三个熟酥喻。在所有的珍馐诸饼果内,加一点熟酥都会有更好的味道。熟酥亦译作醍醐,相当于奶酪。在印度烧菜大概都喜欢放些熟酥,好像意大利人一样,做什么食物都加些奶酪。

于珍馐诸饼果内都要加熟酥,等于药中都要用干姜,等于彩画都要用彩色,所表达的都是同一个意思。这些都是比喻,于一切不了义经,都有了义的密意。

【正文】世尊,譬如虚空遍一切处皆同一味,不障一切所作事业。如是世尊依此诸法皆无自性广说乃至自性涅槃,无自性性了义言教,遍于一切不了义经皆同一味,不障一切声闻、独觉及诸大乘所修事业。说是语已。

【释义】第四个虚空喻。"譬如虚空遍一切处皆同一味,不障一切所作事业。"到处都有虚空,一个瓶内都有虚空,此处的空,不是说空性的空,而是空间的空,有了空间,我们做事才无所妨碍。空的瓶子可以放东西进去、空的天空可以任飞机飞翔,若然不空,即有障碍。这个比喻是说，一切法自性涅槃，即等如一切法有如虚空，所以这个"无自性性了义言教"，不妨碍声闻的观修、不妨碍独觉的观修、不妨碍大乘的观修，是即三乘观修皆可依此密意。如果佛的密意有宗义的建立，那就反而会成妨碍，小乘的宗见妨碍大乘、大乘的宗见妨碍小乘。

佛这样说，是说三乘归于一乘，"无自性性了义言教"即一乘教法，但这教法于三乘并无妨碍，由是三乘可归于一乘。

上面所说四个喻，略有层次上的差别。第一个干姜喻是说用。佛所说的言说，"自性涅槃"等是用，是从事物的功能令我们了解佛所说的密意。第二个彩画地喻是说相。第三个熟酥喻是说性。熟酥有一个性，能够令所有食物的味道变得更好，此是熟酥的性。等于现在烧什么菜都放点味精，吃起来味道更好，此是味精的性。

上述三个喻分别是性、相、用。第四个虚空喻，说到虚空，是比喻说性、相、用三无分别。

为什么说这四个喻？因为瑜伽行派很重视性相用三无分别，成佛不但要证法报化三身，而且还要证法报化三身无分别，仅仅证到如来法身，或者报身，或者化身，皆不能成佛。由是四个比喻便分别说法、报、化三身及其三无分别。

【正文】尔时，世尊叹胜义生菩萨曰：善哉，善哉，善男子，汝今乃能善解如来所说甚深密意言义。复于此义善作譬喻，所谓世间毘湿缚药、杂彩画地、熟酥、虚空。胜义生，如是，如是，更无有异，如是，如是，汝应受持。

【释义】世尊称赞胜义生菩萨，用四个喻表达佛言说之密意，说得很好，应该受持。

【正文】尔时，胜义生菩萨复白佛言：

世尊初于一时，在婆罗痆斯仙人堕处施鹿林中，惟为发趣声闻乘者，以四谛相转正法轮，虽是甚奇、甚为希有，一切世间诸天人等，先无有能如法转者,而于彼时所转法轮,有上、有容,是未了义,是诸诤论安足处所。

世尊在昔第二时中,惟为发趣修大乘者,依一切法皆无自性、无生无灭、本来寂静、自性涅槃,以隐密相转正法轮,虽更甚奇,甚为希有,而于彼时所转法轮,亦是有上、有所容受,犹未了义,是诸诤论安足处所。

世尊于今第三时中,普为发趣一切乘者,依一切法皆无自性、无生无灭、本来寂静、自性涅槃,无自性性以显了相转正法轮,第一甚奇,最为希有,于今世尊所转法轮,无上、无容,是真了义,非诸诤论安足处所。

**【释义】**胜义生菩萨说佛之三轮教法。初时教法佛说四谛,虽然甚为希有,天人及一切世间的人从未如此听说过。然而所说的四谛是有上,还有比它更高的;是有容,还有能够包含它在内的。因此"是未了义,是诸诤论安足处所",还可以引起许多诤论,有诤论可以立足。印度婆罗门教与佛家辩论,对四谛提出过许多疑问,否定这个四谛。龙树菩萨的弟子提婆曾写过一本论《广百论》,以反驳外道,维护四谛,这便是诤论。

第二时教法佛说般若、说空。"为发趣修大乘者,依一切法皆无自性、无生无灭、本来寂静、自性涅槃,以隐密相转正法轮"。隐密相即是法义还没有说完,其密意未说出来,只能言说般若波罗蜜多、说空。虽然皆为言说,却是隐密的言说,是故"亦是有上、有所容受,犹未了义,是诸诤论安足处所"。在《广百论》中亦有为般若、空与外道辩论。是故那时候说般若、说空,依然有诤论之处。

第三时教法佛说如来藏思想,说了义的教法。"普为发趣一切乘者,依一切法皆无自性、无生无灭、本来寂静、自性涅槃,无自性性以显了相转正法轮"。不是为各别三乘说,而是普为一切乘说,不是以隐密相说,而是以显了相说了义。由是可以施设"佛性"、"如来藏"等名言,"所转法轮,无上、无容,是真了义"。没有比它更高的,没有其他理论可以将它涵盖。由是一乘可以涵盖三乘,所以说三乘归于一乘。

次第高的法可以涵盖次第低的法,反之则不能,譬如,相对论可以涵盖牛顿力学,牛顿力学则不能涵盖相对论。对"有上"、"有容"应如是理解。

这亦即说三转法轮所说的法可以涵盖初转、二转法轮,反之则不能。于三转法轮中,唯说如来藏的经始为了义,说瑜伽行只是说如来藏的观修。于说瑜伽行时涵盖唯识,是即涵盖于观修之内,因此不能说唯识是了义的教法。若持唯识教法否定如来藏,那便是用观修来否定见地,很不合理。这段经文已通说三乘教法的次第,无可诤论。若说二转法轮为了义,三转法轮为不了义,便与本经所说不合。现代唯识学人,因为三转法轮有说唯识,便说唯识是"无上、无容,是真了义,非诸诤论安足处所",那是对三转法轮的自取见。

【正文】世尊,若善男子或善女人,于此如来依一切法皆无自性、无生无灭、本来寂静、自性涅槃,所说甚深了义言教,闻已信解、书写、护持、供养、流布、受诵、修习,如理思惟,以其修相发起加行,生几所福。说是语已。

【释义】随文易知,不赘。

【正文】尔时,世尊告胜义生菩萨曰:胜义生,是善男子或善女人,其所生福无量无数,难可喻知,吾今为汝略说少分,如爪上土比大地土百分不及一、千分不及一、百千分不及一、数算计喻邬波尼杀昙分亦不及一。或如牛迹中水比四大海水,百分不及一,广说乃至邬波尼杀昙分亦不及一。如是于诸不了义经,闻已信解,广说乃至以其修相发起加行所获功德,比此所说了义经教,闻已信解所集功德,广说乃至以其修相发起加行所集功德,百分不及一,广说乃至邬波尼杀昙分亦不及一。说是语已。

【释义】"邬波尼杀昙分亦不及一",邬波尼杀昙的梵文是 upaniṣadam,这是印度在数学定位上一个最大的单位。世尊以此赞叹能对佛三转法轮法理解的人。

此处为校量功德。

**【正文】**尔时,胜义生菩萨复白佛言:世尊,于是解深密法门中,当何名此教?我当云何奉持?佛告胜义生菩萨曰:善男子,此名胜义了义之教,于此胜义了义之教,汝当奉持。说此胜义了义教时,于大会中,有六百千众生发阿耨多罗三藐三菩提心;三百千声闻远尘离垢,于诸法中得法眼净;一百五十千声闻永尽诸漏心得解脱;七十五千菩萨得无生法忍。

**【释义】**一般而言,当菩萨问佛如何名此教法时,照例佛会给一个教法的名字,例如名般若之类,那就是施设名言为不了义。现在佛对本经的教法未给一名,即不落在名言来说密意。然而却不能没有言说,此言说即是"此名胜义了义之教",这即是说,《解深密经》是究竟的教法。若学人的宗见与《解深密经》相违,那便是宗见的问题,不是本经的问题。若持宗见曲解本经,那便要反思一下,自己究竟落在前文所说的第几类人?

# 分别瑜伽品第六

## 分别瑜伽品第六

佛家的观修,实以瑜伽行为主,亦即修止观。《解深密经》是唯一一部非常有系统地教授观修瑜伽行的经。现在说到第六品《分别瑜伽品》,总结一切止观的修习为"圆满最极清净妙瑜伽道",此是释迦牟尼教修瑜伽行最究竟的一篇。

所谓"分别瑜伽",即是将瑜伽作分类,再按类别作观修。此品篇幅颇长,主要分作两部分:先说修瑜伽的各种分类;再说修瑜伽的种种功能。

此时问佛的菩萨是弥勒菩萨。在般若经中,弥勒菩萨已经担当着重要的角色,即于结经时,问佛此经应如何修。佛便吩咐他如何传播此经,即是说以此经的见地作观修。

现在于《分别瑜伽品》中,两位圣者以一问一答的方式,将资粮道到成佛的整个瑜伽行观修,阐述得清清楚楚。

修瑜伽行,在汉地通俗说为打坐,亦即禅修。禅修到底要怎么样修呢?在《分别瑜伽品》有原则性的提示。是故,若要了解佛家的观修,此品非读不可。

【正文】尔时,慈氏菩萨摩诃萨白佛言:世尊,菩萨何依何住,于大乘中修奢摩他、毘钵舍那?

佛告慈氏菩萨曰:善男子,当知菩萨法假安立,及不舍阿耨多罗三藐三菩提愿为依、为住,于大乘中修奢摩他、毘钵舍那。

【释义】奢摩他是梵文 śamatha 的音译,意译为止。毘钵舍那是梵文 vipaśyanā 的音译,意译为观。

慈氏菩萨首先问佛,大乘行人如何修止观。作如是问,是因为小乘的止观与大乘的止观不同。释迦于初转法轮时,教授小乘行人如何修止观,现在于三转法轮,大乘行人又如何修止观呢?是故慈氏菩萨问佛,于大乘止观修习中,以何为依?以何为住?

佛答曰:"当知菩萨法假安立,及不舍阿耨多罗三藐三菩提愿为依、为住"。"菩萨法假安立"一句不易理解,依藏文当译作"菩萨安立法假名",则易明了其含义。即是说,佛所教授的种种止观教法,皆为假施设,是故"安立法假名",是假名而已,修行人不能执实字面的表义,否则作观修时,便有可能修错。例如佛说观空,其密意是说观现空,既不落空边,亦不落有边,是观现空双运。

"不舍阿耨多罗三藐三菩提愿为依、为住"。此句含义有二:一者,于大乘止观修习中,最根本的是发菩提心愿,而且不舍此菩提心愿,依于此、住于此而作观修;二者,此菩提心愿是现证"阿耨多罗三藐三菩提"(anuttara-samyak-saṃbodhi),意即证"无上正圆正平等觉",此为佛的觉,大乘行人依此觉而安立假名作观修。下面所说种种止观,皆为证"无上正圆正平等觉"而施假名教授。

【正文】慈氏菩萨复白佛言:如世尊说四种所缘境事:一者有分别影像所缘境事;二者无分别影像所缘境事;三者事边际所缘境事;四者所作成办所缘境事。于此四中,几是奢摩他所缘境事?几是毗钵舍那所缘境事?几是俱所缘境事?

佛告慈氏菩萨曰:善男子,一是奢摩他所缘境事,谓无分别影像;一是毗钵舍那所缘境事,谓有分别影像;二是俱所缘境事,谓事边际、所作成办。

【释义】慈氏菩萨于了解修止观之所依所住之后,接着问佛修止观的整个大纲,亦即观修的次第。

"所缘境事",此中"境"字为唐玄奘所添,应当译作"所缘事"。

所缘事,是行者在修习禅定时心中所起的行相。修习禅定并非心中一无所念，心念不起反而不是正常的状态，心如槁木死灰是即谓之"枯禅"，属于禅病。即使修习小乘最深的灭尽定，灭尽一切觉受，其心念实依然相续不断，只是极为微细，不主动去攀缘觉受而已。以凡心念必成为一个事，这个事，即说为心所攀缘，是即名为所缘事。佛家修禅定，称为止、观。止，是将心止息于一个特定的事相。譬如净土宗修"观想念佛"，依《观无量寿经》所说的十六种观想来修，依次观想落日、大海、碧琉璃地等。每一种观想便即是一种止的事相，此即行者的所缘事。观，并非观想的"观"，它是观察的意思，于一所缘事中，对此事加以观察，亦并非只观察事相，主要为观察事的体性。例如净土中有六种光明，这六种光明以何为体性，如是等等，依照着经教来做，这便叫做观。

修习止观须建立一个所缘事。佛家各宗各派修止观的所缘事各有不同，密乘修习的所缘事，一般建立为本尊与坛城。例如宁玛派修止观的所缘事中，生起次第观修坛城与本尊；圆满次第观修心光明，亦即心的行相，是故到圆满次第，宁玛派修止观的所缘事等于禅宗修心。禅宗修习是建立自己心的行相作所缘境，亦即"参话头"之"参"。净土宗念佛是建立西方净土与西方三圣（阿弥陀佛、观世音、大势至菩萨）为所缘事。凡此种种，佛总括为四种所缘事，并将之与止、观、止观双运配合。

第一种，有分别影像所缘事。此为修止观之观。观即是观察，是缘一个影像作观察，此"影像"即是所缘事。当行者作观察时，其实是对所缘事作种种分别，正因为有这种种分别，才称之为观察。例如，观想一个观音菩萨作所缘事，观想出来的观音菩萨即是影像，此影像是有分别的，不能与别的本尊形象混淆。又如观想落日，要分别"红"是不是这落日的体性、"光"是不是这落日的体性、"圆"是不是这落日的体性，以至"热"是不是这太阳的体性，如是作种种观察，便即是有分别影像所缘事。作观察非有分别不可，不分别则不了知观修的抉择见或决定见是正还是邪，是对还是错，有否落于边见，或是已经得到中道。是故观一定是有分别的。

第二种，无分别影像所缘事。此为修止观之止。止是心念只止息于一个所缘的影像上，对此影像更不需起任何分别、任何观察。例如观想落日，只需观想落日红彤彤，圆扑扑，甚至可以观想它的热力，无论如何观想，落日便是落日，不对此更作分别，因为一作分别，观修的所缘事便乱套了，是故谓之无分别影像。所止的影像，亦即心的行相，除此之外，再无别的行相，是故谓之心一境性。心一境性是说心的行相与所缘事同一境性。关于心一境性，此于下面当更说。

第三种，事边际所缘事。此为修止观双运，或谓之生圆双运。何谓事边际？首先理解"事"之含义。佛家有"事"与"理"之分，"事"指识境，一切的具体事物与抽象概念，亦即一切法，例如色法，即指一切具有物质成分的事物或现象。"理"指智境，此中无所谓具体事物与抽象概念。因此，可以说"事"为世俗，是识境；"理"为胜义，是智境。我们作任何观修，皆从"事"来修，亦即是入识境来修，而不是从理来修，亦即不是入智境来修，因为我们还未有智觉，只能凭识觉作观察。佛是住在智境，如来法身即是智境，佛以后得智见世间，是以智觉而觉，以智观作观察。未成佛的人没有后得智，因此一切观察还是心识的运作，心识住于识境，便只能用识觉，起识观，由是所见皆为"事"，不是"理"。

事边际之"边际"，即指其自性或实相。所以在定境中能现证诸法实相，便即圆成了事边际所缘事的修习。现在说第三种所缘事的止观已见到"事"的边际，那就是，若再向前走一步，则进入"理"，是即悟入智境。由此即知，说"事边际"，即是说已经到了识境的尽头。观修之所为，就是要从识境证入智境。

第四种，所作成办所缘事。以法身为十地之圆成，登如来地，此即所作成办所缘事。在此已无须修止观，要做的事皆已办妥，此为佛地无间道。进到佛地，无间即可成佛。

修止观，首先须了知有四种所缘事。复次须知，此四种所缘事依次第分作止的所缘事，观的所缘事，止观双运的所缘事。这是因为修止观分三个层次：修止、修观、修止观双运。大致而言，相等于密乘宁玛派所修的生起法、圆满法、大圆满法。

瑜伽行将资粮道至无学道的观修,建立为四重止观。资粮道的观修是观,但由于要先止后观,所以可以说为:止、观。此中的止,并非观修的目的,所以我们姑且纪录为:(止)观。

加行道四位,前两位,即暖位与顶位,修止;后两位,即忍位与世第一位,亦修止,然而二者的所缘事有所不同,是故可以纪录为止止。

见道的所缘事,是观。于深观中,证入初地。是故可以纪录为:观。

见道菩萨的现证,名为"触证真如",在地位上,称为初登地菩萨。

二地菩萨至十地菩萨,一共九个地位,名为修道,他们没有特别的止观。此中未别说修道的止观,盖除首三种所缘事外,修道实无余所缘事,故《解深密经》没有说一个属于修道的所缘事。至见道圆成,其后修道上之所修,即为反复观修前三所缘事之所证,以离真如相及次第证智相。关于这点,下面还将会说及。

"止观双运"是无学道(无间道),所作成办所缘事,是无间道上行人之所现证。依止观双运,即能"所作成办",即是圆成佛道。

因此由资粮道到无学道,所修的止观过程,即是:(止)观、止止、观、止观双运。

【正文】慈氏菩萨复白佛言:世尊,云何菩萨依是四种奢摩他、毘钵舍那所缘境事,能求奢摩他? 能善毘钵舍那?

佛告慈氏菩萨曰:善男子,如我为诸菩萨所说法假安立,所谓契经、应诵、记别、讽诵、自说、因缘、譬喻、本事、本生、方广、希法、论议。菩萨于此善听、善受、言善通利、意善寻思、见善通达。即于如所善思惟法,独处空闲作意思惟。复即于此能思惟心,内心相续,作意思惟。如是正行多安住故,起身轻安及心轻安,是名奢摩他。如是菩萨能求奢摩他。彼由获得身心轻安为所依故,即于如所善思惟法内三摩地所行影像,观察、胜解、舍离心相。即于如是三摩地影像所知义中,能正思择,最极思择,周遍寻思,周遍伺察,若忍、若乐、若慧、若见、若观,是名毘钵

**舍那。如是菩萨能善毘钵舍那。**

【释义】慈氏菩萨明了修止观的四种所缘事之后,开始问佛关于修止观的细节问题。菩萨依于四种止观所缘事,如何能证到止、证到观呢?

于修止之前,先要了知佛为诸菩萨所说的十二部经教,即经文中所言,"契经"以至"论议"等十二部,对这些经教要"善听、善受",不仅善于听闻正法,还要领受佛所说的密意。

"言善通利,意善寻思,见善通达"。意即通晓佛经的文字句义,而且寻思其意,对于见地要通达。

"即于如所善思惟法,独处空闲作意思惟"。意即闻法之后,独坐于安静地,思维所闻之法,再作观修,是即为抉择。

"复即于此能思惟心,内心相续,作意思惟"。此处强调"内心相续",因为心是相续的,即是念念相继,是一个念头接着一个念头。只有心相续才能修止观,此于下面将说到心相续与止观之关系。

"如是正行多安住故,起身轻安及心轻安,是名奢摩他。如是菩萨能求奢摩他"。当观修时,修到身与心皆为轻安,表明止的观修已经修好,此即说修止得到的觉受是身与心轻安。

何谓轻安?心的轻安是与粗重相对。身的轻安只是觉得舒服,心的轻安是不落于心理负担中。切勿以为心的轻安亦是舒服,粗重则不舒服。并非如是,此与感觉无关。当修法时,若感觉到很舒服,实在已落在一重障碍中,即此亦为粗重。

何谓障碍? 每一个名言与句义即是障碍。我们生活在这个世间,依这世间的名言与句义而生活。例如,作为学生,则以学生的名言与句义做人;作为父母,则以父母的名言与句义做人,是故我们的生活非落名言与句义不可。然而我们在名言与句义上做事,我们的心却可以不受名言与句义所缚。若用佛的言说,那便是,学生不落学生想、父母不落父母想。

对修止观而言，倘若受佛家名相所缚，例如"空"是最能缚住我们的障碍，令我们得不到轻安。有修行人修止观，修到好像很舒服的境界，于此境界中唯觉舒服，觉得这就是空。其实这并非空，因为修空要修等持。等持是什么？是观修的境界与现前的境界要平等地持有。譬如修金刚萨埵，修行人的所缘事是金刚萨埵与他的坛城，而且自成金刚萨埵。事实上，眼前还有现实生活的一切景物，此无须排除，只需同时持于所缘境界中。是故观想出来的境界与现实所见的境界，不能偏于一边，而是平等持，此谓之等持，亦是平等住。

当得到心轻安，则不会认为眼前的桌子妨碍着莲花座生起，周围的人影响坛城的建立。因为即使在山中修行，里面的花草树木、飞禽走兽等都是眼前现实所见，决不可能住在一个空无所有的境界来生起坛城与本尊，是故唯有平等持。

当这样平等持的时候，心不落在名言与句义，不分别此为桌子、纸、笔，亦不分别观想的莲花座如何好，现前的桌子如何不好。不如是作种种分别，便是轻安。因此，不落在名言与句义观所缘事，此谓之止。

止是无相。无相并非不见相。相是分明可见，只是不落在名言与句义而见。切记：佛经所说的无相，并非否定现象，或是影像，并非否定眼前所见的事物，此实无须将之排除掉。不落在名言与句义来看事物便是无相，无相是无名言与句义的相。"无名言与句义的相"是观修寂止的所缘事。当懂得何谓无相，便懂得何谓无分别，故说止是无分别。

当修止得到身心轻安之后，接着修观。如何修观？分为三个层次：

一者，"彼由获得身心轻安为所依故，即于如所善思惟法内三摩地所行影像，观察、胜解、舍离心相"。于等持中，观察所缘境界，胜解观想出来的事相与色声香味触法所现前的事相不一不异，皆为法性自显现。舍离心的行相，此即不落于名言与句义，只是持其所觉而觉。

二者，"即于如是三摩地影像所知义中，能正思择，最极思择，周遍寻思，周遍伺察"。修观时，等持的境界有其所知义，亦谓之表义。譬如修金刚萨埵,其表义为不动。此不动的含义是:智境上有识境随缘自显现,然而智境未受识境污染,清净依然,谓之不动。由是,我们给金刚萨埵建立七个金刚空性来表义:无瑕、无坏、无虚、无染、无动、无碍、无能胜。释迦牟尼成佛之前,要修金刚喻定,即是以金刚作譬喻,实为修此七个金刚空性,这金刚空性,虽说为空性,其实只是名言施设,依七个性,即知是智识双运的现空智,是即名为金刚喻定,即以金刚为譬喻的定。

修金刚萨埵须了知这七个金刚空性,依此所知义,作"正思择、最极思择"。思择亦即抉择。修行的第一步是抉择,即将所缘事与现前的景物一同等持,然后依法义抉择等持中的境界,得到一个见地,此为"正思择",直到"最极思择",即是说,抉择到最彻底、最究竟。譬如上面所说,金刚萨埵代表七个金刚空性,此空性不动,无论生起什么境界,都不能污染它,不能改变它的性质。然而于空性中,实有识境生起,否则,就不能说为无虚、无染、无动、无碍。

然后第二步是依此究竟见作观修,亦即作寻思、作伺察。如何寻思与伺察?例如观想金刚萨埵的影像,即是我们所缘的一个影像。依仪轨规定,观想金刚萨埵手持金刚杵与铃,金刚杵代表佛父,代表方便;铃代表佛母,代表智慧。此为伺察。再观想金刚萨埵为什么是白色?白色是代表清净。金刚铃为什么可以代表空性?因为铃是空的,但空里面有声音发出。此为寻思金刚萨埵形象的表义。

三者,"若忍、若乐、若慧、若见、若观,是名毘钵舍那。如是菩萨能善毘钵舍那"。

何谓忍?即得到一个法义之后,认同此法义,而且能够承担此法义,谓之忍。最常见的是"无生法忍"。何谓无生法忍?决定一切法无生。这与我们平常的思维完全不同。凡夫认为一切法有生,譬如亲眼所见一个杯子制作出来,此即为生;然后亲眼见到这个杯子被摔破,此即为灭。一切事物的生灭,凡夫分明见到,怎能说无生呢?然而当我们观修的时候,得到无生这个觉受,才能承担无生这个见地,于是得到一个决定见,说一切法无生。此时我们的心理状态由无明开始得到智慧,虽然还未是佛智,却得到修的证量,此证量是一个慧的境界。同时亦得到大乐的觉受,得到一个见地。

忍、乐、慧、见即是修行人观修时候的觉受,由这些觉受得到决定见,再以此决定见作观修,即得到现证。

现证是证什么?现证决定见。决定与现证的差别在于:决定是思维,现证是觉受。例如吃糖,吃之前,决定糖是甜的,可是还未尝到甜味。当把糖放入口中,则现证到糖的甜味。

是故菩萨由忍、乐、慧、见的觉受,现证到无生、现证到大乐。菩萨如是观修,则谓之善修毘钵舍那(观)。

得到决定,亦可以说为现观。现观不同于现证,现观是观察到糖的甜味,现证是已尝到糖的甜味,二者层次不同。

【正文】慈氏菩萨复白佛言:世尊,若诸菩萨缘心为境,内思惟心,乃至未得身心轻安所有作意,当名何等?

佛告慈氏菩萨曰:善男子,非奢摩他作意,是随顺奢摩他胜解相应作意。

世尊,若诸菩萨乃至未得身心轻安,于如所思所有诸法内三摩地所缘影像作意思惟,如是作意当名何等?

善男子,非毘钵舍那作意,是随顺毘钵舍那胜解相应作意。

【释义】现在慈氏菩萨说道:修止可得身心轻安,修观可得忍、乐、慧、见等觉受。倘若身心未得到轻安,思维未能究竟,观修未能达到定的状态,此时的作意是什么呢?

佛答曰:"随顺奢摩他的胜解作意","随顺毘钵舍那的胜解作意"。

初修止与观时,跟随修止的方法、修观的方法而修,可是是修得不好,还未修成止、修成观,只能修随顺作意而修止观,亦即依修止观的正作意而修,如是久久串习,便可以修到身心轻安的止,得忍、乐、慧、见等的观。

**【正文】**慈氏菩萨复白佛言：世尊，奢摩他道与毘钵舍那道，当言有异？当言无异？

佛告慈氏菩萨曰：善男子，当言非有异、非无异。何故非有异？以毘钵舍那所缘境心为所缘故。何故非无异？有分别影像非所缘故。

**【释义】**上面所问，皆为修止与修观的定义、范围及其分类。从现在开始，是问有关修止与修观的种种功能。慈氏菩萨问佛，寂止与胜观二道是有异还是无异？佛答曰：二者非有异非无异。不能说它完全不同，亦不能说它完全同。佛之密意实是说离四边，即离有异、无异、亦有异亦无异、非有异非无异四边。

如何离四边？

寂止是外观；胜观是内观。胜观是对寂止所缘事作观察。因此对同一所缘事，止与观所修的目的不同。寂止是住于所缘事中而生觉受，胜观是持着寂止的觉受，来观察所缘事，然而，由寂止不能得决定见，唯依胜观才能得一决定，如前说，得决定金刚萨埵的七金刚自性，所以说止观二者有异。不过，所缘事同是金刚萨埵，无论寂止或观察，同样都是心的行相，所以，便可以说为二者无异。所以说为"非有异、非无异"。

总结上文：

观修止观，可以说是以寂止为基础，先成寂止，然后才有胜观，在止的境界中，倘若不能常住在轻安的状态，则有昏沉，或有掉举。昏沉并非打瞌睡，而是修行者住在一个境界中，没有了思想，见不到花的美丽，闻不到檀香的味道，以为这样修得最好。其实这是一个毫无生机的境界，此谓之枯禅，亦即昏沉。掉举刚好与之相反，是心猿意马。一方面住在所缘的境界中，另一方面又受到非所缘的景物干扰，不能将二者等持。

上面说止与观二者是非有异，因为都是禅修。然而要留意，修止的时候，止的最极端是变成枯禅，于枯禅境界则不能起观。此外，昏沉与掉举在止的境界出现，亦不能起观。修观的时候，是观察止的境界，可是昏沉掉举的境界则不是止的境界，不是正的止，正的止是离昏沉掉举的止。由此说止与观非有异。

说止与观非无异，还可以补充一点，因为对所缘事不作分别是寂止，对所缘事作分别观察是观。是故二者非无异。

譬如观察金刚萨埵，观察所认识的金刚空性究竟是否心之所缘事。不仅是观察一个影像，还有一个决定见，决定七个金刚空性。例如说无瑕，观察所缘境界是否无瑕；说无碍，观察所缘境界境是否无碍。于此所缘境界中，生起金刚萨埵的光明，却无法将光明扩大，周遍法界，观出来的光明只能四边放光，不能球形放光，这就是有瑕了，是有瑕疵的所缘境界。当这么观察的时候，心行相中的光明就会从平面变成立体。这就是修观时的观察。佛家所说的圆光即是球形的光，倘若将它当成是平面的光则是有瑕，不符合金刚萨埵的七个金刚空性。

以七个金刚空性作如是观察，都是观察寂止的金刚萨埵，观察所起的亦是心的行相，这便是修止观的一例。每个人修止与观时，都有自己观察的方向，而且这个观察的方向会改变。一直修，一直会有改变，渐渐修到一个真实的观察境界，通达这个观察境界。这就是修观。止与观所达到的心境截然不同，所以亦不能说为无异，是故说止与观彼此是非有异非无异。

【正文】慈氏菩萨复白佛言：世尊，诸毗钵舍那三摩地所行影像，彼与此心当言有异、当言无异？

佛告慈氏菩萨曰：善男子，当言无异。何以故？由彼影像唯是识故。善男子，我说识所缘，唯识所现故。

【释义】慈氏菩萨于了知止与观是非有异非无异之后，进一步问：止与观二者与心有异还是无异？止与观是心之所缘事，那么二者与心同还是不同？

佛答曰：当然无异。为什么说心与止观相同？因为唯识。经言：

"由彼影像唯是识故"。其中"是"一字为唐玄奘所加。依藏译应作"由彼影像唯识故"更恰当,若说"唯是识故",便等于说止、观、心都只是识,这不是经文的意思,经文的意思是,无论止、观与心,都是"唯识",亦即说一切行相都是唯识。这便是将止观与心的一切法置于唯识来作理解。

日本学者高崎直道先生依藏译,将"我说识所缘,唯识所现故"中的两个"识"字,还原为不同的梵文,"我说识所缘"的"识",梵文为 vijñāna;"唯识所现故"的"识",梵文为 vijñapti。笔者据此,觉得由这两个梵文,对经义便能作更深的理解,亦可以说是能知佛的密意。

前者 vijñāna 虽通译为识,但其实可理解为"识觉",因为它由 vi 与 jñāna 合成,vi 有"分别"的意思,jñāna 则可译为"知"、"觉"。所以这段经文的后一句,可以这样解读:当修止观时,所观修的影像与心无异。为什么呢?因为识觉所缘境(识境),唯识所现。这亦即是说,"唯识无境"非只说外境(如六尘),其实心识的行相(识觉)亦有如外境,唯识所现。

我们的心与我们所作的止、所作的观无有分别,无异。为什么无异?因为唯识。止与观是唯识的境界,心亦唯识。

【正文】世尊,若彼所行影像,即与此心无有异者,云何此心还见此心?

善男子,此中无有少法能见少法。然即此心如是生时,即有如是影像显现。善男子,如依善莹清净镜面,以质为缘还见本质,而谓我今见于影像,及谓离质别有所行影像显现。如是此心生时,相似有异三摩地所行影像显现。

【释义】由上面佛所答,引起慈氏菩萨问佛一个佛学观修上的大问题。既然彼所行影像与心无有异,那么,当由心见此外境影像时,岂不是"此心还见此心"? 这是问,外境影像是心,见亦是心,若说"以心见心",则等于说刀能自割,火能自烧。然而事实上是"刀不自割,火不自烧"。是故心应该不能见心。

再把问题清理一下。心所缘事是外境，若说外境不是心，那么由心见外境就很合理，可是，佛说止观所缘事的影像与心无异，都是唯识，那么我们的心如何还能见到我们心的所缘事影像？因为心不能见心，如刀不自割、火不自烧。

佛答曰："此中无有少法能见少法。然即此心如是生时，即有如是影像显现。"没有一样东西能够见到自己，故说"刀不自割，火不自烧"、"无有少法能见少法"。然而于观修中，心一旦生起一个境界，即有一个影像生起为外境，此影像是以心为基生起的心行相，不是离心而成影像。是故佛举例说，"如依善莹清净镜面，以质为缘还见本质"。即是说，以镜为缘还见镜影。镜比喻为心，心行相比喻为镜影，但镜影的性，其实亦即是镜的性，这就可以比喻为：止观所缘事的行相，实以心为性，所以佛才说它与心无异。

然则心如何见此外境影像呢？当心如是生起三摩地所行影像时，即有一与此影像相似的影像显现，此显现不复为外境，实显现于心，是即为心所见。这样一来，便不是以心见心，而是心中有影像自显现，一如镜影于镜中自显现。此即经中所言："然即此心如是生时，即有如是影像显现。"

【正文】世尊，若诸有情自性而住，缘色等心所行影像，彼与此心亦无异耶？

善男子，亦无有异，而诸愚夫由颠倒觉，于诸影像不能如实知唯是识，作颠倒解。

【释义】"若诸有情自性而住，缘色等心所行影像"，此句依藏译可作："若诸有情以色等自性为心所行，而住于其影像"。如是翻译则容易理解。譬如，当看见一个苹果，则现出苹果的颜色、形状，当听到一段音乐，则现出乐声，于是即以苹果的形色为苹果自性，以乐声为音乐自性，且以为心所显现即显现其自性相，如是而住于自性相的影像。于此时，影像与心亦是否无异？

以为自己住于一切事物的自性相中，这即是世人的一般心理。正因如此，世人才将事物当作真实。他们并且不知道，自己所住其实是事物的影像相，一般人甚至不知道，自己的心实在是住于事物的影像相中，然后才把事物当成是真实。然事实上却正是如此，看见的外境，只是心的行相，并非事物的本体，因此弥勒菩萨才有此问。

佛说，彼与此心亦无有异。若以为有异，便是不知唯识的颠倒。此亦即不知一切诸法以本性为自性，如前所喻，一切镜影皆以镜性为自性。

佛之所说，即将一切外境事物都看成是影像，他们是镜中的镜影，此镜影引生心的行相，行相在心中显现，即由心见外境相。所以不知道这些，便是不知道外境"唯是识"。

【正文】慈氏菩萨复白佛言：世尊，齐何当言菩萨一向修毘钵舍那？佛告慈氏菩萨曰：善男子，若相续作意唯思惟心相。

世尊，齐何当言菩萨一向修奢摩他？

善男子，若相续作意唯思惟无间心。

世尊，齐何当言菩萨奢摩他、毘钵舍那和合俱转？

善男子，若正思惟心一境性。

【释义】上来说修寂止与修胜观的基本，现在开始说如何具体修止与修观。

"齐何"意指根据什么。这即是问：菩萨根据什么来修止、菩萨根据什么来修观。

关于胜观：根据"若相续作意唯思惟心相"来修寂止。此句可理解为"由相续起作意而作思维，思维心行相"。相续亦即心，因为心是相续的。心相续是说念头与念头的相续，每一个相续都有作意，由作意而作思维，思维心的行相。譬如观想金刚萨埵持铃杵，便起作意思维此持铃杵相，而且作意相续。

关于寂止：修止是相续地起作意而作思维，于修观时，则"思惟无间心"。"无间心"于下文再作详解。

关于"和合俱转"：即是修止观双运。如何修止与观"和合俱转"？"正思惟心一境性"。"心一境性"是修禅定非常重要的心理状态。于下文再详解何谓"心一境性"。

【正文】世尊，云何心相？

善男子，谓三摩地所行有分别影像，毘钵舍那所缘。

世尊，云何无间心？

善男子，谓缘彼影像心，奢摩他所缘。

世尊，云何心一境性？

善男子，谓通达三摩地所行影像，唯是其识。或通达此已，复思惟如性。

【释义】下面所问，皆与心有关。

修观时，作意思维心相。"云何心相？""三摩地所行有分别影像，毘钵舍那所缘。"三摩地即是修定，于修定时作观察，所观察的影像是有分别的影像，此谓之心相。定中的心相与凡夫的心相都是有分别的。然而凡夫所作的分别，只见镜影而分别镜影；修定所作的分别，是同时见镜与镜影，然后分别镜影。凡夫的分别是颠倒的分别，既不见镜，便将镜影看成是真实。修止观的心相，是正思维三摩地分别行相，既见镜，亦能决定镜影不成真实。

修止时，相续作意唯思维无间心。"云何无间心？""缘彼影像心，奢摩他所缘。"在寂止中，缘影像的心，便说为无间心。缘一个影像，不能跳到另一个影像，是为无间心，所以无间心便即是相续，对一个所缘事相续。

修止观双运时，要正思维心一境性。心一境性是修止观双运的心理状态。"云何心一境性？""谓通达三摩地所行影像，唯是其识。或通达此已，复思惟如性。""唯是其识"一句，依藏文当译作"谓通达三摩地所行影像是唯识"。"或通达此已"之"或"字为唐玄奘所加,当译作"通达此已"。所以整句经文当译作:"谓通达三摩地所行影像是唯识,通达此已,复思惟如性。"即是说通达修定所缘的境、所缘的影像是唯识变现,不仅通达其是唯识,还要思维其如性。先通达唯识,然后通达其如性,这是一个过程。二者皆通达,则谓之心一境性。

何谓如性?如性即是,如事物的本然而见其性,亦即是见其自性即是本性。或有人难问:不是说诸法空性吗?为何说是如性?答曰:说诸法空性是为了说明一切法的自性不真实,是故说它是空性。然而于观修中,倘若将一切所见都说成空,只不过是推理而已,而且受空的概念所缚。当看见灯,则寂止于灯,不必分析灯有什么性,有什么功能,如何不真实,如何空。只需见其有如镜影,那就够了。因为这是修寂止,不是修胜观,所以不必作观察。

譬如修度母,若说二十一个度母皆为空性,则不是见其如性。度母是唯识变现,由其变现可以建立影像的功能,是故度母可以作事业。但二十一度母的影像,必须见为如性,倘若强调为空性,而不知以其自性即是本性故说为空,那就很难建立度母的功能。建立为如性则不然,度母所作的事业亦是镜影,其自性亦为镜性,由镜性的度母作镜性的事业,这才是心一境性。

【正文】慈氏菩萨复白佛言:世尊,毘钵舍那凡有几种?

佛告慈氏菩萨曰:善男子,略有三种:一者有相毘钵舍那;二者寻求毘钵舍那;三者伺察毘钵舍那。

云何有相毘钵舍那?谓纯思惟三摩地所行有分别影像毘钵舍那。

云何寻求毘钵舍那?谓由慧故遍于彼,彼未善解了,一切法中为善了故,作意思惟毘钵舍那。

云何伺察毘钵舍那?谓由慧故遍于彼,彼已善解了,一切法中为善证得极解脱故,作意思惟毘钵舍那。

【释义】慈氏菩萨问佛,修观有多少种胜观?佛答曰略有三种。唐玄奘译作"有相毗钵舍那,寻求毗钵舍那,伺察毗钵舍那"。此为简略的翻译。若依藏文,当译作"由相所生的毗钵舍那,由寻求所生的毗钵舍那,由伺察所生的毗钵舍那"。

何谓"由相所生的毗钵舍那"?"谓纯思惟三摩地所行有分别影像毗钵舍那"。此处所说的相,亦即寂止的所缘事。行者于修胜观时,对寂止所缘事作观察,是故有分别。这就由寂止的无分别所缘事,变为胜观的有分别所缘事,如是即是"由相所生的毗钵舍那"。

何谓"由寻求所生的毗钵舍那"?"谓由慧故遍于彼,彼未善解了,一切法中为善了故,作意思惟毗钵舍那"。这即是说,由抉择慧遍观察所缘事,然而未能作出决定(未善解了),为了能做出决定,便须作意观察,由作意观察,是即寻求,所以这时的所缘事,便是由寻求所生的胜观。

何谓"由伺察所生的毗钵舍那"?"谓由慧故遍于彼,彼已善解了,一切法中为善证得极解脱故,作意思惟毗钵舍那"。前说寻求所生,是遍观察而未善解了,这里是遍观察已善解了(得决定)。既得决定,便作意于此所缘事中作观察,已成现证。"善证得极解脱"便是现证。

是故三种修观是从低层次到高层次的观察。第一种由有相所生的毗钵舍那,是纯思维的三摩地,于所缘境作抉择见。第二种由寻求所生的毗钵舍那,是持抉择见思维而成决定,所以超越第一种修观,然而这还是粗的超越。第三种由伺察所生的毗钵舍那,持抉定见而修,由观修而成现证,是思维了义,因此超越了第二种修观,是细的超越。

【正文】慈氏菩萨复白佛言:世尊,是奢摩他凡有几种?

佛告慈氏菩萨曰:善男子,即由随彼无间心故,当知此中亦有三种。复有八种,谓初静虑乃至非想非非想处,各有一种奢摩他故。复有四种,谓慈悲喜舍四无量中,各有一种奢摩他故。

【释义】慈氏菩萨再问,有多少种奢摩他,亦即有多少种寂止。佛答寂止有多种,若依无间心而言,寂止可分为三种:有相、寻求、伺察,此与上说胜观的分类相同。

然而亦可以分为八种：是即四禅八定。下面再说。

更可以分为四种：慈、悲、喜、舍四无量心，各可成为寂止的所缘事。

现在解释四禅八定。

四禅，是将色界诸天分为四禅天，即从初禅天、二禅天、三禅天到四禅天。禅亦谓之静虑，是故四禅亦谓之四静虑。色界超越欲界，是因为无欲，然而尚有色（物质），四禅定，即可生到色界四禅天。

除了四禅的四种定之外，还有四无色定（所以总说为八定）。四无色定又名四空定，因为无色界可分为四空处：识无边处、空无边处、无所有处、非想非非想处，此为四无色天。无色界无欲无物质，只有微妙的精神状态存在。

第一层次是识无边处的境界。无色界没有物质，只有心识，然而其心识无边，不过，这还是比较低层次的无色天。

我们的识不是无边，而是有边，只能依着我们见得到的世界的心识来运作，我们的心识无法到达我们看不见的世界。不仅如此，同样在我们这个时空，给一个星球给我们，我们的心识亦无法将它当作所缘境，只能将我们地球上的事物当作所缘境。是故当我们观想一切佛、一切本尊时，依然是以我们这个世间的形象而建立，不能以别的星球的形象来建立金刚萨埵。但色无边处便不同了，他的心识可以达到一切边际，所以亦知到我们这个世间的心识。

高一层次的是空无边处的境界。无色天的境界我们很难了解，释迦牟尼亦没有将之表述出来，因其不可思议，无法言说。总之这个世界是无限量的空，当然，亦俱无边的心识。

再高一个层次是无所有处的境界，亦即无所有而有。

最高一个层次是非想非非想处的境界。在这个世间没有物质，可是还有精神。既然还有精神，便有受想行识，这些受想行识即是想，然而最高的境界是非想非非想。若说他没有受想行识，他却有；若说他有受想行识，他却没有。有非有，他的有与我们的有不同，他已经脱离了概念。释迦牟尼说兔角即是非有非非有。是故说他想，他是非想；说他非想，他是非非想。佛家所说的想，不是如我们以思维作想。佛家的想，是说概念，所以非想是离概念，非非想是非离概念，这就是他们的心识境界。在小乘的观修中，这是一个最高的境界。

修止若修到枯禅，则要修四无量心的止作对治，是故第三类的修止非常重要，即是修慈、悲、喜、舍四无量心。说无量，不仅是对我们眼前所见的众生要慈悲喜舍，而且对超越时空的一切生命都要慈悲喜舍。四无量心是学佛行者须具备的心理状态。慈无量心是与一切众生乐，悲无量心是拔一切众生苦，喜无量心是见人行善或离苦得乐而心生欢喜，舍无量心是平等地对待众生。

**【正文】**慈氏菩萨复白佛言：世尊，如说依法奢摩他、毘钵舍那，复说不依法奢摩他、毘钵舍那。云何名依法奢摩他、毘钵舍那？云何复名不依法奢摩他、毘钵舍那？

佛告慈氏菩萨曰：善男子，若诸菩萨随先所受所思法相，而于其义得奢摩他、毘钵舍那，名依法奢摩他、毘钵舍那。若诸菩萨不待所受所思法相，但依于他教诫教授，而于其义得奢摩他、毘钵舍那，谓观青瘀及脓烂等，或一切行皆是无常，或诸行苦，或一切法皆无有我，或复涅槃毕竟寂静。如是等类奢摩他、毘钵舍那，名不依法奢摩他、毘钵舍那。

由依止法得奢摩他、毘钵舍那故，我施设随法行菩萨是利根性，由不依法得奢摩他、毘钵舍那故，我施设随信行菩萨是钝根性。

**【释义】**上面说止与观各有几种，现在将止与观分作两大类别：一大类别为依法的止与观；一大类别为不依法的止与观。由此两大分类，分出利根与钝根，其目的是方便行者根据自己的根器作止与观的修习。

何谓依法的止与观？佛答曰："若诸菩萨随先所受所思法相，而于其义得奢摩他、毘钵舍那，名依法奢摩他、毘钵舍那。"此即是说密乘所修的止观。密乘依仪轨修止观，这些仪轨依循佛的教法，依经续而造，所以是"先所受所思法相",而且亦得其义,因为一直有上师的传承,是故可以说为依法,亦即随法行。

何谓不依法的止与观? 佛答曰:"若诸菩萨不待所受所思法相,但依于他教诫教授,而于其义得奢摩他、毘钵舍那,谓观青瘀及脓烂等"。此即是说显宗所修的止观。譬如根据唯识的教授,依着唯识的义理修止观;根据小中观的教授,依着小中观的义理修止观;根据小乘人的教授,则作不净观,观青瘀及脓烂等。或以四法印作观,观"一切行皆是无常,或诸行苦,或一切法皆无有我,或复涅槃毕竟寂静"。这些只是依教授的理论而修,而非依"所受所思法相"而修,那就是随信行,而不是随法行。

佛施设"随法行菩萨是利根性",施设"随信行菩萨是钝根性"。利根者依法修止观,钝根者唯依法义修止观。

【正文】慈氏菩萨复白佛言:世尊,如说缘别法奢摩他、毘钵舍那,复说缘总法奢摩他、毘钵舍那。云何名为缘别法奢摩他、毘钵舍那? 云何复名缘总法奢摩他、毘钵舍那?

佛告慈氏菩萨曰:善男子,若诸菩萨缘于各别契经等法,于如所受、所思惟法,修奢摩他、毘钵舍那,是名缘别法奢摩他、毘钵舍那。若诸菩萨即缘一切契经等法,集为一团、一积、一分、一聚作意思惟。此一切法,随顺真如,趣向真如,临入真如,随顺菩提,随顺涅槃,随顺转依,及趣向彼,若临入彼。此一切法,宣说无量无数善法。如是思惟修奢摩他、毘钵舍那,是名缘总法奢摩他、毘钵舍那。

【释义】上面说依法止观与不依法止观,是在止观的方法上作分类。现在是在止观的见地上作分类,分作缘别法修止观与缘总法修止观。

何谓缘别法? 只是依着各别契经的见地修止观,譬如依着中观,或依着唯识,此谓之缘别法。

何谓缘总法? 了知一切契经等法,从唯识到般若再到如来藏,皆通达佛之密意,以此作止观修习而见真如。经言"随顺真如,趣向真如,临入真如",此可配合五道来理解。随顺真如是资粮道,是初地以前,只是随顺真如而理解经教。趣向真如是加行道,亦是地前,通过观修,趣向真如,走的路是走向见真如的路。临入真如亦是加行道,修的过程中,再进一步将见到真如。到真正见到真如即是见道,亦即从识境走到智境。见真如的目的是为证大菩提、大涅槃,是故临入真如的行者亦"随顺菩提,随顺涅槃,随顺转依,及趣向彼,若临入彼"。

【正文】慈氏菩萨复白佛言:世尊,如说缘小总法奢摩他、毗钵舍那,复说缘大总法奢摩他、毗钵舍那,又说缘无量总法奢摩他、毗钵舍那。云何名缘小总法奢摩他、毗钵舍那?云何名缘大总法奢摩他、毗钵舍那?云何复名缘无量总法奢摩他、毗钵舍那?

佛告慈氏菩萨曰:善男子,若缘各别契经乃至各别论义为一团等作意思惟,当知是名缘小总法奢摩他、毗钵舍那。若缘乃至所受所思契经等法,为一团等作意思惟,非缘各别,当知是名缘大总法奢摩他、毗钵舍那。若缘无量如来法教,无量法句文字,无量后后慧所照了,为一团等作意思惟,非缘乃至所受所思,当知是名缘无量总法奢摩他、毗钵舍那。

【释义】缘总法止观可再分为三:缘小总法止观、缘大总法止观、缘无量总法止观。作此细分,是因为修止观的抉择见与决定见有差别。

何谓缘小总法止观?即是在了知一切佛家见地的基础上,只是缘一宗派的见地修止观,譬如唯识宗分许多派别,例如只是缘有相唯识的见地来观修,此谓缘小总法止观。

何谓缘大总法止观?如上例,若缘着唯识见来观修,超越宗派,唯依瑜伽行所说的唯识,那便是缘大总法止观。

何谓缘无量总法止观?倘若通达三转法轮的经教,缘究竟义如来藏见地,依次第修止观,譬如先观修唯识,再观修小中观,进而观修大中观,于观修大中观时,此即谓缘无量种法止观。

**【正文】**慈氏菩萨复白佛言：世尊，菩萨齐何名得缘总法奢摩他、毗钵舍那？

佛告慈氏菩萨曰：善男子，由五缘故当知名得：一者于思惟时刹那刹那融销一切粗重所依；二者离种种想得乐法乐；三者解了十方无差别相无量法光；四者所作成满相应净分无分别相恒现在前；五者为令法身得成满故，摄受后后转胜妙因。

**【释义】**慈氏菩萨问佛，要如何做才能够得到缘总法奢摩他、毗钵舍那。佛答曰"由五缘故当知名得"。

"一者于思惟时刹那刹那融销一切粗重所依"。粗重即是落于概念而成执著，此执著即为粗重，是故不落概念则能轻安。行者于观修时，刹那刹那消融种种概念，当知名得缘总法止观。

"二者离种种想得乐法乐"。法乐是由观修而得乐，乐于法乐，而且这个乐非由种种概念而来。

"三者解了十方无差别相无量法光"。行者要理解而且了义地通达法光，此亦即法界光明，亦可以说为不灭明点，亦可以说为现证决定见时的心光明。

"四者所作成满相应净分无分别相恒现在前"。此句经文依藏译可译为"所作成就圆满与净分相应，此无分别相恒现在前"。所谓净分即是离概念。整句话的意思是：所有离概念的相，不落于名言与句义的所缘境现前。用禅宗的话表达即是"平常心"。赵州问法，马祖只是说"吃茶去"。为什么不向他说法说道？因为知道他不平常，他觉得有法乐，所以希望得到一个法，以为除了日常生活之外，真的有佛法可以得到。禅宗看来，此是大错，"平常心即道"，日常生活都是道，这才是与净分相应。倘若将佛所说的空有等等当成概念，执以为实，则被名言与句义所缚，如是便不是净心，无法生起与净心相应的无分别相。日常生活便是"吃茶去"，清净心便是"平常心"。

"五者为令法身得成满故，摄受后后转胜妙因"。为使圆满地成就行者的法身，须依次第"摄受后后转胜妙因"。

何谓后后？以一、二、三、四次第为例，对一来说，二为其后；对二来说，三为其后，如是依次来说，即为后后。譬如学佛学到空，如何空？无自性空，本性空，连这个空都要空掉的空空。当修空的时候，要晓得后后。现在所修的空亦是一个概念。《般若经》说空是施设，施设即是概念，是故连这个空亦不能执。因为还有一个空空，最后连这个空空的概念都要空掉。这一点很重要。无论如何修空，对空都不可执著。无论修什么法，都不落在那个法，这即是后后之所修。如是依着后后作思维，作观修，一步一步地观修，便能得到胜妙。

总结上面几段经文，缘别法止观不如缘总法止观，缘小总法止观不如缘大总法止观。最究竟的是缘无量总法止观，亦即依无上瑜伽密修止观双运，此为最高的止观境界。

说止观至此，已经勾勒出整个止观的大纲，这实在是一个依次第的止观修习。首先止于一个刹那刹那消融种种概念的境界，然后离种种想得乐法乐。如何才能离？修无量法光，即是修十方无分别相。当得到无量法光，则有成就、圆满、与净分相应的无分别相现前。得到这样的无分别相，还需以后后为因，得到胜妙因，最终所作成办究竟佛果。

是故修止观，首先要通达究竟佛法、知佛密意，如是向下善解各宗派的见地及其脉络，并非落于宗见而修。倘若拿着一个仪轨，毫无见地修十万遍，则是在浪费时间，因为心识没有得到触动。有见地的修止观，修一遍胜过修十万遍。如何是有见地？即是上面所说的别法与总法，总法还分小总法、大总法、无量总法三种。若无见地，只教授仪轨的事相，则不能称为善知识。

**【正文】**慈氏菩萨复白佛言：世尊，此缘总法奢摩他、毘钵舍那，当知从何名为通达？从何名得？

**佛告慈氏菩萨曰：**善男子，从初极喜地名为通达，从第三发光地乃名为得。善男子,初业菩萨亦于是中随学作意,虽未可叹,不应懈废。

【释义】慈氏菩萨问佛,如何才叫做通达缘总法奢摩他、毗钵舍那?佛答曰:初地菩萨可以说是通达总法奢摩他、毗钵舍那,开始证到真如,谓之触证真如,然而这还不能说是现证真如。现证与触证有不同,触证是沾点边,开始证到真如,好比在一暗室中见到一线阳光。

三地发光地的菩萨是得到总法奢摩他、毗钵舍那。不是通达止观,而是得到止观。

初业菩萨即是地前初发心菩萨,是作意修总法奢摩他、毗钵舍那。虽然未曾通达,亦不应懈废。这是佛对学人的鼓励。

【正文】慈氏菩萨复白佛言:世尊,是奢摩他、毗钵舍那,云何名有寻有伺三摩地?云何名无寻唯伺三摩地?云何名无寻无伺三摩地?

佛告慈氏菩萨曰:善男子,于如所取寻伺法相,若有粗显领受,观察诸奢摩他、毗钵舍那,是名有寻有伺三摩地。

若于彼相虽无粗显领受观察,而有微细彼光明念,领受观察诸奢摩他、毗钵舍那,是名无寻唯伺三摩地。

若即于彼一切法相都无作意领受观察诸奢摩他、毗钵舍那,是名无寻无伺三摩地。

复次,善男子,若有寻求奢摩他、毗钵舍那,是名有寻有伺三摩地。若有伺察奢摩他、毗钵舍那,是名无寻唯伺三摩地。若缘总法奢摩他、毗钵舍那,是名无寻无伺三摩地。

【释义】此段经文说修止观的具体方法及其定义。首先佛说三种三摩地,即是三种定。三摩地是音译,意译为等持,亦叫做平等住。

修止与观,各有三种三摩地:一、有寻有伺三摩地;二、无寻唯伺三摩地;三、无寻无伺三摩地。

有寻有伺三摩地如何修止观?"于如所取寻伺法相,若有粗显领受,观察诸奢摩他、毗钵舍那"。无论是修止还是修观,行者根据所缘境而取境。"寻伺法相"即是对所缘事的相作寻伺。对此法相有一个感觉,即谓之领受。此如吃糖时领受糖味。然而此时还未到觉的境界,还未到法的层次,而且这个领受还是粗的显现,譬如观修三摩地,观修后,觉得全身温暖及松弛,这样便是粗领受,感觉不能说为微妙,微妙的感觉则无可说。

无寻唯伺三摩地如何修止观?"若于彼相虽无粗显领受观察,而有微细彼光明念,领受观察诸奢摩他、毘钵舍那"。无寻唯伺三摩地无粗显领受,却有微细彼光明念,亦即有心的光明生起。"光明念"即是念光明,领受这个光明。

领受光明,即是开始见到心的光明,此为瑜伽行止观的特色。瑜伽行止观非常重视心光,当行者通达一法义之时,心生光明,谓之义光明。此光明不是入定修出来,而是行者对一个法义彻底了解时,心住在这个法义的境界中寻思、思维,此时心自然有光明生起,是故叫做义光明。倘若修止观,所领受的是念光明。为什么说是念?因为行者念念都住在所修的境界里面,全部心意都放在所缘事中,因此而生起一个心的行相,此心行相即是光明相,名为念光明,因每一念都住在此光明境界中。

无寻无伺三摩地如何修止观?"若即于彼一切法相都无作意领受观察诸奢摩他、毘钵舍那"。行者于止观境界中,不作意思维所缘境,譬如不作意思维金刚萨埵、种子字光明等。当观察止观时,因为是无作意领受,是故可说为生起一个觉受,而非领纳觉受。

佛说完三种三摩地的观修,再说其定义。

何谓有寻有伺三摩地?即是寻求止的境界、寻求观的境界。

何谓无寻唯伺三摩地?即是伺察止观的境界。

伺察与寻求分别何在?譬如修坛城本尊,倘若是有寻求,则完全依照仪轨生起本尊的庄严及手印、生起日月轮、莲花座的形状、色彩。上面说过的依法奢摩他、毘钵舍那即是如此。倘若是有伺察,则观想的是一个生动活泼的金刚萨埵,与我们平常人一样,然而却不失金刚萨埵的自性。因此,有寻求是粗相,寻求只得到一个无动态的相;伺察则微细,得到的是一个有动态的相。当观想金刚萨埵上供诸佛、下施有情,或是

159

加持六道众生，或是作息增怀诛四种事业，金刚萨埵可以有种种不同的行相。这才是无寻唯伺三摩地。

何谓无寻无伺三摩地？亦即缘总法奢摩他、毘钵舍那。上面已说缘别法与缘总法的奢摩他、毘钵舍那。若缘别法而修止观，只是依着一系列经典的见地而修。若缘总法而修止观，则总摄诸佛密意而修。譬如修如来藏，当然是依照如来藏系列的经典，但亦总摄一切法异门的密意，于通达究竟法义之后而修止观。此时无须寻求，亦无须伺察，所修的不是一个本尊的形象，连动态都不是，而是修本尊的光明。现在行者是凭总法而了知法义，当这个法义都通达了，然后建立本尊，修本尊光明。修本尊光明的基础是修上师光明。

上面所说的三种三摩地，显示行者对所缘境的见地逐步提高。依见地的次第，依次为寻求、伺察、无寻求亦无伺察。因此，行者对三种三摩地的领受境界亦有不同，第一个是粗的领受；第二个是微细的领受，变作念光明；第三个是无作意、无领受，开始有觉受。

**【正文】**慈氏菩萨复白佛言：世尊，云何止相？云何举相？云何舍相？

佛告慈氏菩萨曰：善男子，若心掉举或恐掉举时，诸可厌法作意及彼无间心作意，是名止相。若心沉没或恐沉没时，诸可欣法作意及彼心相作意，是名举相。若于一向止道，或于一向观道，或于双运转道，二随烦恼所染污时，诸无功用作意及心任运转中所有作意，是名舍相。

**【释义】**三摩地修习的过程，亦是一个心相续的过程，有种种心的行相显现，导致种种过患。于是佛说三种方法：止相、举相、舍相，用以对治行者的心理偏差。

一者止相。心掉举即是观想不能集中，恐掉举即是，有怕自己观想不能集中的心理负担。由是即对诸可厌法有所作意，对无间心有所作意。诸可厌法，例如忽然想到所缘境外的事相，无间心即是怕自己的所缘境不能持续。如是种种心理负担，即是止相。称为止相，是行者想止息的境界相。

二者举相。心沉没是所缘境模糊,恐沉没即是怕所缘境模糊。由是即对可欣法作意,及心相作意。所缘境即是可欣法,作意令其显明,由是又于心相作意。如是名为举相。称为举相,是行者想显现(举)的境界相。

三者舍相。当修止、修观、修止观双运时,行者有烦恼与随烦恼生起,是故受污染。于是行者便以舍作对治。如何舍?行者以"诸无功用作意及心任运转中所有作意"去舍。所谓"无功用作意",即是不作意舍离,于无舍离而舍离;所谓"心任运转中所有作意",即是对烦恼与随烦恼生起时的心境作适应,这适应亦可说是调节,如是即能不作意于舍离而成舍离,所以称为舍相。

上面所说三种对治止观过患的方法,止相的方法是令不应显现的所缘境不生起,是从相作止;举相的方法是令应当显现的所缘境生起,是归到法义作举;舍相的方法是随着所缘境作适应,令烦恼与随烦恼不起。

【正文】慈氏菩萨复白佛言:世尊,修奢摩他、毘钵舍那诸菩萨众,知法知义。云何知法?云何知义?

佛告慈氏菩萨曰:善男子,彼诸菩萨由五种相了知于法:一者知名,二者知句,三者知文,四者知别,五者知总。

云何为名?谓于一切染净法中,所立自性想假施设。

云何为句?谓即于彼名聚集中,能随宣说诸染净义依持建立。

云何为文?谓即彼二所依止字。

云何于彼各别了知?谓由各别所缘作意。

云何于彼总合了知?谓由总合所缘作意。如是一切总略为一,名为知法。如是名为菩萨知法。

【释义】修止观须知法知义始能修。如何方能知法知义?佛在此作详细解答。

此处先说知法。由五种相了知于法，即知名、知句、知文、知别、知总。

何谓名？"谓于一切染净法中，所立自性想假施设"。亦即于一切法中，无论是染法还是净法，皆安立一个自性而施设这个法，谓之名。我们世间的一切法，皆如是施设出来。对一个事物，施设一个概念给它，然后安立一个名相，譬如说杯、笔、灯。这样施设很有用，彼此容易沟通。一将名相说出来，整个概念清清楚楚。无论是净法还是染法，都须要给一个名相，是故经中有诸多名相，每一个名相说出来，则了知其义。当说色、受、想、行、识，立刻知道色代表物质，受表示领纳等。

何谓句？"谓即于彼名聚集中，能随宣说诸染净义依持建立"。亦即等于给名一个定义，随着这个定义而建立一个法。譬如一事物名"灯"，施设"灯"的定义是能够照明，此定义即是句，句亦等于是概念。

何谓文？"谓即彼二所依止字"。将名与句所依止的字写出来即是文。譬如说灯，将灯之名与灯之定义写出来，二者即是文。行者不仅要通达清净法中经论的名、句、文，还要通达世间法的名、句、文。五地菩萨专学世间的名、句、文，外道的名、句、文，不同文化背景的名、句、文，皆要通达。

何谓别？"谓由各别所缘作意"。各别了知法，譬如只懂得空，或者只懂得唯识。因为只懂得别，是故将自己所懂的法放在第一位。

何谓总？"谓由总合所缘作意"。总了知法，此即既了知如来藏究竟教法，复能依总法抉择别别法异门，了知其次第，了知其密意，如是即得"总合所缘作意"。

菩萨即由名、句、文、别、总五种相了知于法，此中总相最为重要，是故经言："如是一切总略为一，名为知法"。

【正文】善男子，彼诸菩萨由十种相了知于义：一者知尽所有性；二者知如所有性；三者知能取义；四者知所取义；五者知建立义；六者知受用义；七者知颠倒义；八者知无倒义；九者知杂染义；十者知清净义。

善男子,尽所有性者,谓诸杂染清净法中,所有一切品别边际,是名此中尽所有性。如五数蕴、六数内处、六数外处,如是一切。

如所有性者,谓即一切染净法中所有真如,是名此中如所有性。此复七种:一者流转真如,谓一切行无先后性;二者相真如,谓一切法补特伽罗无我性及法无我性;三者了别真如,谓一切行唯是识性;四者安立真如,谓我所说诸苦圣谛;五者邪行真如,谓我所说诸集圣谛;六者清净真如,谓我所说诸灭圣谛;七者正行真如,谓我所说诸道圣谛。当知此中由流转真如、安立真如、邪行真如故,一切有情平等平等。由相真如、了别真如故,一切诸法平等平等。由清净真如故,一切声闻菩提、独觉菩提、阿耨多罗三藐三菩提平等平等。由正行真如故,听闻正法,缘总境界胜奢摩他、毘钵舍那所摄受慧平等平等。

能取义者,谓内五色处,若心、意、识及诸心法。

所取义者,谓外六处。又能取义,亦所取义。

建立义者,谓器世界于中可得建立一切诸有情界。谓一村田若百村田、若千村田、若百千村田,或一大地至海边际此百、此千、若此百千,或一赡部洲此百、此千、若此百千,或一四大洲此百、此千、若此百千,或一小千世界此百、此千、若此百千,或一中千世界此百、此千、若此百千,或一三千大千世界此百、此千、若此百千,或此拘胝、此百拘胝、此千拘胝、此百千拘胝,或此无数、此百无数、此千无数、此百千无数,或三千大千世界无数、百千微尘量等,于十方面无量无数诸器世界。

受用义者,谓我所说诸有情类,为受用故摄受资具。

颠倒义者,谓即于彼能取等义,无常计常,想倒、心倒、见倒。苦计为乐,不净计净,无我计我,想倒、心倒、见倒。

无倒义者,与上相违。能对治彼,应知其相。

杂染义者,谓三界中三种杂染:一者烦恼杂染,二者业杂染,三者生杂染。

清净义者,谓即如是三种杂染,所有离系菩提分法。

善男子,如是十种,当知普摄一切诸义。

**【释义】**上面说了知于法,现在说了知于义。佛说由十种相了知于义:

一者,知尽所有性。尽所有性者,谓诸杂染清净法中,所有一切品别边际,是名此中尽所有性。如五蕴、六内处、六外处,如是一切。

每一个法,无论它是清净还是杂染,都知道它的边际。所谓知道边际,即是尽其边际而知,如是始为尽所有性。菩萨应该得到尽所有性,然后才能够知义。例如五蕴、十二处、十八界,关于它们的一切都须通达,如其所有而知其义,此中更无增上。

二者,知如所有性。如所有性者,谓即一切染净法中所有真如,是名此中如所有性。此复七种真如:

一、流转真如,谓一切行无先后性。流转真如即是了知轮回相,所看到的真相是流转的相。我们轮回即是流转相。懂得怎么样流转,有如懂得密乘的中有法。佛说《中阴经》,即是说我们的中有身如何流转。若不懂得流转真如,则认为有一个灵魂,这个灵魂怎么样投胎。其实不然。不是灵魂投胎,是业力取异熟身,这业力叫做阿陀那,亦叫做阿赖耶。因为业力包括宿生的业力,所以说流转无先后性。

二、相真如,谓一切法补特伽罗无我性及法无我性。相真如即是人无我与法无我,人我空与法我空。人我是指个体,法我是指一切法。人没有一个真实的个体,一切法亦非真实。

三、了别真如,谓一切行唯识。了别真如即是唯识。识的功能是了别。了别与分别不同,了别是不依名言与句义作辨别;分别则落在名言与句义。凡夫一切行都是识性,由分别起行。于唯了别而无分别时,即是了别真如。

四、安立真如,谓我所说诸苦圣谛。佛为了说法,安立种种法门,例如安立苦集灭道。我们要知道佛为何用言说来安立这种种法门,而不是将言说作为真实。当知道佛的安立义,则能通达。

五、邪行真如,谓佛所说诸集圣谛。佛说苦是安立出来的苦,现在佛说集,集是邪行,所有五蕴都是邪行。因为有五蕴,所以我们才非轮回不可。我们住在五蕴中，将色受想行识分别安立自性，不将之看作是镜影，看作是荧光屏上的影像，却依自性建立之为真实，如是即是邪行，能于此通达，即是邪行真如。

六、清净真如，谓佛所说诸灭圣谛。清净真如是灭，灭是为了灭苦，因此是清净。

七、正行真如，谓佛所说诸道圣谛。正行真如是道，佛所修的道是正行。

上面是知如所有性的七个真如，并由七个真如而有四种平等：一切有情平等平等；一切诸法平等平等；一切声闻菩提、独觉菩提、阿耨多罗三藐三菩提平等平等；听闻正法，缘总境界胜奢摩他、毘钵舍那所摄受慧平等平等。

三者，知能取义。能取义者，谓内五色处，若心、意、识及诸心法。是即行者须了知内识。

四者，知所取义。所取义者，谓外六处。由能取的眼、耳、鼻、舌、身、意，取外境色、声、香、味、触、法，知所取，即须了知外境。

五者，知建立义。建立义者，谓器世界于中可得建立一切诸有情界，即是建立我们这个世界。所有法界中的世界，都是由那里的众生建立出来的。当时没有说超越时空，可是佛却从最小单位的村田，说到十方面无量无数诸器世界，我们就晓得佛其实是在说超越时空，在说种种时空的器世间建立。

六者，知受用义。受用义者，谓佛所说诸有情类，为受用故摄受资具。因此资具即是我们的受用，包括衣、食、住、行。知受用义，便即是知一切资具。

七者，知颠倒义。颠倒义者，谓即于彼能取等义，无常计常、无苦计苦等，想倒、心倒、见倒。

佛说四法印是无常、苦、无我、不净。与四法印相反的是常、乐、我、净。佛说无常，我们把它当作常，所以是颠倒。佛说苦，我们当作乐等等，此是四颠倒。

可是当说如来藏时，由如来藏的功德来说如来藏性，则刚好是常、乐、我、净四德。此为究竟见，由智识双运而见，无常、苦、无我、不净，则只是依识境而见，若持之以否定智识双运见，那便亦是颠倒，必须如是了知，才能名为知颠倒义。

八者，知无倒义。无倒义者，与上相违。能对治彼，应知其相。何谓无倒？与颠倒相反即是无倒。

九者，知杂染义。杂染义者，谓三界中三种杂染：一者烦恼杂染；二者业杂染；三者生杂染。凡夫的心有这三种杂染，此三种杂染的果，便是惑、业、苦。凡夫一生出来就有这三种杂染。落在名、句、文就已经是烦恼杂染。而且，我们一定还有种种作业，身口意都有作业，于识境中作业，就必有杂染。若了知杂染意，则能住于杂染的世间，对心识的杂染无舍离而离，此于如来藏系列诸经都有说及。

十者，知清净义。清净义者，谓即如是三种杂染，所有离系菩提分法。是即要离开三种杂染的系缚，唯有以三十七菩提分为行持。

**【正文】**复次，善男子，彼诸菩萨由能了知五种义故，名为知义。何等五义？一者遍知事，二者遍知义，三者遍知因，四者得遍知果，五者于此觉了。

善男子，此中遍知事者，当知即是一切所知。谓或诸蕴，或诸内处，或诸外处，如是一切遍知义者，乃至所有品类差别所应知境，谓世俗故，或胜义故，或功德故，或过失故，缘故，世故，或生或住或坏相故，或如病等故，或苦集等故，或真如、实际、法界等故，或广略故，或一向记故，或分别记故，或反问记故，或置记故，或隐密故，或显了故。如是等类，当知一切名遍知义。

言遍知因者，当知即是能取前二菩提分法，所谓念住或正断等。

得遍知果者，谓贪恚痴永断毘奈耶，及贪恚痴一切永断诸沙门果，及我所说声闻如来若共不共世出世间所有功德，于彼作证。

于此觉了者，谓即于此作证法中诸解脱智，广为他说宣扬开示。

**善男子,如是五义,当知普摄一切诸义。**

【释义】上面说菩萨当知的十种义,现在另说五种义,即是遍知事、遍知义、遍知因、遍知果、于此觉了。

何谓遍知事?一切蕴处界的事都要了知。上面已说佛家的"事与理"。"事"是说识境中的一切诸法,亦即佛说的五蕴、十二处、十八界;"理"是说智境中的智。是故遍知事即是遍知识境,亦即遍知蕴处界。

何谓遍知义?对所有境要懂得分别它是世俗还是胜义。例如说空,空是智境还是识境?如是或依胜义世俗、或依功德过失等,如经所言,而了遍知。

何谓遍知因?"言遍知因者,当知即是能取前二菩提分法,所谓念住或正断等"。此谓身念住、受念住,依此,受当以身为因;又谓心念住、法念住,依此,法当以心为因。又如于四正断,已生恶令永断、未生恶令不生,此二当以遍断为因;又未生善令生、已生善令增长,此二当以作证为因。

何谓得遍知果?"得遍知果者,谓贪恚痴永毘奈耶,及贪恚痴一切永断诸沙门果,及我所说声闻如来若共不共世出世间所有功德,于彼作证"。

"贪恚痴永断毘奈耶"即为永守贪瞋痴戒,"贪恚痴一切永断"即为永断除贪瞋痴。此说是两个境界。须守戒的是凡夫,能永断的是沙门。于凡夫外道之外,则为声闻与佛,由共不共、世出世的功德,能舍离或无舍离而得舍离贪恚痴。

何谓于此觉了者?是即能证觉。所谓证觉,即于诸法中得解脱智。

了知上述五种义,则一切义皆了知。

【正文】复次,善男子,彼诸菩萨由能了知四种义故,名为知义。何等四义?一者心执受义,二者领纳义,三者了别义,四者杂染清净义。

善男子,如是四义,当知普摄一切诸义。

【释义】上面所说的十种义及五种义是客观的存在,故须认识了知。现在说的四种义是主观的认知,是分层次的了知。此四种义是:心执受义、领纳义、了别义、杂染清净义。

何谓心执受义?此为最初步的主观认知。譬如,听佛说法后,只是印记于心中,住在佛所说的义里面。此为执受,未经过判别及分析。

何谓领纳义?领纳义即是有一个分析的过程,例如说 $1+1=2$,倘若只是记住 $1+1$ 就是 $2$,这是执所受。领纳深一层次,例如知道这个加号的含义,$1+1$ 便是一个再添一个。

何谓了别义?了别不是分别。了别是不落于概念来认识事物,分别是落于概念来认识事物。所以了别是客观的认知,分别是主观的认知。

何谓杂染清净义?杂染即是烦恼杂染、业杂染、生杂染,亦即惑、业、苦。离惑、业、苦即是清净。

【正文】复次,善男子,彼诸菩萨由能了知三种义故,名为知义。何等三义?一者文义,二者义义,三者界义。

善男子,言文义者,谓名身等。

义义,当知复有十种:一者真实相,二者遍知相,三者永断相,四者作证相,五者修习相,六者即彼真实相等品类差别相,七者所依能依相属相,八者即遍知等障碍法相,九者即彼随顺法相,十者不遍知等及遍知等过患功德相。

言界义者,谓五种界:一者器世界,二者有情界,三者法界,四者所调伏界,五者调伏方便界。

善男子,如是五义,当知普摄一切诸义。

【释义】还有三种义要了知:文义、义义、界义。

一、何谓文义?言文义者,谓名身等。名即是由字母拼成一个字,身即是字母。

二、何谓义义?义义者当知复有十种:

一者,"真实相",即是佛法的究竟。譬如说一切法是如来藏智识双运境里面的随缘自显现,此为真实的相。

二者,"遍知相",即是超越时空而遍知,此为最究竟的遍知,如若不然,则只能遍知我们这个世间。

三者,"永断相",即是永断我们的贪瞋痴以及杂染、习气等,这些的根源是什么?最究竟的根源是名言与句义。

四者,"作证相",当行者修法的时候,其境界可以为佛所说的法义作证。例如修十二因缘,真正懂得生与死之间究竟是怎样一种状态。此为作证相。

五者,"修习相",即是修止观时所起的心理状态。

六者,"即彼真实相等品类差别相","即彼真实相"是说当修一个法,只知道这一个法的真实相,彼以外的东西都不知道。例如修四重缘起,若依照相依缘起而修,是故便只知道相依缘起的真实状态如何,相依以外的缘起相则不知道。"品类差别相",即是有各种不同的修法,是故有品类不同。知道这一个品类,其他品类则不需要知道。

七者,"所依能依相属相",这有多种层次的说法,如有情界依于器世间,那么便可以将器世间说为所依,有情界说为能依;又如修坛城与本尊,本尊即是能依,坛城即为所依;再向上建立,可以将如来法身视为所依,因为如来法身即是法界,一切识境即为能依。

八者,"即遍知等障碍法相",即是了解有什么障碍着我们,如果说是杂染,那么杂染又从何而来。如果说由名言显现而来,那么名言又从何而来。如是可以说,名言由二取来,二取由我与我所来,我与我所则由习气而来,这样,杂染、名言、二取、能所、习气便都是等障碍法相。

九者,"即彼随顺法相",随顺着一个法义所起的境界。例如观察相碍缘起,即可随顺相碍而观察阳焰相。阳焰因应局限而成不同的相状,远看是水相,近看则不见水,由这样我们便可以知道,何谓相碍缘起相。一切法于相碍中任运,由是而得圆成,这便是随顺法相的观察,由此而知此法相的义理。倘若去观察一个人如何得任运圆成,实在无法观察,那就不成随顺。

十者,"不遍知等及遍知等过患功德相"。由不遍知生起的过患,由遍知生起的功德,即是此所说相。

三、何谓界义?言界义者,谓五种界:

一者,"器世界",我们生活的世间即是器世界。

二者,"有情界",即是有生命的世界。此"有情"只包括有感情的动物,没有感情的动物不在其列,譬如原生虫则不将之看作是有情,然而蚂蚁可以说是有情。

三者,"法界",即是如来内自证智境界,亦可说为如来法身。法身、智境、法界亦只是名言建立,由此三个名言,来言说一个不可思议的境界。所以,这三个名言实在无可分别。是故佛家即言,须现证身、智、界三无分别才可以成佛,所以对于法界,我们不能作"界"想,须离开识境中"界"的概念来理解这个法界。佛经常言,法界无量无边,无量,是离开识境的量;无边,是离开识境的边,亦即不能用识境的理则、不能用识境的边见,来思议法界。

四者,"所调伏界",即是所有受佛调伏的诸有情,说明为界。

五者,"调伏方便界",有情种类不同,便有不同的善巧方便来作调伏,如是即别别成为调伏方便界。例如我们的人间,便需用刚强语来作调伏,因此,说为空,是即用刚强语对人类的执著作否定,如是即为方便。

**【正文】**慈氏菩萨复白佛言:世尊,若闻所成慧了知其义,若思所成慧了知其义,若奢摩他、毘钵舍那,修所成慧了知其义。此何差别?

佛告慈氏菩萨曰:善男子,闻所成慧依止于文,但如其说未善意趣,未现在前随顺解脱,未能领受成解脱义;思所成慧亦依于文,不唯如说能善意趣,未现在前转顺解脱,未能领受成解脱义;若诸菩萨修所成慧,亦依于文亦不依文,亦如其说亦不如说,能善意趣,所知事同分三摩地所行,影像现前极顺解脱,已能领受成解脱义。

善男子,是名三种知义差别。

【释义】这段经文,是由修止观来说知义的差别。从六个方面说闻、思、修所成慧了知其义的差别。

闻所成慧:一、"依止于文";二、"但如其说";三、"未善意趣";四、"未现在前";五、"随顺解脱";六、"未能领受成解脱义"。

闻所成慧了知其义,只是听到佛所说文字的表义,却未了知佛所表达的密意。所以,其所知的义,便只是言说义。

思所成慧:一、"亦依于文";二、"不唯如说";三、"能善意趣";四、"未现在前";五、"转顺解脱";六、"未能领受成解脱义"。

思所成慧了知其义,不只跟随佛所说的文字来理解,经过思择,还能善知密意。譬如佛说空,行者不在名言上理解空,而是思维空的密意。上面说:一切法自性即是本性,那便是空的密意。这样就超越了"无自性空"、"缘起故空"的说法。

修所成慧:一、"亦依于文亦不依于文";二、"亦如其说亦不如其说";三、"能善意趣";四、"所知事同分三摩地所行影像现前";五、"极顺解脱";六、"已能领受成解脱义"。

修所成慧不但了知密意,而且还依密意观修。所以就能成就上面所说的六种功德。由此极信解脱,得领受成解脱义。

【正文】慈氏菩萨复白佛言:世尊,修奢摩他毘钵舍那诸菩萨众知法知义。云何为智?云何为见?

佛告慈氏菩萨曰:善男子,我无量门宣说智见二种差别,今当为汝略说其相。若缘总法修奢摩他毘钵舍那,所有妙慧是名为智;若缘别法修奢摩他毘钵舍那,所有妙慧是名为见。

【释义】慈氏菩萨于明了何为知法、何为知义之后,进一步问佛何为智、何为见。佛以无量的法门说智与见二种差别。

一者,缘总法修止观,所得的慧谓之智。智是行者所悟,是自己得到的觉。缘总法是通达佛的密意,由密意而成证悟,所以其证量便可以说明为智。

二者，缘别法修止观，所得的慧谓之见。因为只能修别法，便一定落于言说而未解密意，由是所得的便只是一个见地。此如落于"空"这个言说，于观修时便力求现证空性，那便是根据言说来修证，所能证到的亦只是空这个见地。若以证空为究竟，那就落于宗见的边。

说中观应成派为究竟，即是因为他们不立宗见，所以可以应敌而成破，破一切边见。

【正文】慈氏菩萨复白佛言：世尊，修奢摩他毘钵舍那诸菩萨众，由何作意？何等、云何除遣诸相？

佛告慈氏菩萨曰：善男子，由真如作意除遣法相及与义相。若于其名及名自性无所得时，亦不观彼所依之相，如是除遣。如于其名于句于文，于一切义当知亦尔。乃至于界及界自性无所得时，亦不观彼所依之相，如是除遣。

【释义】上面所说是抉择见，现在问佛观修的问题。

"何等、云何除遣诸相？"当解作"云何除遣诸相？除遣何等相？"此即问两个问题。

全句，弥勒问"由何作意？云何除遣诸相？除遣何等相？"那么一共便是三个问题。依佛所答，那便是说：一、由真如作意；二、于其名、文、句、自性无所得，即成除遣；三、要除遣的是法与义相。此即如次答弥勒三问。

上面已说修止观须知法、知义，现在要除遣的正是知法所得的法相，知义所得的义相。由此表明真真正正的瑜伽行是不落在任何的法与义中，是故由真如作意除遣法相与义相。如何而成除遣？由无所得而成除遣。对此，经文已说得很明白，对法相与义相，既不执著其名言，亦不依名言而起自性想，亦不由是而生起名言相，如是便无所得。遍除遣已，即不落于相。

【正文】世尊，诸所了知真如义相，此真如相亦可遣不？

善男子，于所了知真如义中，都无有相亦无所得，当何所遣？

善男子，我说了知真如义时，能伏一切法义之相，非此了达余所能伏。

**【释义】** 佛说须除遣法相及义相，然而，菩萨了知真如义相，此真如相是否亦可除遣。

佛答得很明快，于菩萨所了知的真如义中，无相可以建立，因为真如是佛智所见的境界，佛智境界不可思议，亦非识境之所得，是故无所得，既然无相亦无所得，便无所除遣。

佛更说，用真如义可以调伏一切法相、义相，对真如的了达，没有相能作调伏。这是强调真如的境界。对于真如，其实我们可以简单地理解：佛于证自然智的同时，起后得智，所谓后得智，即是观察识境的智，由此智所见便是真如相，亦称为实相。既然是由智所见，当然不能用识之所见来作调伏。

**【正文】** 世尊，如世尊说浊水器喻、不净镜喻、挠泉池喻，不任观察自面影相。若堪任者与上相违。如是若有不善修心，则不堪任如实观察所有真如。若善修心堪任观察，此说何等能观察心？依何真如而作是说？

善男子，此说三种能观察心：谓闻所成能观察心，若思所成能观察心，若修所成能观察心。依了别真如作如是说。

**【释义】** 佛说三个喻，即是浊水器喻、不净镜喻、挠泉池喻。三个喻的共同点是"不任观察自面影相"，不能将影像照得清清楚楚，因为水器污浊，镜面不净，泉水乱动。此三个喻分三层次，分别依基、道、果来说。

浊水器喻：人不能用盛水器来照影，须藉水而照，倘若盛水器本身受污染，则器中的净水亦会变成浊水，如是影像自然不清晰。因此这是本基不净，而不是水不净，盛水器喻为基。

不净镜喻：镜可以照影，然而，若镜面不净，则所照出来的影像不清晰，是故对不净镜要作清洗。不净镜喻是说道，清洗即是道，名言说为净治。

挠泉池喻：泉水能照影，但需要水面平静。倘若水乱动不已，则看不清影像。泉水照影此事，照出来的影像可以说是果。泉水静则影像静，泉水动则影像动，是即为果。

这三个喻表明，若基、道、果不净，则不能如实显现影像，这就比喻心的行相，凡夫心的行相不净亦不定，可以说是基、道、果皆不净，由是所显现出来的，便是乱相。

为能如实观察得见真如，则要"善修心"，亦即"观察心"。如何"观察心"？"谓闻所成能观察心，若思所成能观察心，若修所成能观察心"。由闻所成慧观察，心便如净盛水器；由思所成慧观察，心便如净镜面；由修所成慧观察，心便如不挠动的泉水。此中，闻所成慧是资粮道，思所成慧是加行道，修所成慧是见道与修道。

"依何真如而作是说"？"依了别真如作如是说"。上面已经说过七种真如，其中有一了别真如。了别真如者，谓一切行唯识，依了别真如观察心，即了别一切名言句义唯依心识而有相，是故若不落于名言句义之中，即无分别，由是即能对心作正观察。

【正文】世尊，如是了知法义菩萨，为遣诸相勤修加行，有几种相难可除遣？谁能除遣？

善男子，有十种相空能除遣，何等为十？

一者了知法义故，有种种文字相，此由一切法空能正除遣。

二者了知安立真如义故，有生灭住异性相续随转相，此由相空及无先后空能正除遣。

三者了知能取义故，有顾恋身相及我慢相，此由内空及无所得空能正除遣。

四者了知所取义故，有顾恋财相，此由外空能正除遣。

五者了知受用义，男女承事资具相应故，有内安乐相，外净妙相，此由内外空及本性空能正除遣。

六者了知建立义故，有无量相，此由大空能正除遣。

七者了知无色故,有内寂静解脱相,此由有为空能正除遣。

八者了知相真如义故,有补特伽罗无我相、法无我相、若唯识相及胜义相,此由毕竟空、无性空、无性自性空及胜义空能正除遣。

九者由了知清净真如义故,有无为相无变异相,此由无为空、无变异空能正除遣。

十者即于彼相对治空性作意思惟故,有空性相,此由空空能正除遣。

**【释义】**说不住在名言与句义,事实上很难做得到,虽然依了别真如观察心,有些相还是很难除遣。于是慈氏菩萨问佛,了知法义的菩萨,为遣诸相勤修加行,有几种相难可除遣?用什么能够遣除?佛之所答,即言:有十种相难以除遣,空则能够除遣这十种相。因此,佛施设种种法义不同的空以对治十种相。

一者,"了知法义故",有种种文字相,此由一切法空能正除遣。行者由文字相(言说相)来了知法义,如是即落于言说,亦即落于法,如是即用"一切法空"来正除遣。

二者,"了知安立真如义",即了知识境的生、灭、住、异相,如是相续随转,虽不将相续随转相视为真实,但依然住于生、灭、住、异相中,此即由"相空"及"无先后空"来正除遣。

何谓"相空"?由一个名言、一个概念则生出一个相,因为相由名言与句义建立,是故说相空。

何谓"无先后空"?无先后空是《解深密经》所特有的名相。无先后空是因为相续。生、住、异、灭是一个相续的过程,从生到住到异(变动)到灭,不断地相续,相续因此有先后。然而,我们不能说先的空,后的不空;或者说后的空,先的不空。不分先后都空,此即无先后空,于是在一相续中,能知生空,便同是可知住、异、灭空。

三者,"了知能取义"。我们的心识是能取,因有能取,是故有我慢、我爱等,由是顾恋身相及我慢相,此由"内空"及"无所得空"能正除遣。

若无能取即无所得故。

四者,"了知所取义",所取为外境,人为了养生,不能不取资财,是故积聚资财,便是所取的外境,此由"外空"作正除遣。

五者,"了知受用义",人无论男女,都需要享用资具,这享用便是受用,对此很难对受用相作除遣,然而,却可以由"内外空"及"本性空"作正除遣。

受用是内识与外缘相触,是故需用"内外空"来除遣,这除遣即是除遣受用,如是即无受用相可得。

何谓"本性空"? 前面已经说过,一切法的自性即是本性,将本性建立为空,一切法则有如镜影,因此镜影中的资具与受用皆无真实,此即除遣。

六者,"了知建立义"。一切法皆由建立、施设而来,是故便有无量相。我们随时都可以建立种种名言与句义,同时便有种种相成立。

说用"大空"来除遣,何谓"大空"? 即是,无论有多少名言与句义,皆能认知其不真实,都是影像。在影像世界是真实,离开影像世界则不真实,由是即成"除遣"。

七者,"了知无色"。行者以为无色(物质)便是人无我,由是所修的禅定为内寂静解脱,此即令心识不起,由是而成寂静,但这寂静实由压伏心识而来,所以是有作意、是有为法,此由"有为空"而正除遣。

八者,"了知相真如义"。行者落于别法来作观修,便会落在"人无我相"、"法无我相"、"唯识相"、"胜义相"。这些相其实都落于佛的言说,未知密意。然而,行者却以为依言说之所得,已经了知相真如,亦即落在"相真如"的概念,来观修人无我相等,此即用"毕竟空"、"无性空"、"无性自性空"、"胜义空"作正除遣。

"毕竟空"是究竟空;"无性空"是建立本性空;"无性自性空"是一切法自性即是本性,如是而空;"胜义空"是建立如来法身为空。

九者,"由了知清净真如义"。行者依言说来了知清净真如,于是建立"无为法"、"圆成自性相"为真实,或建立"如来法身"为真实,如是即有种种相,且自以为是清净相,若将这些相说之为空,反而会被谴责是断灭空,此用"无为空"、"无变异空"作正除遣。

"无为空",是说一切无为法空,因为无为法亦有如镜影。

"无变异空",是说智境上虽有识境随缘自显现,然而智境却无变异,此无变异可说为智境的空性,是故无为法等,即可由智境无变异而说为空。

十者,"空性相"。行者落于唯空见,于一切法唯见空相,是即落于佛的言说,不知空的密意,亦即不知一切法自性即是本性,是故由空成立空性相,此用"空空"作正除遣。

空空即是说空亦是空。所以将如来法身建立为空,将佛内自证智境界建立为空,只是言说,此空亦非真实。

上面所述的十八个空是瑜伽行所用①,中观用二十个空。以十八个空对治遣除十种相,其实针对的都是名言与句义。当行者落在某一境界而得到某种相,则能以相应的空作对治。

【正文】世尊,除遣如是十种相时,除遣何等?从何等相而得解脱?

善男子,除遣三摩地所行影像相,从杂染缚相而得解脱,彼亦除遣。

善男子,当知就胜说如是空,治如是相,非一一治一切相,譬如无明非不能生乃至老死诸杂染法。就胜但说能生于行,由是诸行亲近缘故。此中道理当知亦尔。

【释义】慈氏菩萨问佛两个问题:除遣这十种相时,遣除的究竟是什么?把它们除遣之后,从什么相得到解脱?换言之,修行人当然要除遣诸相,然而诸相不能不见,见到诸相,实质上要除遣的是什么呢?倘若诸相都除遣了,又如何解脱呢?

佛答曰:"除遣三摩地所行影像相,从杂染缚相而得解脱,彼亦除遣"。即是除遣修禅定时所得到的影像相。修法的人总是觉得修止观

---

① 玄奘译只列述十七空,于"八者"段缺"自性空"(依菩提流支译)。

要有一个止观的相可得，以此相当作是自己的证量。例如小乘行人修四禅八定，将心识状态慢慢地压服下来，压到不动，然后入到非想非非想定，于是觉得超越了灭尽定，心识得到调伏。其心识不能说动，亦不能说不动，觉得自己这个境界是很高的证量，由此得到一个相，这个相即是非想非非想相。以为此相离有无二边，是故得到解脱。然而他们以为得到的相，正是佛所说要除遣的相，如佛于《金刚经》所说："凡所有相皆是虚妄，若见诸相非相即见如来"。是故无一相可得，然后才能见到真实。

如何才能见到真实？见如来。如何才能见如来？了知凡所有相皆是虚妄，诸相非相，不落一切相，此为禅宗所修，亦是宁玛派所修，亦是萨迦派所修。与《金刚经》的说法一样，是故能除遣诸相。任何大套理论说诸相怎么合理皆是徒劳，既然凡所有相皆是虚妄，那就必定是一切止观所得的影像都要除遣。

或难言：既然诸相要除遣，为何还要观修？修定是一个层层超越的过程。当修定得到一个证量时，则有一个心行相生起。现在是要将此心行相除遣，所以不是否定观修，而是除遣观修所得的行相，这是一个进修的次第过程。

除遣诸相即是层层超越诸相，好似在学校读书，学习的过程即是层层超越的过程。中学超越小学，大学超越中学，硕士超越学士，博士超越硕士，套句话说："凡有所学皆是虚妄，若见诸学非学，才是学者，才是大学者，才是大师。"书是要念的，然而小学的书念完即可除遣，进而念中学的书、大学的书，不要被先前的书所缚。

学佛亦是同样道理，不能被种种名相所缚，不落名言与句义相，一落相则落到虚妄。要通过诸相了知佛的密意，是故本经说十种相，同时施设十八个空将它们一一除遣。离所对治相，离能对治相，离真如相，离证智相，凡所有相都要除遣，这是最彻底的除遣，这即是大空、胜义空、空空。我们修无上瑜伽有很多施设，要懂得如何对治这些证智相，自己的证量亦要对治。是故菩萨建立为十地，每地菩萨都有每地的证智相,倘若永远不离这些证智相,则永远只是这一地的菩萨而已。

怎么样才能得到解脱?"从杂染缚相而得解脱,彼亦除遣"。杂染相即是烦恼杂染、业杂染、生杂染。离杂染相则得到解脱,倘若落在名言与句义,则受杂染相所缚,不得解脱。然而,这解脱相亦要除遣。因为无所得才能解脱,亦即无一解脱相可得。也可以这样说,无所得相便即是解脱相。若能真实观修,对无所得相便能现证,否则,便只能这样去理解。

"当知就胜说如是空,治如是相,非不一一治一切相。譬如无明非不能生乃至老死诸杂染法"。说由什么样的空对治什么样的相,就殊胜而言,并不是说只有这个空才能对治这个相,实在是,任一个空都可以对治任一个相,例如说十二因缘(无明缘行、行缘识、识缘名色、名色缘六入、六入缘触、触缘受、受缘爱、爱缘取、取缘有、有缘生、生缘老死),对治一个无明,便能将余下十一个因缘都对治。

"就胜但说能生于行,由是诸行亲近缘故。此中道理当知亦尔"。当说无明缘行时,并不是说无明只能生行,就殊胜而言,无明就能生余十一因缘,以此为例,任一个空都可以对治一切相。正如说无明缘行,是由亲近缘而说,现在说这个空可以对治这个相,亦是由亲近缘而说。

于此亦有密意。于说瑜伽行时,若以为由十八个空来分别对治十个相,那就要做十八种不同的抉择、观修,然后得十八种不同的决定,复有十种现证。这显然是不合理的事。于十种相,任依一空性见作抉择,如是观修,得无相的决定,复能现证无相,那就能对治一切相,这才是殊胜。

【正文】尔时,慈氏菩萨复白佛言:世尊,此中何等空是总空性相?若诸菩萨了知是已无有失坏,于空性相离增上慢。

尔时,世尊叹慈氏菩萨曰:善哉!善哉!善男子,汝今乃能请问如来如是深义,令诸菩萨于空性相无有失坏。何以故?善男子,若诸菩萨于空性相有失坏者,便为失坏一切大乘。是故汝应谛听,谛听。当为汝说总空性相。善男子，若于依他起相及圆成实相中，一切品类杂染清净，遍计所执相毕竟远离性，及于此中都无所得，如是名为于大乘中总空性相。

【释义】依藏译，"总空性相"当译作"总摄空相"。什么空能够总摄空相？上面佛说十八个空皆能对治十种相，然而哪一个空能够总摄空相？倘若诸菩萨了知哪一个空能够总摄空相，则对于空相无有失坏，不会坏掉世俗而修空，且能离增上慢。

经言："于空性相离增上慢"，即是对空性相如实了知，更不加以任何的名言句义而知。倘若对证得的空性相，再用名言句义来形容，那便是在空性相上添加了戏论，如是即是增上，在名言上又称为"简别"。以能简别空性而起慢，即是增上慢。

佛赞叹慈氏菩萨能够问这样深义的法，令诸菩萨对于总摄空相无有失坏，是故有很大的功德。总摄空相的问题非常重要，因为总摄空相即是不二法门，即是如来藏，这是最究竟的法门，余法异门都是施设。于佛经中凡说无上大乘，即说不二法门，即说如来藏。

"若于依他起相及圆成实相中，一切品类杂染清净，遍计所执相毕竟远离性，及于此中都无所得，如是名为于大乘中总摄空相"。在依他相、圆成相上皆有遍计，将所有遍计除遣，即等于将一切杂染（惑、业、苦）除遣，是即究竟远离，于远离中更无所得。

说依他相，是心与境相依，亦即内与外相依。当这样成立依他的时候，还是落在名言与句义，其实已经有遍计。

再说清净依他相，清净依他是相对，即是心性与法性相对。在这里层次好像比依他高一等，成为清净依他，可是当我们说心性与法性的时候，还是落在名言与句义，都是施设。因此连这些相都要遣除。

说圆成相，一切诸法都有自己的局限，能够任运（适应局限）则是圆成。这样的建立，可以说已不落名言与句义，一切诸法如是适应便如是适应，更没有任何名言句义作为指引。然而，若依世间识境相来看圆成,则不了知其为法尔,那就会仍然落于名言句义来定义圆成相,如是圆成相即成遍计。

【正文】慈氏菩萨复白佛言:世尊,此奢摩他毘钵舍那,能摄几种胜三摩地?

佛告慈氏菩萨曰:善男子,如我所说,无量声闻、菩萨、如来有无量种胜三摩地,当知一切皆此所摄。

【释义】慈氏菩萨问佛修"总摄空相"的止观,有几种殊胜的定?佛答曰:数之不尽,因为有无量殊胜的定。

【正文】世尊,此奢摩他毘钵舍那以何为因?

善男子,清净尸罗、清净闻思所成正见以为其因。

【释义】这样的止观以何为因?以"清净尸罗、清净闻思所成正见以为其因"。"尸罗"即是戒。即是说修这些正定,修"总摄空相"定的行者,以守清净戒,以清净闻、清净思所成的正见为因。

【正文】世尊,此奢摩他毘钵舍那以何为果?

善男子,善清净心、善清净慧以为其果。

复次,善男子,一切声闻及如来等,所有世间及出世间一切善法,当知皆是此奢摩他毘钵舍那所得之果。

【释义】这样的止观以何为果?以得到善清净心、善清净慧为果。此时还未证到佛的智,是故称作慧。

"一切声闻及如来等",指所有观修的行人,包括十地菩萨。

"所有世间及出世间一切善法",世间如后得智,出世间如根本智,二者恒时双运,故说为智识双运。于智识双运中,一切法都是如是止观果。

【正文】世尊,此奢摩他毘钵舍那能作何业?

善男子,此能解脱二缚为业,所谓相缚及粗重缚。

【释义】这样的止观有什么作业？此能解脱二缚为业。二缚即是相缚及粗重缚。

何谓相缚？即是受诸相所缚，是故要除遣诸相，从相中解脱。

何谓粗重缚？每地的菩萨都有二愚一粗重。愚即是受缚，有这种愚，则有心理负担，此心理负担谓之粗重。粗重与轻安相对。给东西缚住则没有轻安，只有粗重。

于此须知，佛不说观修行人从性中解脱，而是说从相中解脱。因为凡所观修，其所缘境必是相。若在相中能证无自性空，由是于自性中解脱，恐怕这便只是一种心理暗示而已。由相中解脱，并不是说所缘境忽然不见，所缘境依旧显现，然而行人则能由空性见，见其无相，如是即不受相所缚，更能不受愚与粗重所缚，是即解脱。在这观修中，空性见只是用来作抉择与决定，不能说用空性见来作观修所缘境。

【正文】世尊，如佛所说五种系中，几是奢摩他障？几是毘钵舍那障？几是俱障？

善男子，顾恋身财是奢摩他障；于诸圣教不得随欲，是毘钵舍那障；乐相杂住，于少喜足，当知俱障。由第一故不能造修，由第二故所修加行不到究竟。

【释义】现在是说修道上的种种障碍。慈氏菩萨问佛，修止与观各有哪些障碍。佛答有五种系是修止观的障碍。何谓五种系？系即是束缚，亦是障碍。顾恋身、顾恋财、于诸圣教不得随欲、乐相杂住、于少喜足，此为修止观的五种束缚。

"顾恋身财"是止的障。凡有顾恋，即使能止，亦不能寂。

"于诸圣教不得随欲"是观的障。不通达一切圣教，只知别法言说，则不能通盘作观。

"乐相杂住，于少喜足"二者是止与观的俱障。修止观时，住于所欣欲的所缘境而不能离；或于所缘境中稍得证量，便生喜足，是即既不能寂止，亦不能由观察而得决定见。

"由第一故不能造修"，"第一"是指顾恋身财。顾恋身财则不成修习；"由第二故所修加行不到究竟"，"第二"是指于诸圣教不得随欲。不得随欲则障碍修观，"所修加行不到究竟"。我们修的法都是加行法，正行只是直指教授。因为所修加行不到究竟，则不能以智识双运作决定见而层层超越。

此段经文是说，修止观要离这五种系，才能修到"总摄空相"。

【正文】世尊，于五盖中，几是奢摩他障？几是毘钵舍那障？几是俱障？

善男子，掉举、恶作是奢摩他障；惛沉、睡眠、疑是毘钵舍那障；贪欲、瞋恚当知俱障。

【释义】何谓盖？盖是烦恼的别名，因为烦恼能覆盖行者心性，使之不生善法，故谓之盖。

掉举、恶作是止的障。掉举即是胡思乱想，心不定。恶作是恶的作意，譬如观修时，要求一定要见光，一定要见种子字，一定要见金刚萨埵的眉毛，此谓之恶作。

惛沉、睡眠、疑是观的障。惛沉即是思想模糊；睡眠即是欲入睡；疑是怀疑自己的观察，不敢作抉择与决定，是故整个观察则不能现证。

"贪欲、瞋恚"是止与观的障。

【正文】世尊，齐何名得奢摩他道圆满清净？

善男子，乃至所有惛沉、睡眠，正善除遣，齐是名得奢摩他道圆满清净。

世尊，齐何名得毘钵舍那道圆满清净？

善男子，乃至所有掉举、恶作，正善除遣，齐是名得毘钵舍那道圆满清净。

【释义】弥勒问佛：根据什么，可以名为得寂止道圆满清净；根据什么，可以名为得胜观道圆满清净。佛之所答，即言能除止观障，即是圆满清净。

【正文】世尊,若诸菩萨于奢摩他毗钵舍那现在前时,应知几种心散动法?

善男子,应知五种:一者作意散动,二者外心散动,三者内心散动,四者相散动,五者粗重散动。

善男子,若诸菩萨舍于大乘相应作意,堕在声闻、独觉相应诸作意中,当知是名作意散动。

若于其外五种妙欲诸杂乱相,所有寻思随烦恼中,及于其外所缘境中纵心流散,当知是名外心散动。

若由惛沉及以睡眠,或由沉没或由爱味三摩钵底,或由随一三摩钵底,诸随烦恼之所染污,当知是名内心散动。

若依外相于内等持所行诸相,作意思惟,名相散动。

若内作意为缘生起所有诸受,由粗重身计我起慢,当知是名粗重散动。

【释义】慈氏菩萨问佛,诸菩萨在修止观现前的时候,"应知几种心散动法"?即是心有几多种散动。佛答曰有五种:"作意散动"、"外心散动"、"内心散动"、"相散动"、"粗重散动"。

何谓"作意散动"?所谓作意,指作意于小乘或大乘。若依小乘观修时,作意于大乘法;或于大乘观修时,作意于小乘法,都名散动。

何谓"外心散动"?修止观时,有五妙欲,即是色、声、香、味、触。由是而起觉受,若觉受落于寻伺分别,即成杂乱相,如是即是"外心散动"。

何谓"内心散动"?于此佛说二相:一者,由惛沉、睡眠,或于等至(三摩钵底,samāpatti)中沉没、爱味;二者,任一等至境界受随烦恼染污,此即如于境界中生起我慢、我爱等想。

何谓"相散动"?对所缘境作意思维,如观本尊,连衣饰的花纹都作意思维,那便可能因过分注意细节,反而失去所缘境的总相。这种散动,由外境而生。

何谓"粗重散动"?粗重即是心理负担。此如于修止观时,除了所缘境，还觉得应该有一个自身存在，由是就成为身粗重，且起我慢。这种散动，由内心而生。

【正文】世尊，此奢摩他毘钵舍那，从初菩萨地乃至如来地，能对治何障？

善男子，此奢摩他毘钵舍那，于初地中，对治恶趣、烦恼、业、生杂染障；第二地中，对治微细误犯现行障；第三地中，对治欲贪障；第四地中，对治定爱及法爱障；第五地中，对治生死涅槃一向背趣障；第六地中，对治相多现行障；第七地中，对治细相现行障；第八地中，对治于无相作功用，及于有相不得自在障；第九地中，对治于一切种善巧言辞不得自在障；第十地中，对治不得圆满法身证得障。善男子，此奢摩他毘钵舍那，于如来地对治极微细、最极微细烦恼障及所知障。由能永害如是障故，究竟证得无著无碍一切智见依于所作成满所缘，建立最极清净法身。

【释义】从初地菩萨到如来，每一地道要对治什么障，佛于此依密意而说。

初地菩萨"对治恶趣障"及"杂染障"。对治恶趣障，这对治未离业力因果，但因菩萨已触证智境，已证智识双运，是故由双运而离业力，是即对治。这对治并不是别别对治，住于双运境界而作修持与行持，由串习力，即能离业力障。

二地菩萨"对治微细误犯现行障"，是即对治微细业，仍由住于智识双运境而修持行持。

三地菩萨"对治欲贪障"，依密意为对法的欲贪，此时，对智识双运境亦不能起欲贪。可以说，初地、二地菩萨的能对治，于三地即成为所对治。

四地菩萨"对治定爱及法爱障"，是离法障。对定生爱、对法生爱，即成执著，如是即永住于四地，是故当离，是亦可名为离所知障。

五地菩萨"对治生死涅槃一向背趣障"，此如背离生死，趣向涅槃，如是亦成边见而有所希求，故须对治向背，入无愿解脱门。

六地菩萨"对治相多现行障",现证六地即现证般若波罗蜜多,此由无相而证,故须对治相多现行障,由此对治入无相解脱门。

七地菩萨"对治细相现行障",是即对治微细相,此如心理状态,尤其是依习气而成的心理状态。这里说的习气,未必是凡夫习气,应指菩萨修道所成的习气,虽然微细,是亦有相,故须对治,圆成无相解脱门。

关于六地、七地的障,还要从五地说起。五地菩萨要学世间法,通达世间伎艺,生起的都是心性相,这一个地叫做难行地。到六地证到心性相等于法性相,因此心性自解脱,同时住在法性,亦即证到般若。此时法性相增多,见到本尊与坛城;见到金刚鍊,金刚鍊变作佛像,变作佛的宫殿、楼台;见到种种光明相。这些相是心性转为法性时出现的相,谓之法性相。菩萨以此作为自己的证量,若受这些相所缚,反而成为障碍,不能证到深般若波罗蜜多。六地菩萨所对治的相多现行障,便是由串习而得的法性相。

到七地不是法性相增多,而是出现细相,亦即微细相。微细相是与生俱来的心性相,每一个人的性格不同,串习不同,都可以由习气起不同的心性相。此即妨碍我们住于法性。原来心性相已经变为法性相,现在法性相又变为心性相,此即微细习气所至,是故须离。

八地菩萨"对治无相作功用",及于有相不得自在障。如果永远住于无相,则不能入无上大乘,亦即不能现证深般若波罗蜜多,是故需由无相而证入有相,这有相,是智识双运境相、是如来藏相、是一切诸法不二相。所以仍然作意于无相,对无相作功用,及不能对有相自在,即永远住于无相的境界,那就永远不能圆成八地的修证而现证,是故须离。

九地菩萨"对治不得善巧言辞自在",这些言辞,是说佛的密意,是即不能善巧宣说佛的密意,由是不得辩才无碍。若辩才无碍,则无论依何法异门而说、依何经典而说,都能善巧表达佛的密意。

九地菩萨以说法为事业,这是因为已现证智识双运,所以说法时,就能住于智识双运境界中来言说,是即辩才无碍。辩才无碍的菩萨,即使在初转法轮的经典中,亦能用名言来表达出其密意为说如来藏。因此即使用初转法轮的名言,亦能说出三转法轮的法。

十地菩萨应能现证如来法身,此即由智识双运而证智境,若以荧光屏喻,便即是能由荧光屏与影像双运,而能离影像证荧光屏。

无学道如来地,"对治极微细、最极微细的烦恼障及所知障",是即由金刚喻定,现证最极清净如来法身。金刚喻定其实亦是智识双运的定境,依此定境现证法身,即证得佛内自证智,亦即自然智、根本智,此际同时起后得智,是即于证得极清净如来法身的同时,又由根本智与后得智双运而入智识双运境。这时则说为:如来法身与如来法身功德双运。

**【正文】**慈氏菩萨复白佛言:世尊,云何菩萨依奢摩他毘钵舍那勤修行故,证得阿耨多罗三藐三菩提?

佛告慈氏菩萨曰:善男子,若诸菩萨已得奢摩他毘钵舍那,依七真如,于如所闻所思法中,由胜定心,于善审定,于善思量,于善安立真如性中内正思惟。彼于真如正思惟故,心于一切细相现行尚能弃舍,何况粗相?

善男子,言细相者,谓心所执受相,或领纳相,或了别相,或杂染清净相,或内相或外相或内外相,或谓我当修行一切利有情相,或正智相,或真如相,或苦集灭道相,或有为相或无为相,或有常相或无常相,或苦有变异性相,或苦无变异性相,或有为异相相,或有为同相相,或知一切是一切已有一切相,或补特伽罗无我相或法无我相,于彼现行心能弃舍,彼既多住如是行故,于时时间,从其一切系盖散动善修治心,从是已后,于七真如有七各别自内所证通达智生,名为见道。由得此故,名入菩萨正性。离生生如来家证得初地,又能受用此地胜德。

彼于先时,由得奢摩他、毘钵舍那故,已得二种所缘,谓有分别影像所缘,及无分别影像所缘。彼于今时,得见道故,更证得事边际所缘。复于后后一切地中进修修道,即于如是三种所缘,作意思惟。譬如有人，以其细楔出于粗楔，如是菩萨依此以楔出楔方便，遣内相故，一切随顺杂染分相皆悉除遣。相除遣故，粗重亦遣。

永害一切相粗重故，渐次于彼后后地中，如炼金法陶炼其心，乃至证得阿耨多罗三藐三菩提，又得所作成满所缘。善男子，如是菩萨于内止观正修行故，证得阿耨多罗三藐三菩提。

【释义】慈氏菩萨问佛，菩萨依止观勤修行，如何证得无上正圆正等觉。这等于问如何成佛，因为成佛必须证得无上正圆正等觉，佛的因地无间道、如来地，对此尚有极微细障未能现证。

佛由资粮道起说。资粮道知法知义，经中说为依七真如作抉择，由闻、思、修起正思维。这正思维便即是决定，由此决定，除遣粗细相。至于加行道，主要是除遣观修时所起的细相，如经所言，"谓心所执受相，或领纳相，或了别相"等。

于见道，现证七真如，各别有内自证智生起，是即名触证真如。

七真如为：流转真如、相真如、了别真如、安立真如、邪行真如、清净真如、正行真如。此已涵盖智境与识境。当菩萨各别生起现证七种真如的内证智境时，可以说，对世俗的识境，对胜义的智境，二者皆已通达，所以是触证智识双运的基础。

若以四种所缘事来说，见道菩萨已得有分别影像所缘事、无分别影像所缘事，于今菩萨更证得事边际所缘事，是即已通达事的边际，由是即可现证无边，亦即不落一切边见。上面所说能除遣的一切相，都落边见而成立，是故无边即无此一切相。

由二地到十地的菩萨，即反复修习上面所说的三种所缘事。佛比喻他们的修习，为纳入细楔而出粗楔，这比喻他们之所修，愈观修所证愈细致。由是能除遣内相，亦即除遣一切随杂染分而来的相，如是即能除遣各地的愚及粗重，以至成佛为止。

上面所说，即是依观修寂止与胜观，可以证觉成佛，其次第观修义理即如所说。

【正文】慈氏菩萨复白佛言：世尊，云何修行引发菩萨广大威德？

善男子，若诸菩萨善知六处，便能引发菩萨所有广大威德：一者善知心生，二者善知心住，三者善知心出，四者善知心增，五者善知心减，六者善知方便。

云何善知心生？谓如实知十六行心生起差别，是名善知心生。十六行心生起差别者：一者不可觉知坚住器识生，谓阿陀那识；二者种种行相所缘识生，谓顿取一切色等境界分别意识，及顿取内外境界觉受，或顿于一念瞬息须臾，现入多定见，多佛土见，多如来分别意识；三者小相所缘识生，谓欲界系识；四者大相所缘识生，谓色界系识；五者无量相所缘识生，谓空识无边处系识；六者微细相所缘识生，谓无所有处系识；七者边际相所缘识生，谓非想非非想处系识；八者无相识生，谓出世识及缘灭识；九者苦俱行识生，谓地狱识；十者杂受俱行识生，谓欲行识；十一喜俱行识生，谓初二静虑识；十二乐俱行识生，谓第三静虑识；十三不苦不乐俱行识生，谓从第四静虑乃至非想非非想处识；十四染污俱行识生，谓诸烦恼及随烦恼相应识；十五善俱行识生，谓信等相应识；十六无记俱行识生，谓彼俱不相应识。

云何善知心住？谓如实知了别真如。

云何善知心出？谓如实知出二种缚，所谓相缚及粗重缚。此能善知应令其心从如是出。

云何善知心增？谓如实知能治相缚粗重缚心，彼增长时，彼积集时，亦得增长亦得积集，名善知增。

云何善知心减？谓如实知彼所对治相，及粗重所杂染心。彼衰退时彼损减时，此亦衰退此亦损减，名善知减。

云何善知方便？谓如实知解脱胜处及与遍处，或修或遣。

善男子，如是菩萨于诸菩萨广大威德，或已引发或当引发或现引发。

【释义】弥勒问，菩萨应如何修行才能引发广大威德，所谓威德，即是修行成就所现证,依现证同时引发威德。

佛答,由六处引发威德,六处是:"善知心生","善知心住","善知心出","善知心增","善知心减","善知方便"。

今将六处略释如下:

一、何谓善知心生?谓如实知下面所说的十六行心所起差别,是名善知心生。所谓行心,即是由心识所缘而生起行相,由此而成差别,这些差别,分说如下:

一者"不可觉知坚住器识"所生的差别,即谓阿陀那识所生。阿陀那是不可见、不可觉知的生机,有此生机,我们的器世间与有情世间以及我们的心识才能够生起。所以我们对此生机虽不觉知,但却能坚住于生机之中,由是阿陀那便可称为"不可觉知坚住器识"。这是最重要的行心,由此行心所起差别,即是心生差别。

二者"种种行相所缘识生"的差别,即是心识缘心行相所起种种差别,这些差别,如经言:为分别识境、取内外境界觉受、于一念际现入多定见(如于四禅八定中持一种定而修时,却同时起八种定见)、现多佛土见(专注一佛土而修,但却见多佛土,如修西方阿弥陀佛净土,现见西方有恒河沙数净土)、现多如来见(依一佛内自证智境,见恒河沙数如来)。如是即成为所缘识生的差别。

三者"小相所缘识"所生差别。"小相"即是欲界的境相,小相所缘识,即是欲界所系的识,由此所生差别。当以心转境时,差别即相续生起。

四者"大相所缘识"所生差别,"大相"即是色界的境相,大相所缘识,即是色界所系的识,由此所生差别。当心缘色境时,差别即相续生起。

五者"无量相所缘识"所生差别,谓空无边处、识无边处系识,是即无色界系识。空与识无边,是故即有无量相差别。

六者"微细相所缘识"所生差别,谓无所有处系识,此亦为无色界系识,因为是无色界,所以心识只起微细相,缘此微细相,即生细相差别。

这也可以说是一种微妙的心理状态。

七者"边际相所缘识"所生差别,谓非想非非想处系识,说为边际,即是到了想的尽头,所以说名非想非非想。于此心识行相中,起差别相。

八者"无相识"所生差别,谓出世识及缘灭识。心能出离识境,得见无相。能出离识境,即是出世及缘灭。此种心识的行心,即成差别。

九者"苦俱行识"所生差别,此如地狱中有情的心识,由于心识与苦同时俱有,所以说为苦俱行识,此种心识的行心,即成差别。

十者"杂受俱行识"所生差别,谓欲行识,此为欲界的根本识,与欲界中种种杂受同时俱有,此种心识的行心,即成差别。

十一"喜俱行识"所生差别,谓修初二静虑行人的心识,亦即色界初禅与二禅的定中心识,与喜俱行,此种心识的行心,即成差别。

十二"乐俱行识"所生差别,谓修第三静虑行人的心识,亦即色界第三禅的定中心识,与乐俱行,此种心识的行心,即成差别。

十三"不苦不乐俱行识"所生差别,谓观修从第四静虑乃至非想非非想处行人的心识。这即是色界第四禅,及无色界的四次第定,此四次第为:空无边处,识无边处,无所有处,非想非非想处。于此等定中,其心理状态,可说为不苦不乐,此种心识的行心,即成差别。

十四"染污俱行识"所生差别,这是与诸烦恼及随烦恼相应的识,亦等于是凡夫的心识。由于与烦恼及随烦恼相应,所以与染污俱行,此种心识的行心,即成差别。

十五"善俱行识"所生差别,这是说,与十一个善行法相应的心识,十一善行法为:信、惭、愧、无贪、无瞋、无痴、勤、轻安、不放逸、行舍、不害。学道的人,心识生起善行法,然而此心识的行心,即成差别。

十六"无记俱行识"所生差别,谓与一切善恶俱不相应的心识,是名无记,此心识的行心虽不落善恶,亦成差别,因为无记与善恶已经是差别。

上面所说,是十六种识分别缘行心相而起的心理状态,十六种状态都是分别相,所以了知这十六种识生,才名为"善知心生"。

二、何谓善知心住?谓如实知了别真如。心识已了别为本性,既离分别,对识境仍能区别,只是不依心识分别而作区别,是名了别,所以如实知七真如中的了别真如,即善知心的本性,亦即善知心住。

三、何谓善知心出?谓如实知出相缚及粗重缚。相缚是心识落于心行相,粗重缚是由落于分别而起的心理负担,由此二缚,是故轮回,如实知心识如何出此二缚,即是善知心出。

四、何谓善知心增?谓如实知能对治上说两种缚的心识,若两种缚增长、积集时,能对治的心识亦同时增长、积集,是即名为善知心增。

五、何谓善知心减?谓如实知所对治相的心识。所对治即是上说两种缚,连同由粗重所起的杂染。当所对治衰退、损减时,能对治的心识亦应同时衰退、损减,否则便成执著,是即名为善知心减。

六、何谓善知方便?谓如实知住于何处始能得胜解脱,同时又须知周遍解脱,当知此时,即知由方便而得解脱,此如认为住于空性中即得胜解脱,但亦不能唯空,同时须知无相、无愿,如是由一门入而知三门,即是善知方便。

了知上述六处,便引发菩萨广大威德,或在过去世中已引发,或现在现引发,或在未来世中当引发。

**【正文】**慈氏菩萨复白佛言:世尊,如世尊说,于无余依涅槃界中,一切诸受无余永灭,何等诸受于此永灭?

善男子,以要言之,有二种受无余永灭。何等为二?一者所依粗重受,二者彼果境界受。

所依粗重受当知有四种:一者有色所依受,二者无色所依受,三者果已成满粗重受,四者果未成满粗重受。果已成满受者,谓现在受;果未成满受者,谓未来因受。

彼果境界受亦有四种:一者依持受,二者资具受,三者受用受,四者顾恋受。

于有余依涅槃界中,果未成满受,一切已灭,领彼对治明触生受,领受共有,或复彼果已成满受,又二种受一切已灭,唯现领受明触生受。

于无余依涅槃界中,般涅槃时,此亦永灭,是故说言:于无余依涅槃界中,一切诸受无余永灭。

【释义】何谓无余依涅槃?涅槃梵文为 nirvana。"涅槃"殆属音译,若译意即为"圆寂"。圆是圆满一切智德,寂是寂灭一切惑业。是故修行人的入涅槃,即能解脱,出离生死,不落轮回。

涅槃有四种,即是自性涅槃、有余依涅槃、无余依涅槃、无住处涅槃。自性涅槃乃证悟诸法本然具有之真实本质,此本质不假外求,法尔具足。一切有情皆是此本质,只是能证悟者便是圣者。圣凡之别,仅在于此。有余依涅槃与无余依涅槃,所谓"依"是指物质身而言。虽证涅槃,而物质身犹在,即谓"有余依"。倘若连所依的物质身亦灭,其后亦不更取物质身,便是无余依涅槃。无住处涅槃者,谓既不住于生死,亦不住于涅槃,是故不常不断。然却须知,前者乃就本体而言,后者则就功用而说。本体不常而功能不断,所以涅槃仍有生机,其所显现,即是大菩提(梵文 bodhi 意译为觉)。是故若谓涅槃是"死",此说大谬,死即再无功用;若谓涅槃仍"生",此说亦谬,生即永恒,违佛所教。因此,涅槃实为一不生不灭、非生非死的境界,此境界唯佛能证。

在无余依涅槃中,既然无余依,所有的受则永灭。由此引出一个疑问:佛说涅槃不是要灭掉什么东西,而是无生无灭。然却又说,修止观乃至得证无余依涅槃时,"于无余依涅槃界中,一切诸受无余永灭"。那么究竟是什么受在此永灭?这个是对佛说不生不灭的一个质疑。

佛说有两种受无余永灭:一者所依粗重受。粗重即是一切心理负担,心理状态不得自在,不得自在所以粗重。此粗重受永灭,否则不得涅槃。二者彼果境界受。无余依涅槃即是果,领受无余依涅槃的境界,即是果境界受,此亦须永断,否则亦不能涅槃。

所依粗重受分作四:

"有色所依受",此即身受。

"无色所依受",此即心受。

"果已成满粗重受",此即果受,果已成满,以领纳此果为受。

"果未成满粗重受",此即因受。果未成满,以领纳得果之因为受。

彼果境界受又分作四种：

"依持受",即是于定的境界,依持什么法来得这个果,如是即有所受,是即障碍涅槃。

"资具受",行者对资具仍有领受,由此领受即成粗重,是即障碍涅槃。

"受用受",对一切受用仍有领受,包括精神与物质二者,是即障碍涅槃。

"顾恋受",于事物仍有顾恋,领受此顾恋,即障碍涅槃。

佛说不生不灭,并非说不能灭一个受而成佛,灭受亦不是生灭的现象,是故无余依涅槃,对粗重受与境界受皆须永灭。

佛又说有余依涅槃以为对比,经言："于有余依涅槃界中,果未成满受,一切已灭,领彼对治明触生受,领受共有,或复彼果已成满受,又二种受一切已灭,唯现领受明触生受。"

玄奘译难解,于"领彼对治明触生受,领受共有"一句,译意不明,今依藏译解此全句——

先说触,即是遍行五心所(触、作意、受、想、思)中的触。碰到、见到、听到、想到等谓之触。

"于有余依涅槃界中,果未成满",所以受便未永灭,所未灭的,即是对触仍有领受,所领受的,是领受果未成满。这个受如何生起,即由领受果未成满而生触,由此触与未成满果的受,二者和合,如是又生一受,此受即不能永断。

若于有余依涅槃界中,果已成满,由对成满生触,此触亦和合领纳成满果而更起一受,此受亦不能永断。

无余依涅槃,无有余依涅槃此种受,因无余依即无触,是故无与触和合而生的受。

此外,有余依涅槃还有一个受,玄奘未有译出。这个受是一切异品未灭所起的受,所谓异品,即相违法,凡与涅槃相违者,都名为异品。行者因异品未灭,于是即对此异品未灭有所领受,此受于涅槃境界中亦未永灭。

【正文】尔时,世尊说是语已,复告慈氏菩萨曰:善哉,善哉,善男子,汝今善能依止圆满最极清净妙瑜伽道请问如来,汝于瑜伽已得决定最极善巧。吾已为汝宣说圆满最极清净妙瑜伽道,所有一切过去未来正等觉者,已说当说皆亦如是。诸善男子若善女人,皆应依此勇猛精进当正修学。

【释义】释迦赞叹慈氏菩萨能问深法,说自己已为他宣说"圆满最极清净妙瑜伽道",为三世诸佛之所说,是即本品之所说。

【正文】尔时,世尊欲重宣此义而说颂曰:
于法假立瑜伽中　若行放逸失大义
依止此法及瑜伽　若正修行得大觉
见有所得求免难　若谓此见为得法
慈氏彼去瑜伽远　譬如大地与虚空
利生坚固而不作　悟已勤修利有情
智者作此穷劫量　便得最上离染喜
若人为欲而说法　彼名舍欲还取欲
愚痴得法无价宝　反更游行而乞丐
于诤讼杂戏论著　应舍发起上精进
为度诸天及世间　于此瑜伽汝当学

【释义】佛先宣说,此瑜伽道为假立,虽然假立,学人仍不能对此放逸,失瑜伽道义。依止此法,及正修行瑜伽,即能得大觉。

若瑜伽行人,见有所得而不有所舍离,或自见为得法,彼则去瑜伽道甚远(第二颂"慈氏彼去瑜伽远"一句,应标点为"慈氏,彼去瑜伽远",即是于言说间呼慈氏之名,而说彼人去瑜伽道远),其远有如大地远离虚空。

下来三颂,说菩萨应起大悲,为众生说法,若为欲而说法,即有作意而说法,即无利益。若说法而不作说法想,勤修瑜伽,即能得最上离染喜。若不离作,即如得无价宝而不知,反自谓贫穷而乞丐,最后一颂,说应舍"净谊杂戏论",而"发起上精进",学此瑜伽道。

【正文】尔时,慈氏菩萨复白佛言:世尊,于是解深密法门中,当何名此教?我当云何奉持?

佛告慈氏菩萨曰:善男子,此名瑜伽了义之教,于此瑜伽了义之教,汝当奉持。

说此瑜伽了义教时,于大会中有六百千众生,发阿耨多罗三藐三菩提心;三百千声闻远尘离垢,于诸法中得法眼净;一百五十千声闻诸漏永尽心得解脱;七十五千菩萨获得广大瑜伽作意。

【释义】此为《嘱咐品》,嘱咐弥勒奉持此瑜伽了义之教。闻法众得闻法利益。

本品为佛说瑜伽行最究竟的一篇,共答弥勒四十一问,诸如瑜伽修行境界、如何分类等,以至说应如何修习瑜伽,如说知法、知义等,又说离知法相、知义相,更说次第观修有何障碍。知此四十一问,即知由资粮道到无学道的整个瑜伽次第。

# 地波罗蜜多品第七

## 地波罗蜜多品第七

第七、第八两品,说果的密意,第七品为菩萨果,第八品为佛果,今观自在菩萨所问,即依菩萨所得果及如何得果而问。

观自在菩萨所问,可分为三分。第一分问十地,第二分问波罗蜜多,第三分综合前两分而问。

问十地,依菩萨的清净分而问。

问波罗蜜多,内容甚广,依次为:问六波罗蜜多、问四波罗蜜多、问六波罗蜜多各各差别、问波罗蜜多所得异熟果,然后问及杂染与清净,最后又建立三波罗蜜多(软、中、上)。于此诸问,佛皆依密意而答。

问十地与波罗蜜多,依十地果而问随眠及粗重断,重要的是,问及证果相以及菩萨之现证,问其功德及过失。最后,问及一乘,归结本经。

读者可能有一个疑问:既然本经是说观修如来藏的经典,那为什么还依波罗蜜多来说。此则须知,深般若波罗蜜多即是不二法门,即是如来藏。释迦先说般若,目的是说深般若波罗蜜多,因此现在即不离般若波罗蜜多来说如来藏的观修,然而这亦不能只说般若波罗蜜多,所以便通说六波罗蜜多,同时还要更说四波罗蜜多。

笔者对前六品皆依文句诠释,那是为了方便初学,于第七、第八品,不打算这样做,对名言不再详细诠释,因为现证果已离名言句义,如果还用众多的名言句义来说果的密意,很不适合,反容易令读者落在名相之中,为众多名相所困,如是反而难以掌握果的密意。

**【正文】**尔时,观自在菩萨白佛言:世尊,如佛所说菩萨十地,所谓极喜地、离垢地、发光地、焰慧地、极难胜地、现前地、远行地、不动地、善慧地、法云地，复说佛地为第十一。如是诸地几种清净几分所摄？

【释义】此即问诸地各有几种清净，诸地如何摄此清净分。这即是以清净为各地的现证果。于下面经文当知：菩萨的现证果，非由作意而得，非由舍离而得，这即是不二法门的意趣。观自在菩萨所问，实为引起佛的密意而问，全品皆同此体例。

经中所说"极喜地"即"欢喜地"。所谓欢喜或极喜，即是密乘所说的"大乐"，亦即如来法身功德。由如来法身功德始能有识境显现，是故以世间的显现为大乐。初地菩萨证得大乐，是即证入如来法身功德。

此中"难胜地"又名"极难胜地"。因为五地菩萨要通达世间技艺，即是通达哲学、政治、经济、科学等，还要懂得外道的宗教、术数、天文、地理、星象等，是故说为难胜。

【正文】尔时，世尊告观自在菩萨曰：善男子，当知诸地四种清净，十一分摄。

云何名为四种清净能摄诸地？谓增上意乐清净摄于初地；增上戒清净摄第二地；增上心清净摄第三地；增上慧清净，于后后地转胜妙故，当知能摄从第四地乃至佛地。善男子，当知如是四种清净普摄诸地。

【释义】佛说四种清净：初二三地分别摄前三种清净，第四种清净则摄四至佛地。所以此中便有次第：

初为意乐清净。这即是发菩提心，发菩提心可以说为胜义、世俗菩提心双运，但其密意则可依次第说为：一者，心性（识境）与如来法身功德双运；二者，如来法身功德与如来法身双运。

次为增上戒清净。这里所说的戒，并非说一般所持的戒律，亦不只限于菩萨戒，所以无上瑜伽密续，便有无上戒的施设，此依不二法门而施设[①]。

---

[①] 详可参不败尊者造，谈锡永释，沈卫荣译：《幻化网秘密藏续释·光明藏》，华夏出版社，2010年。

三为增上心清净。于心清净得增上时,即心法性显露,已悟入智识双运境界。

四为增上慧清净。菩萨现证所得,不名为智,称之为慧,此即次第证入智识双运如来藏的慧,至佛地,则现证自然智,同时起后得智,于起后得智时,便即说为增上。

**【正文】**云何名为十一种分能摄诸地?

**【释义】**以下所说,除首分外,其余的形式都是:由 A 圆满,而未能 A1,是故于此分中便未能圆满,经精勤修习,此分即得圆满(施设为 B);接着,由 B 圆满,而未能 B1,是故于此分中便未能圆满,经精勤修习,此分即得圆满(施设为 C),如是环环相扣。

依这个程序,即是说,A 虽圆满,但同时引生未能圆满的心理状态 A1,菩萨的修习,即是令 A1 亦能圆满,而且须与 A 无相违而圆满。此即十一种清净分能摄诸地。

**【正文】**谓诸菩萨先于胜解行地,依十法行极善修习胜解忍故,超过彼地证入菩萨正性离生。

**【释义】**胜解行是菩萨修习的基础,能于修习中现证胜解,且能随顺此胜解,便说为得胜解忍,地地的超入,即由地地现证的胜解忍而来。

**【正文】**彼诸菩萨由是因缘此分圆满,而未能于微细毁犯,误现行中正知而行,由是因缘于此分中犹未圆满。为令此分得圆满故,精勤修习便能证得。

彼诸菩萨由是因缘此分圆满,而未能得世间圆满等持等至,及圆满闻持陀罗尼。由是因缘于此分中犹未圆满,为令此分得圆满故,精勤修习便能证得。

彼诸菩萨由是因缘此分圆满,而未能令随所获得菩提分法,多修习住,心未能舍诸等至爱及与法爱,由是因缘于此分中犹未圆满。为令此分得圆满故,精勤修习便能证得。

彼诸菩萨由是因缘此分圆满,而未能于诸谛道理如实观察,又未能于生死涅槃,弃舍一向背趣作意,又未能修方便所摄菩提分法,由是因缘于此分中犹未圆满。为令此分得圆满故,精勤修习便能证得。

彼诸菩萨由是因缘此分圆满,而未能于生死流转如实观察,又由于彼多生厌故,未能多住无相作意,由是因缘于此分中犹未圆满。为令此分得圆满故,精勤修习便能证得。

彼诸菩萨由是因缘此分圆满,而未能令无相作意,无缺无间多修习住,由是因缘于此分中犹未圆满。为令此分得圆满故,精勤修习便能证得。

彼诸菩萨由是因缘此分圆满,而未能于无相住中舍离功用,又未能得相自在,由是因缘于此分中犹未圆满。为令此分得圆满故,精勤修习便能证得。

彼诸菩萨由是因缘此分圆满,而未能于异名众相训词差别一切品类,宣说法中得大自在,由是因缘于此分中犹未圆满。为令此分得圆满故,精勤修习便能证得。

彼诸菩萨由是因缘此分圆满,而未能得圆满法身现前证受,由是因缘于此分中犹未圆满。为令此分得圆满故,精勤修习便能证得。

彼诸菩萨由是因缘此分圆满,而未能得遍于一切所知境界,无著无碍妙智妙见,由是因缘于此分中犹未圆满。为令此分得圆满故,精勤修习便能证得。

由是因缘此分圆满,此分满故,于一切分皆得圆满。善男子,当知如是十一种分普摄诸地。

【释义】在这里要注意的是,诸分所未能得的圆满,可将之依次开列如下。由此次第即知诸地菩萨所须得的圆满。

1. 即前说之未能得胜解忍→2. 于微细毁犯未正知→3. 未得世间圆满等持等至,及圆满闻持陀罗尼→4. 未能得多修习而住三十七菩提分,未能舍对等至及法的爱→5. 未能观察诸谛道理,及未能舍离涅槃与轮回的分别→6. 未能对生死流转如实观察，及厌于生死而未得无相→7. 未能住无相而修习→8. 未能住无相而舍离功用，是即有作意，由是于相不得自在→9. 未能于通达言说，即未能于用言说宣说密意时得自在→10. 未能现证圆满法身现前→11. 未能遍一切所知境，无著无碍，妙智妙见。

如上所说，即为地地超越所须得的胜解忍，菩萨住于一地，虽清净分圆满，但同时即有胜解忍不圆满，此即上来所说。上列的胜解忍不圆满，由世间说至出世间，由识境说至智识双运境界，此即上面所说的密意。所以，成佛并非舍离世间而成，而是无舍离而舍离，是即地地超越，所谓圆满，即是无舍离而舍离圆满，若作意舍离，即此分犹未圆满。

对于无舍离而舍离，不要以为是很难的事，佛家称之为"尽"，其实凡夫亦有"尽"，如超越婴孩状态而至少年，于少年时，婴孩状态即尽，少年不需要作意舍离婴孩状态，然而此婴孩状态，实已无舍离而舍离。菩萨的地地超越亦即如是。

**【正文】**观自在菩萨复白佛言：世尊，何缘最初名极喜地，乃至何缘说名佛地？

佛告观自在菩萨曰：善男子，成就大义，得未曾得出世间，心生大欢喜，是故最初名极喜地。

远离一切微细犯戒，是故第二名离垢地。

由彼所得三摩地及闻持陀罗尼，能为无量智光依止，是故第三名发光地。

由彼所得菩提分法，烧诸烦恼智如火焰，是故第四名焰慧地。

由即于彼菩提分法方便修习，最极艰难方得自在，是故第五名极难胜地。

现前观察诸行流转，又于无相多修作意方现在前，是故第六名现前地。

能远证入无缺无间无相作意，与清净地共相邻接，是故第七名远行地。

由于无相得无功用,于诸相中不为现行烦恼所动,是故第八名不动地。

于一切种说法自在,获得无罪广大智慧,是故第九名善慧地。

粗重之身广如虚空,法身圆满譬如大云,皆能遍覆,是故第十名法云地。

永断最极微细烦恼及所知障,无著无碍,于一切种所知境界现正等觉,故第十一说名佛地。

【释义】上面说十地与佛地,是即上面所说的十种犹未圆满得圆满,由是而成超越。

又,"善男子,成就大义,得未曾得出世间,心生大欢喜,是故最初名极喜地",此句依藏文应解说为:"初地菩萨证得二喜:出世间之心喜及殊胜之大喜,是故最初名极喜地。"此说初地菩萨已能出离(喻为心识已能离开荧光屏),得出世间,于是心喜;更能证得如来法身功德(喻为住在荧光屏中的人能证到荧光屏的功能),于是殊胜大喜。心喜与殊胜大喜是即二喜。玄奘译不洽。

【正文】观自在菩萨复白佛言:于此诸地有几愚痴有几粗重,为所对治?

佛告观自在菩萨曰,善男子,此诸地中有二十二种愚痴十一种粗重,为所对治。

谓于初地有二愚痴:一者执著补特伽罗及法愚痴;二者恶趣杂染愚痴,及彼粗重为所对治。

于第二地有二愚痴:一者微细误犯愚痴;二者种种业趣愚痴,及彼粗重为所对治。

于第三地有二愚痴:一者欲贪愚痴;二者圆满闻持陀罗尼愚痴,及彼粗重为所对治。

于第四地有二愚痴:一者等至爱愚痴;二者法爱愚痴,及彼粗重为所对治。

于第五地有二愚痴：一者一向作意弃背生死愚痴；二者一向作意趣向涅槃愚痴，及彼粗重为所对治。

于第六地有二愚痴：一者现前观察诸行流转愚痴；二者相多现行愚痴，及彼粗重为所对治。

于第七地有二愚痴：一者微细相现行愚痴；二者一向无相作意方便愚痴，及彼粗重为所对治。

于第八地有二愚痴：一者于无相作功用愚痴；二者于相自在愚痴，及彼粗重为所对治。

于第九地有二愚痴：一者于无量说法、无量法句文字、后后慧辩陀罗尼自在愚痴；二者辩才自在愚痴，及彼粗重为所对治。

于第十地有二愚痴：一者大神通愚痴；二者悟入微细秘密愚痴，及彼粗重为所对治。

于如来地，有二愚痴：一者于一切所知境界极微细著愚痴；二者极微细碍愚痴，及彼粗重为所对治。

善男子，由此二十二种愚痴及十一种粗重故，安立诸地而阿耨多罗三藐三菩提，离彼系缚。

【释义】说十地菩萨及如来地，各有二种愚与一种粗重，此中所说的愚，即是菩萨安住于地上的心理执著，此中所说的粗重，即由此执著而来的心理负担。此亦可与上面所说的十一清净分对应参阅。

将十一分与诸地对应，复与诸地的愚对应，如是通盘观察，即能胜解十地与佛地的密意，此前已说为"尽"，说为无舍离而舍离。于根本自然觉性中既名言句义尽，是即作意尽，是故由"尽"即可地地超越。此重密意甚为深密，若与密意相违，便不能无分别、无所得。

【正文】观自在菩萨复白佛言：世尊，阿耨多罗三藐三菩提，甚奇希有，乃至成就大利大果，令诸菩萨能破如是大愚痴罗网、能越如是大粗重稠林，现前证得阿耨多罗三藐三菩提。

【释义】佛现证觉,即阿耨多罗三藐三菩提,译言无上正圆正等觉,观自在菩萨赞叹此为希有,喻愚为罗网,喻粗重为稠林,即说十地之愚与粗重,实难超越。由是知不二法门、如来藏教法之深密。

【正文】观自在菩萨复白佛言:世尊,如是诸地几种殊胜之所安立?

佛告观自在菩萨曰:善男子,略有八种:一者增上意乐清净,二者心清净,三者悲清净,四者到彼岸清净,五者见佛供养承事清净,六者成熟有情清净,七者生清净,八者威德清净。

善男子,于初地中所有增上意乐清净,乃至威德清净,后后诸地乃至佛地所有增上意乐清净,乃至威德清净,当知彼诸清净展转增胜,唯于佛地除生清净。

又初地中所有功德,于上诸地平等皆有,当知自地功德殊胜,一切菩萨十地功德皆是有上,佛地功德当知无上。

【释义】观自在菩萨问,由何殊胜安立诸地?佛答由八种清净安立。八种清净通摄十地,由二地起,八种清净辗转增胜,此如增上意乐清净成就,即可增上心清净,由心清净成就,即可增上悲清净,如是等等。

由八种清净次第可见,以菩提心为因,生起大悲,成就威德,即由此次第安立诸地,亦即次第现证如来藏。

"诸地几种殊胜之所安立"一句,依藏文,是问诸地有几多种清净,而不是问诸地有几多种殊胜之所安立。

此段经文中,有两句须作改动才能明白其意,即将"唯于佛地除生清净"一句移至"又初地中所有功德,于上诸地平等皆有"之后,即成:"又初地中所有功德,于上诸地平等皆有,唯于佛地除生清净,当知自地功德殊胜"。

整段经文是说,在初地与上诸地平等皆有此八个清净,但佛地却没有生清净,诸地菩萨要知自己所证该地的功德殊胜。

为什么佛地没有生清净?因为当证到如来法身时,如来法身不是识境,即无显现,有显现才能称之为生。佛经中说"生"是说"显现";说"有"是"显现"与"存在",既无显现,即不能说有生,更不能说有生清净。

**【正文】**观自在菩萨复白佛言:世尊,何因缘故,说菩萨生于诸有生最为殊胜?

佛告观自在菩萨曰:善男子,四因缘故:一者极净善根所集起故,二者故意思择力所取故,三者悲愍济度诸众生故,四者自能无染除他染故。

**【释义】**观自在菩萨问,何以说菩萨生于"诸有生"最为殊胜。所谓"诸有生",即此世间有种种有法的建立。佛用四因缘来答,即是说菩萨应由"诸有生"来集起、思择诸有,复由于诸有,悲愍众生,至自能无染而除他染,而得究竟。此如诸佛,由言说宣说密意,不受言说所染而能除他染,此即由密意以除他染。

**【正文】**观自在菩萨复白佛言:世尊,何因缘故,说诸菩萨行广大愿、妙愿、胜愿?

佛告观自在菩萨曰:善男子,四因缘故:谓诸菩萨能善了知涅槃乐住;堪能速证而复弃舍;速证乐住无缘无待发大愿心;为欲利益诸有情故,处多种种长时大苦。是故我说彼诸菩萨,行广大愿、妙愿、胜愿。

**【释义】**由此段起说波罗蜜多。先由菩萨行广大愿、妙愿、胜愿而说。依佛所说,波罗蜜多的建立,实依菩萨行的愿而施设,至于菩萨愿,则有四因缘。这四因缘,即由菩萨厌离世间、求住涅槃,并依其成就而发无愿大悲。

**【正文】**观自在菩萨复白佛言:世尊,是诸菩萨凡有几种所应学事?

佛告观自在菩萨曰:善男子,菩萨学事略有六种:所谓布施、持戒、忍辱、精进、静虑、慧到彼岸。

**【释义】**下面即说六波罗蜜多为菩萨学事,并说六波罗蜜多种种功德。

【正文】观自在菩萨复白佛言：世尊，如是六种所应学事，几是增上戒学所摄，几是增上心学所摄，几是增上慧学所摄？

佛告观自在菩萨曰：善男子，当知初三但是增上戒学所摄，静虑一种但是增上心学所摄，慧是增上慧学所摄，我说精进遍于一切。

【释义】由戒定慧说六波罗蜜多，是即布施、持戒、忍辱为增上戒学所摄，静虑为增上心学所摄，慧为增上慧学所摄，精进遍摄六波罗蜜多。此即说菩萨观修次第，先修戒学，再修定学（心学），圆成慧学，次第观修都须精进。且戒、定、慧的次第，是因为必须得增上戒才能入禅定。于增上戒中，以安忍最难，能安住于法、安住于决定，不但得胜解，还要安住，而且还要无舍离而能舍离此安住，是故为难。

【正文】观自在菩萨复白佛言：世尊，如是六种所应学事，几是福德资粮所摄，几是智慧资粮所摄？

佛告观自在菩萨曰：善男子，若增上戒学所摄者，是名福德资粮所摄；若增上慧学所摄者，是名智慧资粮所摄；我说精进、静虑二种遍于一切。

【释义】菩萨所行为积资粮，此说戒学所摄为福德资粮，慧学所摄为智慧资粮，精进、静虑通摄二种资粮，是故菩萨最应精进修定。

【正文】观自在菩萨复白佛言：世尊，于此六种所学事中，菩萨云何应当修学？

佛告观自在菩萨曰：善男子，由五种相应当修学：一者，最初于菩萨藏波罗蜜多相应微妙正法教中，猛利信解；二者，次于十种法行，以闻思修所成妙智精进修行；三者，随护菩提之心；四者，亲近真善知识；五者，无间勤修善品。

观自在菩萨复白佛言：世尊，何因缘故，施设如是所应学事，但有六数？

佛告观自在菩萨曰：善男子，二因缘故：一者饶益诸有情故；二者对治诸烦恼故。当知前三饶益有情，后三对治一切烦恼。前三饶益诸有情者,谓诸菩萨由布施故,摄受资具,饶益有情,由持戒故,不行损害逼迫恼乱,饶益有情;由忍辱故,于彼损害逼迫恼乱堪能忍受,饶益有情。后三对治诸烦恼者,谓诸菩萨由精进故,虽未永伏一切烦恼,亦未永害一切随眠,而能勇猛修诸善品。彼诸烦恼不能倾动善品加行,由静虑故永伏烦恼,由般若故永害随眠。

【释义】本段经文即说六波罗蜜为菩萨所应修学事,由所应修学,成立六波罗蜜多。

【正文】观自在菩萨复白佛言:世尊,何因缘故,施设所余波罗蜜多,但有四数?

【释义】六波罗蜜多之外,复有四波罗蜜多,即方便波罗蜜多、愿波罗蜜多、力波罗蜜多、智波罗蜜多。

【正文】佛告观自在菩萨曰:善男子,由前六种波罗蜜多为助伴故。谓诸菩萨于前三种波罗蜜多所摄有情,以诸摄事方便善巧,而摄受之安置善品,是故我说方便善巧波罗蜜多,与前三种而为助伴。

若诸菩萨于现法中烦恼多故,于修无间无有堪能,羸劣意乐故,下界胜解故,于内心住无有堪能,于菩萨藏不能闻缘善修习故,所有静虑不能引发出世间慧,彼便摄受少分狭劣福德资粮,为未来世烦恼轻微心生正愿,如是名愿波罗蜜多。由此愿故,烦恼微薄能修精进,是故我说愿波罗蜜多与精进波罗蜜多而为助伴。

若诸菩萨亲近善士,听闻正法如理作意,为因缘故,转劣意乐成胜意乐,亦能获得上界胜解,如是名力波罗蜜多。由此力故,于内心住有所堪能,是故我说力波罗蜜多与静虑波罗蜜多而为助伴。

若诸菩萨于菩萨藏,已能闻缘善修习故,能发静虑,如是名智波罗蜜多。由此智故,堪能引发出世间慧,是故我说智波罗蜜多与慧波罗蜜多而为助伴。

【释义】佛说四波罗蜜多为六波罗蜜多的助伴。

布施、持戒、安忍以方便波罗蜜多为助伴，此即以此三者为摄一切有情的方便。

精进波罗蜜多以愿波罗蜜多为助伴，由愿力克服种种困难才能精进。

静虑波罗蜜多以力波罗蜜多为助伴，所谓力，即由劣转胜之力。

慧波罗蜜多以智波罗蜜多为助伴，此所谓智，即生起禅定的智。

此四波罗蜜多实依佛密意而建立。

【正文】观自在菩萨复白佛言：世尊，何因缘故，宣说六种波罗蜜多如是次第？

佛告观自在菩萨曰：善男子，能为后后引发依故，谓诸菩萨若于身财无所顾吝便能受持清净禁戒，为护禁戒便修忍辱，修忍辱已能发精进，发精进已能办静虑，具静虑已便能获得出世间慧。是故我说波罗蜜多如是次第。

【释义】此说六波罗蜜多的次第，即说菩萨先须出离世间，然后才能受清净戒；既受已，复能安忍；安忍已，始能精进；精进已，始能修禅定；复由禅定得出世间慧，此出世间慧即是般若，但不是深般若。

【正文】观自在菩萨复白佛言：世尊，如是六种波罗蜜多，各有几种品类差别？

【释义】下面即说六波罗蜜多各有三种差别。

【正文】佛告观自在菩萨曰：善男子，各有三种。

施三种者：一者法施，二者财施，三者无畏施。

戒三种者：一者转舍不善戒，二者转生善戒，三者转生饶益有情戒。

忍三种者：一者耐怨害忍，二者安受苦忍，三者谛察法忍。

精进三种者：一者被甲精进，二者转生善法加行精进，三者饶益有情加行精进。

静虑三种者：一者无分别寂静极寂静无罪故，对治烦恼众苦乐住静虑；二者引发功德静虑；三者引发饶益有情静虑。

慧三种者：一者缘世俗谛慧，二者缘胜义谛慧，三者缘饶益有情慧。

【释义】于各各三种差别，不复解释其名相，但于实修时，则须了知其差别。一般来说，上师于说修习仪轨时，即依学人的需要而有所说。

【正文】观自在菩萨复白佛言：世尊，何因缘故，波罗蜜多说名波罗蜜多？

佛告观自在菩萨曰：善男子，五因缘故：一者无染著故，二者无顾恋故，三者无罪过故，四者无分别故，五者正回向故。

无染著者，谓不染著波罗蜜多诸相违事。

无顾恋者，谓于一切波罗蜜多诸果异熟及报恩中，心无系缚。

无罪过者，谓于如是波罗蜜多无间杂染法，离非方便行。

无分别者，谓于如是波罗蜜多，不如言词执著自相。

正回向者，谓以如是所作所集波罗蜜多，回求无上大菩提果。

【释义】此段说由五因缘，波罗蜜多说名波罗蜜多。即由此五因缘可到彼岸，下面对五因缘即有解说。

【正文】世尊，何等名为波罗蜜多诸相违事？

善男子，当知此事略有六种：

一者，于喜乐欲财富自在，诸欲乐中深见功德及与胜利。

二者，于随所乐纵身语意，而现行中深见功德及与胜利。

三者，于他轻蔑不堪忍中，深见功德及与胜利。

四者，于不勤修著欲乐中，深见功德及与胜利。

五者，于处愦闹世杂乱行，深见功德及与胜利。

六者，于见闻觉知言说戏论，深见功德及与胜利。

【释义】此说无染著。染著有六种，都跟波罗蜜多相违，此如，"于喜乐欲财富自在"，行者在欲乐中深见欲乐的功德、欲乐的胜利，是即与布施波罗蜜多相违。举此一例，其余五者即可知其相违。这六种染著，分别与六波罗蜜多对应，依次为相违品。

【正文】世尊，如是一切波罗蜜多，何果异熟？

善男子，当知此亦略有六种：一者得大财富，二者往生善趣，三者无怨无坏多诸喜乐，四者为众生主，五者身无恼害，六者有大宗叶。

【释义】此说无顾恋，是即不顾恋异熟。由不顾恋故，得六种果异熟，与六波罗蜜多次第相应，如因布施，果异熟为得大财富；因持戒，果异熟为得往生善趣，如是等等。

至于"大宗叶"，元魏菩提流支译为"大威德力"。

【正文】世尊，何等名为波罗蜜多间杂染法？

善男子，当知略由四种加行：一者无悲加行故，二者不如理加行故，三者不常加行故，四者不殷重加行故。不如理加行者，谓修行余波罗蜜多时，于余波罗蜜多远离失坏。

世尊，何等名为非方便行？

善男子，若诸菩萨以波罗蜜多饶益众生时，但摄财物饶益众生便为喜足，而不令其出不善处安置善处，如是名为非方便行。何以故？善男子，非于众生唯作此事名实饶益，譬如粪秽，若多若少，终无有能令成香洁。如是众生由行苦故，其性是苦，无有方便，但以财物暂相饶益可令成乐，唯有安处妙善法中，方可得名第一饶益。

【释义】此说无罪过。所谓罪过即间杂染法及非方便行，经言由四种加行成间杂染法，于饶益众生，唯依事相而不善安置，即成非方便行。

【正文】观自在菩萨复白佛言：世尊，如是一切波罗蜜多有几清净？

佛告观自在菩萨曰：善男子，我终不说波罗蜜多除上五相有余清净。然我即依如是诸事总别，当说波罗蜜多清净之相。总说一切波罗蜜多清净相者，当知七种。何等为七？

一者,菩萨于此诸法不求他知。

二者,于此诸法见已不生执著。

三者,即于如是诸法不生疑惑,谓为能得大菩提不。

四者,终不自赞毁他有所轻蔑。

五者,终不憍傲放逸。

六者,终不少有所得便生喜足。

七者,终不由此诸法于他发起嫉妒悭吝。

【释义】观自在菩萨又问波罗蜜多清净相,佛答,前说五相,其实已经具足,此五相即上面经文所言无染著、无顾恋、无罪过、无分别、正回向这五因缘相,然而清净相亦可总说为七种,即如经文所言。

此中,"菩萨于此诸法不求他知",即说唯依佛所教,不更于佛所教之外复作寻求。此如今人说大圆满,于宁玛派之外更求他知,于是便向苯教大圆满作探讨,是即不成清净相。

【正文】别说一切波罗蜜多清净相者,亦有七种。

何等为七?谓诸菩萨如我所说,七种布施清净之相,随顺修行。一者,由施物清净行清净施;二者,由戒清净行清净施;三者,由见清净行清净施;四者,由心清净行清净施;五者,由语清净行清净施;六者,由智清净行清净施;七者,由垢清净行清净施。是名七种施清净相。

又诸菩萨,能善了知制立律仪一切学处;能善了知出离所犯;具常尸罗;坚固尸罗;常作尸罗;常转尸罗;受学一切所有学处,是名七种戒清净相。

若诸菩萨,于自所有业果异熟深生依信,一切所有不饶益事现在前时,不生愤发亦不反骂;不瞋不打不恐不弄;不以种种不饶益事反相加害,不怀怨结;若谏诲时不令恚恼;亦复不待他来谏诲;不由恐怖有染爱心而行忍辱;不以作恩而便放舍。是名七种忍清净相。

若诸菩萨,通达精进平等之性;不由勇猛勤精进故;自举凌他;具大势力;具大精进有所堪能;坚固勇猛;于诸善法终不舍轭。如是名为七种精进清净之相。

若诸菩萨,有善通达相三摩地静虑;有圆满三摩地静虑;有俱分三摩地静虑;有运转三摩地静虑;有无所依三摩地静虑;有善修治三摩地静虑;有于菩萨藏闻缘修习无量三摩地静虑。如是名为七种静虑清净之相。

若诸菩萨,远离增益损减二边行于中道,是名为慧。由此慧故,如实了知解脱门义,谓空、无愿、无相三解脱门;如实了知有自性义,谓遍计所执若依他起若圆成实三种自性;如实了知无自性义,谓相生胜义三种无自性性;如实了知世俗谛义,谓于五明处;如实了知胜义谛义,谓于七真如;又无分别离诸戏论,纯一理趣;多所住故,无量总法为所缘故,及毘钵舍那故,能善成办法随法行。是名七种慧清净相。

【释义】于清净相又可依波罗蜜多作别说,是即六种波罗蜜多各有七种清净相。

于此中须稍作解释者为七种慧清净相:

1. 空、无相、无愿三解脱门,为门清净。
2. 遍计依他圆成三种自性,为自性清净。
3. 相无自性性、生无自性性、胜义无自性性,为无自性清净。
4. 于五明处了知世俗谛义,为世俗清净。
5. 由了知七真如而如实了知胜义谛义,为胜义清净。
6. 由无分别、离诸戏论为理趣清净。
7. 缘无量总法,善成办随法行,为行清净。

此七种,即佛密意。如解脱,密意即三解脱门,如自性,密意为三种自性。如是等等。

【正文】观自在菩萨复白佛言:世尊,如是五相各有何业?

佛告观自在菩萨曰:善男子,当知彼相有五种业:谓诸菩萨无染著故,于现法中于所修习波罗蜜多,恒常殷重勤修加行无有放逸。

无顾恋故,摄受当来不放逸因。

无罪过故,能正修习极善圆满、极善清净、极善鲜白波罗蜜多。

无分别故,方便善巧波罗蜜多速得圆满。

正回向故,一切生处波罗蜜多,及彼可爱诸果异熟皆得无尽,乃至无上正等菩提。

【释义】观自在菩萨问五因缘相能作何业?是即问于今生及异熟中有何功能。佛之所答随文易知。

【正文】观自在菩萨复白佛言:世尊,如是所说波罗蜜多,何者最广大、何者无染污、何者最明盛、何者不可动、何者最清净?

佛告观自在菩萨曰:善男子,无染著性、无顾恋性、正回向性,最为广大。无罪过性、无分别性、无有染污、思择所作,最为明盛。已入无退转法地者,名不可动。若十地摄、佛地摄者,名最清净。

【释义】此问波罗蜜多功德,佛以五因缘相作答,由佛答可知,八地以前所证,唯能说为广大,无污染,至八地始能名为不动,至十地及佛地始能名为最清净。由此即知,菩萨于十地中的功德,六地以前广大,六七地无污染,八九地不可动,十地及佛地极清净。

本经由五因缘相分别十地,是即次第观修瑜伽行的密意,凡夫修证,先须求广大,即须求无染著性、无顾恋性、正回向性,然后求无污染,如是等等,而成观修。此密意唯于此经宣说。

【正文】观自在菩萨复白佛言:世尊,何因缘故,菩萨所得波罗蜜多诸可爱果,及诸异熟常无有尽,波罗蜜多亦无有尽?

佛告观自在菩萨曰:善男子,展转相依生起修习无间断故。

观自在菩萨复白佛言:世尊,何因缘故,是诸菩萨深信爱乐波罗蜜多,非于如是波罗蜜多所得可爱诸果异熟?

佛告观自在菩萨曰:善男子,五因缘故:一者,波罗蜜多是最增上喜乐因故;二者,波罗蜜多是其究竟饶益一切自他因故;三者,波罗蜜多是当来世彼可爱果异熟因故;四者,波罗蜜多非诸杂染所依事故;五者,波罗蜜多非是毕竟变坏法故。

【释义】此说波罗蜜多功德,由五因缘,菩萨所得波罗蜜多果及果异熟无尽,波罗蜜多亦无尽。所谓无尽,即恒时为福德、智慧资粮。

佛说五因缘,增上喜乐因、饶益一切自他因、当来世彼可爱果异熟因,为福德资粮;非杂染所依事、非是毕竟变坏法,为智慧资粮。此五因缘,由前三种,故诸可爱果及果异熟常无有尽,由后二种,故波罗蜜多亦无有尽。

【正文】观自在菩萨复白佛言:世尊,一切波罗蜜多,各有几种最胜威德?

佛告观自在菩萨曰:善男子,当知一切波罗蜜多,各有四种最胜威德:一者,于此波罗蜜多正修行时,能舍悭吝、犯戒、心愤、懈怠、散乱、见趣所治;二者,于此正修行时,能为无上正等菩提真实资粮;三者,于此正修行时,于现法中能自摄受饶益有情;四者,于此正修行时,于未来世能得广大无尽可爱诸果异熟。

【释义】说一切波罗蜜多有四威德。第一种依正修行时的抉择见而得,由抉择见,自然能舍悭吝、犯戒等;第二种依正修行时的观修而得,由观修得"无上正等菩提真实资粮";第三种依正修行时的决定见而得,决定智悲双运(深般若则为决定智识双运),是故"于现法中能自摄受饶益有情";第四种依正修行时的证入而得,既能证入,自然"于未来世能得广大无尽可爱诸果异熟"。

【正文】观自在菩萨复白佛言:世尊,如是一切波罗蜜多,何因、何果、有何义利?

佛告观自在菩萨曰:善男子,如是一切波罗蜜多,大悲为因;微妙可爱诸果异熟,饶益一切有情为果;圆满无上广大菩提,为大义利。

【释义】此说波罗蜜多的因果义利,最重要的是以大悲为因。佛说大悲,即说世间,以世间为因,即不离世间,始能证得出世间;不离世俗,始能证得胜义。正由于此,行者虽厌离世间,但却不能作意舍离,须无作意、无舍离而舍离,此即前说之所谓"尽"。正由于此,才能说为智悲双运,或智识双运境,否则即落智边。至于得果,仍然是得世间果,这才能说为大悲。以大悲为因,证大悲果,是即因果无二。大义利为"圆满无上广大菩提",是即圆满自生根本觉。此根本觉为本来具足,非重新生起,所谓圆满,即是令此自生根本觉得以发挥功能,于时有情惑乱的觉受即尽,既尽,是即圆满。

此处虽说因果,但不能落于缘生的因果来看波罗蜜多,说大悲为因,并非说由因生起波罗蜜多;说可爱诸果异熟,并非说正修行波罗蜜多,以得果为究竟。所以能得如是种种果,只是因为有二种资粮积集,既有如是资粮,自然得如是果。

【正文】观自在菩萨白佛言:世尊,若诸菩萨具足一切无尽财宝,成就大悲,何缘世间现有众生贫穷可得?

佛告观自在菩萨曰:善男子,是诸众生自业过失。若不尔者,菩萨常怀饶益他心,又常具足无尽财宝,若诸众生无自恶业能为障碍,何有世间贫穷可得。譬如饿鬼为大热渴逼迫其身,见大海水悉皆涸竭,非大海过,是诸饿鬼自业过耳。如是菩萨所施财宝,犹如大海无有过失,是诸众生自业过耳,犹如饿鬼自恶业力令无有水。

【释义】这是一个很现实的问题,既然菩萨具足财宝,又成就大悲,何以世间众生还会贫穷?将问题引申,即是菩萨已具足威德,又成就大悲,何以世间众生还会受苦?

佛说这是众生自业过失。饿鬼与大海水喻,即说因饿鬼自业,以致大海于彼成为涸竭,菩萨不能救济自业过失所得果。

这里其实涉及加持这一问题。若以为能得佛菩萨加持,即能离诸苦,那是迷信,而且可能演变为对偶像迷信。所谓加持,笔者曾举过一个譬喻,不懂游泳的人,将他推落游泳池三次,他就懂得游泳,那就是加持。依这个譬喻,即知何谓自业的成就与过失。能令众生成就业功德,减损业过失,那才是真正的加持。

【正文】观自在菩萨复白佛言:世尊,菩萨以何等波罗蜜多,取一切法无自性性？

佛告观自在菩萨曰：善男子，以般若波罗蜜多，能取诸法无自性性。

世尊，若般若波罗蜜多能取诸法无自性性，何故不取有自性性？

善男子，我终不说以无自性性取无自性性。然无自性性离诸文字，自内所证，不可舍于言说文字而能宣说，是故我说般若波罗蜜多，能取诸法无自性性。

【释义】此说般若波罗蜜多，能取诸法无自性性，由此解说何谓无自性性。

观自在菩萨问佛，何以取诸法无自性性，而不取诸法有自性性？这问题，即是为了解说"以般若波罗蜜多，能取诸法无自性性"而问。

佛说：不是用无自性性来取无自性性。这一点很重要，无自性性只是为了超越遍计等三自性性而施设，是故亦不可取证。诸法的无自性性，实在是因为一切诸法只是由名言句义建立为有，若离诸文字、离诸言说，即可内自证其为无自性性。那就是说，诸法本来是无自性性，一切自性都由众生增上而成，然而诸法并不如其增上的自性而成为有。

佛在究竟说时，说"一切诸法本性自性"，此即谓一切诸法的自性即是本性。所谓本性，是本初已经具足的性，此如镜影，若问镜影以何者为自性，只能说，一切镜中影像实以镜性为自性，这镜性，亦即镜中影像的本性，故说为"本性自性"。由此说，即可了知一切诸法无自性性。

【正文】观自在菩萨复白佛言：世尊，如佛所说波罗蜜多、近波罗蜜多、大波罗蜜多。云何波罗蜜多、云何近波罗蜜多、云何大波罗蜜多？

佛告观自在菩萨曰：善男子，若诸菩萨经无量时，修行施等成就善法，而诸烦恼犹故现行，未能制伏，然为彼伏，谓于胜解行地软中胜解转时，是名波罗蜜多。

复于无量时修行施等，渐复增上成就善法，而诸烦恼犹故现行，然能制伏非彼所伏，谓从初地已上，是名近波罗蜜多。

复于无量时修行布施等,转复增上成就善法,一切烦恼皆不现行,谓从八地已上,是名大波罗蜜多。

【释义】菩萨正修行波罗蜜多,可区别为近波罗蜜多、大波罗蜜多二位。观自在菩萨实在是想问此二位,于问时,连同波罗蜜多而问。

佛说菩萨正修行善法,未能制服烦恼,而且还受烦恼制服,这便是在菩萨胜解行地中,由"软"而生起胜解,这便是波罗蜜多的通义。此中所谓"软",是胜解行地中的三位之一,胜解行地有软、中、上三位,上位得波罗蜜多坚固,相对于坚固,下位便称为"软"。

若菩萨正修行善法,虽然有烦恼现前,但却能制服烦恼,而不受烦恼所制,那便是近波罗蜜多。近的意思,是说他近于大波罗蜜多。这是胜解行地上的中位,由此位生胜解。这是初地至六地菩萨之所证。

若菩萨正修行善法,已无烦恼现前,此即大波罗蜜多。这是胜解行地上的上位,由此位生胜解。这是八地菩萨以上之所证。

区别波罗蜜多,若只说般若时,则说分为两种:初地至六地所证,说为般若波罗蜜多;八地以上所证,说为深般若波罗蜜多。

【正文】观自在菩萨复白佛言:世尊,此诸地中烦恼随眠可有几种?

佛告观自在菩萨曰:善男子,略有三种:

一者,害伴随眠,谓于前五地。何以故?善男子,诸不俱生现行烦恼,是俱生烦恼现行助伴,彼于尔时永无复有,是故说名害伴随眠。

二者,羸劣随眠,谓于第六第七地中微细现行,若修所伏不现行故。

三者,微细随眠,谓于第八地已上,从此已去一切烦恼不复现行,唯有所知障为依止故。

【释义】所谓随眠,即是有不善的倾向,然而尚未起现行,所以,可以看成是潜伏的烦恼。依瑜伽行的名言,随眠烦恼即是潜伏在阿赖耶识中的烦恼种子。

菩萨未成佛,仍有烦恼随眠,此说为三种:

一、初地至五地,有害伴随眠。此谓由不俱生烦恼,如放逸、懈怠等，起现行烦恼，同时由俱生烦恼，如见、疑等作助伴，由是而起烦恼。菩萨由正修行令助伴的烦恼永灭，既无助伴，不俱生烦恼即不起现行，是即"害伴"，害其助伴令其不成助伴，故说菩萨此随眠为害伴随眠，其实意思是，由害伴而令随眠不起。

二、六七二地，有赢劣随眠。这是说无明随眠力弱，是故由正修行，即能伏此随眠，令烦恼不起现行。故说菩萨此随眠为赢劣随眠。

三、八地以上，有微细随眠。无明烦恼随眠已不能起现行，唯有微细所知障，故说菩萨此随眠为微细随眠。

由上面所说可知，即使要制伏（害）烦恼随眠，亦应以俱生烦恼为主，所以行者于不俱生烦恼，不需作意舍离。这是佛的重要开示。

**【正文】**观自在菩萨复白佛言：世尊，此诸随眠，几种粗重断所显示？

佛告观自在菩萨曰：善男子，但由二种，谓由在皮粗重断故显彼初二；复由在肤粗重断故显彼第三；若在于骨粗重断者，我说永离一切随眠位在佛地。

观自在菩萨复白佛言：世尊，经几不可数劫能断如是粗重？

佛告观自在菩萨曰：善男子，经于三大不可数劫或无量劫。所谓年月半月昼夜一时半时，须臾瞬息刹那量劫不可数故。

**【释义】**观自在菩萨所问，即问：要断几种粗重，才能断诸随眠。佛以皮、肤、骨作喻，说三种粗重断，复有佛地，则永离一切随眠。

观自在菩萨又问，经历几时能断粗重。佛说为三大不可数劫，或无量劫，此以劫为时的单位，但接着，又用年、月、半月、昼、夜、一时、半时、须臾、瞬息、刹那为劫的单位，此即说经无量年，以至无量刹那，即能断粗重。这即是说"无时"，此密意应须了知，不宜坚执三大阿僧祇劫。

**【正文】**观自在菩萨复白佛言：世尊，是诸菩萨于诸地中所生烦恼，当知何相、何失、何德？

佛告观自在菩萨曰：善男子，无染污相。何以故？是诸菩萨于初地中,定于一切诸法法界已善通达,由此因缘,菩萨要知方起烦恼,非为不知,是故说名无染污相。于自身中不能生苦,故无过失。菩萨生起如是烦恼,于有情界能断苦因,是故彼有无量功德。

观自在菩萨复白佛言:甚奇世尊。无上菩提乃有如是大功德利,令诸菩萨生起烦恼,尚胜一切有情、声闻、独觉善根,何况其余无量功德。

【释义】问佛诸地所生烦恼何相、有何过失、有何功德。其实是想显示佛的密意,不离烦恼而有功德,因为烦恼无相,即无过失与功德,虽然烦恼无相,但烦恼不因无相而不转起,所以菩萨于初地时,便如实能知诸烦恼生起。若烦恼有相,即成污染。何谓有相,即落于识境中的名言句义而知烦恼,烦恼即依名言句义而有相。因此要断烦恼,非作意舍离而断,实由悟入一切诸法法界,了知一切诸法法界,始能令烦恼尽。

由无污染相,烦恼即不能生诸苦,是故无有过失。而且,菩萨还能由无相而为有情断苦因,是即有无量功德。

烦恼无污染相、无过失、有功德,即是智识双运境界的密意,观自在菩萨即赞叹此重密意,此即诸菩萨生起烦恼,具足功德,是即明烦恼不须作意断除、世间不须作意断除、识境不须作意断除。

【正文】观自在菩萨复白佛言:世尊,如世尊说,若声闻乘、若复大乘,唯是一乘。此何密意。

佛告观自在菩萨曰:善男子,如我于彼声闻乘中宣说种种诸法自性,所谓五蕴或内六处或外六处,如是等类,于大乘中即说彼法,同一法界、同一理趣故,我不说乘差别性。于中或有如言于义,妄起分别,一类增益、一类损减。又于诸乘差别道理谓互相违,如是展转递兴诤论,如是名为此中密意。

【释义】此说一乘密意。由佛种种言说,可以建立声闻乘、大乘。若依法界一味(即玄奘译"同一法界、同一理趣"),则唯有一乘。若对法界一味作增益减损,即起诤论。

【正文】尔时世尊欲重宣此义，而说颂曰：

诸地摄想所对治　　殊胜生愿及诸学
由依佛说是大乘　　于此善修成大觉
宣说诸法种种性　　复说皆同一理趣
谓于下乘或上乘　　故我说乘无异性
如言于义妄分别　　或有增益或损减
谓此二种互相违　　愚痴意解成乖诤

【释义】此三颂，玄奘意译，而且将颂句移置，若依元魏菩提流支译，则文义较易明了，今引其译文如下：

种种诸法相　　我依一理说
生于下劣解　　我说名二乘
如闻声分别　　而不知彼义
故诸乘相违　　憍慢众生诤
知诸地妙相　　及诸愿生处
此胜相对治　　我说是大乘

【正文】尔时，观自在菩萨摩诃萨复白佛言：世尊，于是解深密法门中，此名何教？我当云何奉持？

佛告观自在菩萨曰：善男子，此名诸地波罗蜜多了义之教，于此诸地波罗蜜多了义之教，汝当奉持。

说此诸地波罗蜜多了义教时，于大会中有七十五千菩萨，皆得菩萨大乘光明三摩地。

【释义】此为嘱咐，说本经密意为"诸地波罗蜜多了义之教"，是即所说为大波罗蜜多、深般若波罗蜜多之教。此亦即不二法门之教，以上面已说法界一味故；此亦即如来藏之教，以上面已说智识双运而成唯一故。

# 如来成所作事品第八

## 如来成所作事品第八

这一品，问佛果，于中说及佛地无间道上的观修果，因此，可以说是如来成所作事。上面已经说过四种所缘事，所作成办所缘事即是佛地的止观。

此品由文殊师利菩萨来问。文殊称为法王子，以王子来比喻他可以继承佛位。文殊所说名不二法门，他说不二法门的一系列经典，又称为文殊法门。经为佛之所说，由菩萨结集为经，至于由菩萨说法，则是特殊情形，由此可知文殊师利菩萨地位之高，现在由他来问法，佛所说的自然是甚深法，而且本经实全经说如来藏，如来藏的见修行果与不二法门的见修行果无二，是故于本品中，佛与菩萨的对话，所说自然是说究竟法，虽落于言说而说，读者亦易由言说而知究竟密意，因为文殊所问，恰恰是读过前七品的读者心中想问的话。

本品可分为三科：

1. 问法身相，由此并问及如来所说的事与相。这一问，占了本品的大部分篇幅。

2. 问如来心生起相，又问化身佛的身相、如来所行境界，再问及佛成正等觉时、转法轮时、入大涅槃时的心理状态。于此两科中，其实即说如来法身与法身功德双运、如来法身功德与识境双运、如来法身与识境双运，这些都是要了知不二法门、了知如来藏的根本义理。

3. 问如来的威德，这即是问如来法身对识境的功能。

今即依此三科，注本品密意。

【正文】尔时，曼殊室利菩萨摩诃萨白佛言：世尊，如佛所说如来法身,如来法身有何等相?

佛告曼殊室利菩萨曰:善男子,若于诸地波罗蜜多,善修出离转依成满,是名如来法身之相。当知此相二因缘故:不可思议无戏论故,无所为故,而诸众生计著戏论有所为故。

世尊,声闻、独觉所得转依,名法身不?

善男子,不名法身。

世尊,当名何身?

善男子,名解脱身,由解脱身,故说一切声闻、独觉与诸如来平等平等,由法身故说有差别。如来法身有差别故,无量功德最胜差别,算数譬喻所不能及。

【释义】如来法身是佛内自证智境界,此不独为本经所说,于《入楞伽经》、《胜鬘经》等经典都有说及。甚至可以说,凡是说不二法门、说如来藏的经典,都必说及这身与智无二的境界。还不止于此,同时亦必说及法界亦与法身、法智无二。这即是如来的甚深密意。

如来身、智、界都是不可思议的境界,所以对识境有情来说,便不可见、不可闻、不可思维、不可言诠,亦即是,如来身、智、界对识境有情都不成显现。笔者比喻之为荧光屏,荧光屏对荧光屏中的影像世界,亦不成显现,然而,这影像世界亦必不能离开荧光屏而成显现,所以如来的身、智、界,于识境虽不成显现,但识境亦必不能与之异离而成显现。此即称为不二,亦称为如来藏。

所以文殊在这里问法身相,便实在是问及上面所说的义理。

复次,人或以为如来由解脱而得法身,所以文殊便问及声闻与独觉是否亦有法身,因为声闻与独觉亦得解脱。这一问,是想澄清法身非独由解脱而得。

佛答:如来法身由转依而来,所以,声闻、独觉未成转依,却已得解脱,便只能称为解脱身,不能称为法身。从解脱来说,声闻、独觉与佛平等,从法身来说便有差别,以此差别,功德的差别便非常大,大到不能计量。

所谓转依,通俗来说,可以说是心理状态的转变。由凡夫的心理转变为佛的心理。若依佛说,转依实甚深密,前已略说①。今只能一说的是,转依亦有两种:一者不究竟,转阿赖耶识而依真如;二者究竟,离净染二边,得如来法身。本经所说的转依,即为后者。

复次,依无著论师说:"尔时依转得二道成就:一得极清净出世智道,二得无边所识境界智道,是名转依。"所说二道,前者即现证自然智境,后者即现证后得智境实相,此二,非分别现证,实于转依时同时现证,所以此即证入智识双运境界,亦即现证如来藏。是故可说究竟转依即现证如来藏,当然,此亦即现证不二法门。

经中佛说,如来法身相不可思议离戏论,亦无所为。无所为即是一切有为法尽,是故,如来法身于识境无有所作。由此亦可理解为:这亦有如无著论师所说的二道,不可思议离戏论是"极清净出世智道";一切有为法尽,是离有为而见识境的"无边所识境界智道"。

复次,"由解脱身,故说一切声闻、独觉与诸如来平等平等"。此句经文中的"平等平等",依藏译是"似平等",若说"平等平等",即是说小乘与如来法身平等。其实不然,现在是说小乘与如来法身都不轮回,得到解脱身,是故小乘与如来法身"似平等"。因此下面便说"由法身故说有差别",若从法身来说,小乘与如来法身便有差别,此差别是:小乘不是离戏论,不是无所作。

【正文】曼殊室利菩萨复白佛言:世尊,我当云何应知如来生起之相?

佛告曼殊室利菩萨曰:善男子,一切如来化身作业,如世界起一切种类,如来功德众所庄严住持为相。当知化身相有生起,法身之相无有

---

① 读者可参考谈锡永及邵颂雄的《辨法法性论及释论两种》(台北:全佛文化,2009年),此外,《无修佛道》(华夏出版社,2010年)一书亦实全书都说转依。《无修佛道》初名《宁玛派次第禅》(香港密乘,1998年)。

生起。

曼殊室利菩萨复白佛言：世尊，云何应知示现化身方便善巧？

佛告曼殊室利菩萨曰：善男子，遍于一切三千大千佛国土中，或众推许增上王家，或众推许大福田家，同时入胎、诞生、长大、受欲、出家、示行苦行、舍苦行已、成等正觉，次第示现，是名如来示现化身方便善巧。

【释义】文殊接着问，然则对如来生起之相，当如何认知。

佛之所答，即等于说，世界相即是化身相，因为二者都由如来法身功德而成，都可以说为是一切功德的庄严。此答，即等如说，如来法身不成显现，唯藉化身而成显现、唯藉识境而成显现。

文殊再问，应怎样认识如来的化身方便善巧？佛即以"八相成道"作答。此即由佛出生及所经历，以至成等正觉，由此次第，知如来如何方便善巧示现化身。

这个回答，只说化身佛的示现，未说世界如何依于如来法身而成显现，此则于下面经文中广说。

【正文】曼殊室利菩萨复白佛言：世尊，凡有几种一切如来身所住持言音差别？由此言音所化有情，未成熟者令其成熟，已成熟者，缘此为境速得解脱。

佛告曼殊室利菩萨曰：善男子，如来言音略有三种：一者契经，二者调伏，三者本母。

【释义】言说亦是识境相，因此亦可以说是如来的化身，由是文殊便问，依如来法身的住持力，有多少种言说为众生说法。佛答为三种，下面大段经文即说此三种，要说这三种差别，为清眉目，须先作科判如下：

甲一、契经

  乙一、依四事

    丙一、听闻事

丙二、归趣事

　　丙三、修学事

　　丙四、菩提事

乙二、依九事

　　丙一、施设有情事

　　丙二、彼所受用事

　　丙三、彼生起事

　　丙四、彼生已住事

　　丙五、彼染净事

　　丙六、彼差别事

　　丙七、能宣说事

　　丙八、所宣说事

　　丙九、诸众会事

乙三、依二十九事

　　丙一、依杂染品有摄诸行事

　　丙二、彼次第随转事，作补特伽罗想已，于当来世流转因事

　　丙三、彼次第随转事，作法想已，于当来世流转因事

　　丙四、清净品有系念于所缘事，即于是中勤精进事

　　丙五、心安住事

　　丙六、现法乐住事

　　丙七、超一切苦缘方便事

　　丙八、依颠倒遍知所依处之遍知事

　　丙九、依有情相，外观邪行所依处之遍知事

　　丙十、内离增上慢所依处之遍知事

　　丙十一、修依处事

　　丙十二、作证事

　　丙十三、修习事

　　丙十四、彼坚固事

丙十五、彼行相事

丙十六、彼所缘事

丙十七、已断未断观察善巧事

丙十八、彼散乱事

丙十九、彼不散乱事

丙二十、不散乱依处事

丙二十一、不弃修习劬劳加行事

丙二十二、修习胜利事

丙二十三、彼坚牢事

丙二十四、摄圣行事

丙二十五、摄圣行眷属事

丙二十六、通达真实事

丙二十七、证得涅槃事

丙二十八、于善说法毘奈耶中，世间正见超越一切外道，所得正见顶事

丙二十九、即于此不修退事

甲二、调伏

乙一、宣说受轨则事

乙二、宣说随顺他胜事

乙三、宣说随顺毁犯事

乙四、宣说有犯自性

乙五、宣说无犯自性

乙六、宣说出所犯

乙七、宣说舍律仪

甲三、本母

乙一、世俗相

丙一、说补特伽罗

丙二、说遍计所执自性

丙三、说诸法作用事业

乙二、胜义相

　　丙一、流转真如

　　丙二、相真如

　　丙三、了别真如

　　丙四、安立真如

　　丙五、邪行真如

　　丙六、清净真如

　　丙七、正行真如

乙三、菩提分所缘相

乙四、行相

　　丙一、谛实

　　丙二、安住

　　　　丁一、安立补特伽罗

　　　　丁二、安立诸法遍计自性

　　　　丁三、安立一向、分别、反问、置记

　　　　丁四、安立隐密显了记别差别

　　丙三、过失

　　丙四、功德

　　丙五、理趣

　　　　丁一、真义理趣

　　　　丁二、证得理趣

　　　　丁三、教导理趣

　　　　丁四、远离二边理趣

　　　　丁五、不可思议理趣

　　　　丁六、意趣理趣

　　丙六、流转

　　丙七、道理

丁一、观待道理

丁二、作用道理

丁三、证成道理

 戊一、清净

  己一、现见所得相

  己二、依止现见所得相

  己三、自类譬喻所引相

  己四、圆成相

  己五、善清净言教相（一切智相）

 戊二、不清净

  己一、得余同类相

  己二、得余异类相

  己三、得一切同类相

  己四、得一切异类相

  己五、异类譬喻所得相

  己六、非圆成相

  己七、非善清净言教相

丁四、法尔道理

丙八、总别

乙五、自性相

乙六、果相

乙七、领受开示相

乙八、障碍法相

乙九、随顺法相

乙十、过患相

乙十一、胜利相

**【正文】** 世尊，云何契经，云何调伏，云何本母？

曼殊室利,若于是处,我依摄事显示诸法,是名契经,谓依四事或依九事,或复依于二十九事。

云何四事:一者听闻事,二者归趣事,三者修学事,四者菩提事。

【释义】佛将所说法摄为四事:为听者所闻的言说,令信者归依的言说,与修学事有关的言说,与证正等觉有关的言说。

【正文】云何九事:一者施设有情事,二者彼所受用事,三者彼生起事,四者彼生已住事,五者彼染净事,六者彼差别事,七者能宣说事,八者所宣说事,九者诸众会事。

【释义】对有情作六种宣说:施设有情,说其如何而成为有,说其依名言句义而住,说其如何成杂染及如何得清净;说有情差别,如凡夫、声闻、独觉、菩萨等。

复作三种宣说:如来法身为能宣说,此即宣说密意;言说为所宣说;于声闻、菩萨诸众会中,因问法者所问而宣说。

【正文】云何名为二十九事——
谓依杂染品有摄诸行事。

【释义】由三种杂染,摄众生诸行。此即以烦恼杂染、业杂染、生杂染,分别摄众生一切惑、业、苦行。

【正文】彼次第随转事,即于是中作补特伽罗想已,于当来世流转因事;作法想已,于当来世流转因事。

【释义】随顺众生补特伽罗想,此亦即随顺众生执著于人我,于是说来世流转因;又随顺众生执著于法我,于是说来世流转因。此即说众生由执人我、法我而成流转。

【正文】依清净品有系念于所缘事,即于是中勤精进事。
心安住事。
现法乐住事。

233

**超一切苦缘方便事。**

【释义】此三种宣说，依作为令众生皈依、信解、发菩提心，及由观修而得住法乐，且得离苦的方便。

【正文】彼遍知事。此复三种：颠倒遍知所依处故；依有情想外有情中，邪行遍知所依处故；内离增上慢遍知所依处故。

【释义】如实而知：众生的颠倒、邪行依何而来；众生离增上慢依何而离。以众生的颠倒、邪行可说为即是增上慢。

"依有情想外"一句，若依藏文，应理解为"依人我外"，亦即除了依着个体（自我）外，有情的邪行遍知，就是依着他们的心理状态，而他们的心理状态便即是无明。

【正文】修依处事。

作证事。

修习事。

令彼坚固事。

彼行相事。

彼所缘事。

已断未断观察善巧事。

彼散乱事。

彼不散乱事。

不散乱依处事。

不弃修习勋劳加行事。

修习胜利事。

彼坚牢事。

摄圣行事。

摄圣行眷属事。

通达真实事。

证得涅槃事。

【释义】此种种事,依学人的观修而宣说,说观修与现证。此中摄圣行及摄圣行眷属,即如观自成本尊,观众生为眷属。于观修中,观众生皆成本尊,即摄圣行眷属事。

【正文】于善说法毘奈耶中,世间正见超升一切外道所得正见顶事。

及即于此不修退事。

于善说法毘奈耶中,不修习故说名为退,非见过失故名为退。

【释义】法毘奈耶即是法戒,由戒得定,由定生慧,所以得"正见顶",超越一切外道所得见。

退失毘奈耶,不是由于见地错误,只是由于不修习。由此戒、定、慧三者,实以修定为主。

【正文】曼殊室利,若于是处,我依声闻及诸菩萨,显示别解脱及别解脱相应之法,是名调伏。

世尊,菩萨别解脱几相所摄?

善男子,当知七相:一者宣说受轨则事故,二者宣说随顺他胜事故,三者宣说随顺毁犯事故,四者宣说有犯自性故,五者宣说无犯自性故,六者宣说出所犯故,七者宣说舍律仪故。

【释义】调伏即是说戒律,此说别解脱戒。别解脱戒是别别解脱的戒律,如不杀生,即于杀生解脱,但如果不杀生却偷盗,那就只能于杀生解脱,于偷盗未解脱,此即别别的意思。

由制定戒律,得戒律的相应法,依此宣说为七种:1. 受持法戒;2. 随顺别解脱戒说"他胜"(波罗夷 pārājika),此为比丘及比丘尼所受的戒;3. 说犯戒过失;4. 说犯戒自性,亦即所犯之事,其本质如何;5. 宣说不犯戒时,本质如何;6. 说犯戒后,如何出离所犯,这是犯戒后的补救;7. 说不守律仪的过失。

【正文】曼殊室利,若于是处,我以十一种相,决了分别显示诸法,是名本母。

何等名为十一种相：一者世俗相，二者胜义相，三者菩提分法所缘相，四者行相，五者自性相，六者彼果相，七者彼领受开示相，八者彼障碍法相，九者彼随顺法相，十者彼过患相，十一者彼胜利相。

【释义】本母（mātikā）即是了别诸法的准则，此处分为十一种。

玄奘翻译成"决了分别"有点含糊，依藏译应解作："我以十一种相，分别诸法性相，解说其义，是名本母。"意思就是，根据十一种相来分别诸法的性相，然后解说其性相。

【正文】世俗相者，当知三种：一者宣说补特伽罗故，二者宣说遍计所执自性故，三者宣说诸法作用事业故。

【释义】说世俗法，即说识境种种。佛以后得智观察识境，然后依众生心识宣说，此三者，即说人我。众生为补特伽罗，即为持业力不断流转的生命形态，由身见故，众生执此为自我，是即人我。既有人我，于是由遍计而安立自性，复由作意思维起种种业相，是即为世俗相。

【正文】胜义相者，当知宣说七种真如故。

【释义】胜义相即七种真如，此前已说。

【正文】菩提分法所缘相者，当知宣说遍一切种所知事故。

【释义】菩提分所缘相，即遍观一切种事，是即遍观佛所知事，其行相有八，如下所说。

【正文】行相者，当知宣说八行观故。云何名为八行观耶，一者谛实故，二者安住故，三者过失故，四者功德故，五者理趣故，六者流转故，七者道理故，八者总别故。

【释义】观菩提分法相，由八种观而得了知，其了知相，即名行相，因了知必由心了知，亦即由心的行相而得了知，故说为行心相。

此八种观行相，下面别别细说。

【正文】谛实者,谓诸法真如。

【释义】谛实相,即七种真如相。

【正文】安住者,谓或安立补特伽罗,或复安立诸法遍计所执自性,或复安立一向、分别、反问、置记,或复安立隐密显了记别差别。

【释义】即是"人我相"、"法我相"。此外尚有佛所说的因明,即用一向、分别、反问、置记四种方式来讨论法义。复有隐密相与显了相,隐密相即是言说的密意,显了相即是言说。

【正文】过失者,谓我宣说诸杂染法,有无量门差别过患。
功德者,谓我宣说诸清净法,有无量门差别胜利。

【释义】宣说杂染法相,即显示种种过患;宣说清净法相,即显示种种殊胜利益。

【正文】理趣者,当知六种:一者真义理趣,二者证得理趣,三者教导理趣,四者远离二边理趣,五者不可思议理趣,六者意趣理趣。

【释义】建立宗义而说,是即理趣。宗义非为究竟,所以建立宗义只是善巧方便。佛所建立,分为六种:依真实义而作言说建立;依佛所现证而作言说建立;为教导而作言说建立;依离二边而作言说建立;依如来身、智、界不可思议而作言说建立;依佛的意乐而作言说建立。

【正文】流转者,所谓三世三有为相及四种缘。

【释义】生死相续不断,此由善恶之业而成。由是即有过去、现在、未来相,并依因缘、增上缘、所缘缘、等无间缘而成立众生的身与心识。

【正文】道理者,当知四种:一者观待道理,二者作用道理,三者证成道理,四者法尔道理。

【释义】道理,即成立法则之理,凡说法则,皆须依四种道理之任一种而成。

【正文】观待道理者，谓若因若缘能生诸行及起随说，如是名为观待道理。

【释义】此依相依而成立法则，佛说为依因缘而生诸行，及随此因缘所生诸行而说，是即相依，依于因缘。

观待道理既由相依而成，是即由果可以立因，此如能见外境，即可成立眼与眼识。

【正文】作用道理者，谓若因若缘能得诸法，或能成办，或复生已作诸业用，如是名为作用道理。

【释义】谓由因缘生起诸法；诸法之成立为有，即为成办；既成办，即有业用，是即作用道理。

作用道理是由因生果，此即以因缘为因，成办诸法及业用为果。

【正文】证成道理者，谓若因若缘，能令所立、所说、所标义得成立，令正觉悟，如是名为证成道理。又此道理略有二种：一者清净，二者不清净。

【释义】由因缘证成诸法，即证成道理。其所证成，即由所施设、所言说、所表义而得成立。例如人能见到外境，由依心识而见，即依心识与外境的相依，施设外境为"唯识无境"，此即施设及言说；说一切外境唯藉心识而成显现，无有不依心识而能成显现的外境，此即表义。

此又分为清净及不清净二种。

【正文】由五种相名为清净，由七种相名不清净。

云何由五种相名为清净：一者现见所得相，二者依止现见所得相，三者自类譬喻所引相，四者圆成实相，五者善清净言教相。

【释义】由清净五种相可以证成，七种不清净相则不成证成。

【正文】现见所得相者，谓一切行皆无常性、一切行皆是苦性、一切法皆无我性，此为世间现量所得，如是等类是名现见所得相。

【释义】今说五种清净相。

彼相现前,是能现见,名现见所得相,此由世间现量可得,如无常、苦、无我等。所以由无常相,即可证成无常,而此无常相世间皆知,如人自少至老。

【正文】依止现见所得相者,谓一切行皆刹那性、他世有性、净不净业无失坏性、由彼能依粗无常性现可得故。由诸有情种种差别,依种种业现可得故。由诸有情若乐若苦,净不净业以为依止现可得故。由此因缘于不现见可为比度,如是等类是名依止现见所得相。

【释义】依止现见所得相,为依比量成立。如依无常,即可说一切行皆刹那性等。依种种有情差别,即可说种种业等。依有情的苦乐,即可说净不净业无失坏,如是等类,是名依止现见所得相。

【正文】自类譬喻所引相者,谓于内外诸行聚中,引诸世间共所了知,所得生死以为譬喻;引诸世间共所了知,所得生等种种苦相以为譬喻;引诸世间共所了知,所得不自在相以为譬喻;又复于外引诸世间共所了知,所得衰盛以为譬喻。如是等类,当知是名自类譬喻所引相。

【释义】引世间共所了知,以成譬喻。此如生死相为世间所共了知,种种苦相为世间所共了知,不自在相为世间所共了知,盛衰相为世间所共了知,如是由生死、苦相等,即可作种种譬喻,如是即为自类譬喻。此如由生死相可引申为常断相,更可引申为离生死相,即涅槃相。又如由苦相可引申为种种苦,更可引申为离苦之灭相。

能对治相实由所对治相引申而来。如贪,为世间所共了知,由此引出离贪,此即以贪为所对治,以离贪为能对治。

【正文】圆成实相者,谓即如是现见所得相,若依止现见所得相,若自类譬喻所得相,于所成立决定能成,当知是名圆成实相。

【释义】上面三种相,决定能成,是即圆成相。

此如说相碍缘起,谓一切法任运圆成,此中,世间有种种局限,此即

239

是现见所得相；依止现见所得相，即能成立对世间种种局限的适应，这适应并非现量，不为世间所见，但却可依比量而成立。例如，我们的世间是三度空间的世间，这是现量，是故一切情器皆须适应三度空间而成立体，说其适应即为比量。由此亦可成立自类譬喻所引相，我们无须细数世间有多少种局限，亦无须细数一生命形态的显现，需要适应哪一种世间的显现，但一定知道，凡成此生命形态的局限者，必须适应，这便是自类譬喻。所以对种种局限的种种适应，便称为任运圆成。任运即是适应，圆成即是得由圆成相证成。

【正文】善清净言教相者，谓一切智者之所宣说，如言涅槃究竟寂静，如是等类，当知是名善清净言教相。

善男子，是故由此五种相故，名善观察清净道理，由清净故应可修习。

【释义】清净言教相，即是一切智相，亦即"一切智者之所宣说"，经中已举例言，如涅槃等。

依此五相而成立的道理，即证成道理，由五相证成故。行者是故可依此五清净相作观修时的抉择与决定。

【正文】曼殊室利菩萨复白佛言，世尊，一切智相者，当知有几种。

佛告曼殊室利菩萨曰：善男子，略有五种：一者若有出现世间一切智声无不普闻；二者成就三十二种大丈夫相；三者具足十力，能断一切众生一切疑惑；四者具足四无所畏宣说正法，不为一切他论所伏，而能摧伏一切邪论；五者于善说法毘奈耶中，八支圣道四沙门等，皆现可得。

如是生故，相故，断疑网故，非他所伏能伏他故，圣道沙门现可得故，如是五种，当知名为一切智相。

善男子，如是证成道理，由现量故，由比量故，由圣教量故，由五种相名为清净。

【释义】因为说到清净言教相，即是一切智者之所宣说，所以文殊便问有几种一切智相。佛答为五种。

一、胜者已出世间，但于一切人天世间无不通达，所以其声世间无不普闻，亦即是说，佛所说法，为一切人天世间所能解悟。

二、佛以宿世功德，由业力成就三十二种大丈夫相，此如《宝女所问经》所说。

三、具足十力，此为如来法身功德，于现证如来智时，同时具足，由此十力，可断世间种种惑，如知业报合与不合等。

四、具足四无畏，此亦为如来法身功德，由四无畏而成言说，无可诤论，是为辩才无碍。

五、于善说中，能成立八正道、四沙门果等。

五者皆非现量，亦非比量，是圣教量。因为此已离识境的因明。

**【正文】**云何由七种相名不清净：一者此余同类可得相，二者此余异类可得相，三者一切同类可得相，四者一切异类可得相，五者异类譬喻所得相，六者非圆成实相，七者非善清净言教相。

若一切法意识所识性，是名一切同类可得相。

**【释义】**不清净相即是不成证成道理的相。

佛先说第三种"一切同类可得相"，这即是共相。凡是依意识而生的一切法，即是一切同类可得相，同为意识所生故。这即是说识境相，由二取显现而成名言显现。

**【正文】**若一切法相、性、业法、因果异相，由随如是一一异相，决定展转各各异相，是名一切异类可得相。

**【释义】**佛再说第四种"一切异类可得相"，这即是别相，此如由相成立诸法、由性成立诸法、由业法成立诸法、由因果成立诸法，如是别别成立，即成别相。

**【正文】**善男子，若于此余同类可得相及譬喻中，有一切异类相者，由此因缘于所成立非决定故，是名非圆成实相。又于此余异类可得相及譬喻中，有一切同类相者，由此因缘于所成立不决定故，亦名非圆成实相。非圆成实故,非善观察清净道理,不清净故,不应修习。

若异类譬喻所引相,若非善清净言教相,当知体性皆不清净。

【释义】佛未说一、二两种,"此余同类可得相"、"此余异类可得相",此即似同类可得,但实非同类可得;似异类可得,但实非异类可得,故说为"此余"。如于意识所生相作增上,或于种种别相作增上,所成之相即为"此余"。此"此余"相,即是异类相。如由意识所生相,可说为依他,外境依心识而成显现故,但若以种种名言作增上,于是成为遍计,此遍计相,便是"此余同类可得相"。佛说,"此余"相不可成立,所以非圆成相。由自类譬喻所引的相,若为异类,亦不可以成立,所以亦非圆成相。

如是即诸不清净相已说竟。

【正文】法尔道理者,谓如来出世若不出世,法性安住法住法界,是名法尔道理。

【释义】本来就已存在的道理,非由如来建立而成。

【正文】总别者,谓先总说一句法已,后后诸句差别分别究竟显了。

【释义】总说一法义,其后更别说差别。此如说空,是总说,更分别说十八空,如是别别显示空,即是别说。

【正文】自性相者,谓我所说有行有缘,所有能取菩提分法,谓念住等,如是名为彼自性相。

【释义】佛所说法,能缘其所说而行,此即所说自性相。此处以菩提分法为例,如说四念住,其自性相,即可依身观不净、依受观苦、依心观相续、依法观因缘生,如是即缘身、受、心、法的自性相而行。

【正文】彼果相者,谓若世间若出世间诸烦恼断,及所引发世出世间诸果功德,如是名为得彼果相。

【释义】彼果者,为断世出世诸烦恼,引发世出世诸功德,如是即为彼果相。此如如来藏果,即能令名言尽,引发悟入智识双运的功德,是即为如来藏果相。

【正文】彼领受开示相者,谓即于彼以解脱智而领受之,及广为他宣说开示,如是名为彼领受开示相。

【释义】以解脱智领受佛的开示,而非落于凡庸见,始能名为领受相。此如佛说如来藏有常、乐、我、净四德,若落于凡庸见,即可说之为真常,如是即非领受相。复次,既领受已,尚须对他人宣说,是名开示相。

【正文】彼障碍法相者,谓即于修菩提分法,能随障碍诸染污法,是名彼障碍法相。

【释义】于依自性相观行时,随障碍而修,是即此相。如修身念住应持自身为本尊而修,如是始易知自身之不净,若不敢自成本尊,即障碍法相。

【正文】彼随顺法相者,谓即于彼多所作法,是名彼随顺法相。

【释义】随顺于法,令法多生增长,是即此相。如修身念住,既自成本尊,复由迎请智慧尊而悟入心法性,是即随顺法相。

【正文】彼过患相者,当知即彼诸障碍法所有过失,是名彼过患相。

【释义】由随顺障碍,成过患相。

【正文】彼胜利相者,当知即彼诸随顺法所有功德,是名彼胜利相。

【释义】由随顺法功德,成胜利相。如前例,悟入法性即是胜利。

【正文】曼殊室利菩萨复白佛言:唯愿世尊为诸菩萨略说契经、调伏、本母、不共外道陀罗尼义,由此不共陀罗尼义,令诸菩萨得入如来所说诸法甚深密意。

佛告曼殊室利菩萨曰:善男子,汝今谛听,吾当为汝略说不共陀罗尼义,令诸菩萨于我所说密意言词能善悟入。善男子,若杂染法若清净法,我说一切皆无作用。亦都无有补特伽罗,以一切种离所为故。非杂染法先染后净,非清净法后净先染,凡夫异生于粗重身执著诸法,补特伽罗自性差别,随眠妄见以为缘故,计我我所,由此妄见,谓我见、我闻、我嗅、我尝、我触、我知、我食、我作、我染、我净,如是等类邪加行转。若有如实知如是者,便能永断粗重之身,获得一切烦恼不住,最极清净离诸戏论,无为依止无有加行。善男子,当知是名略说不共陀罗尼义。

【释义】陀罗尼非佛家所独有,凡记忆文句、通达法义、禅定咒术,印度诸宗派皆有陀罗尼修持。此处文殊所问,即问佛之言说,说为契经、调伏、本母三科,是则其所说的法义,究竟与外道修陀罗尼而得的法义有何不同。

佛以不共陀罗尼义作答。佛家陀罗尼共有四科:一、法陀罗尼,能记忆文句不忘;二、义陀罗尼,能通达法义不忘;三、咒陀罗尼(声音陀罗尼),依禅定而修声音,能得法义光明;四、忍陀罗尼,能悟入诸法离言实相,了知诸法本性自性,且能得法忍。

此中声音陀罗尼的修习,与外道不同,外道建立为"声常",佛家则说声非恒常,所以外道为杂染法,佛家为清净法。又如忍陀罗尼,佛家所悟入者,为诸法离言实相,外道所悟入者,未离名言,亦未离识境,如所说之梵,梵亦在识境中内。

此段经文,佛先说以密意言词令菩萨得悟入,所以不能由佛的言说,来与外道陀罗尼作分别,必须由密意始能作此分别。此分别有三:

一、杂染与清净的分别。杂染与清净皆是本性,所以不是原来清净,因受杂染即成杂染;亦不是原来杂染,因加以清净即成清净。以此之故,由杂染法成立的外道陀罗尼,无论如何皆不能转为清净;反之,本来清净的佛家陀罗尼,无论如何皆不受杂染,这是最基本的分别。

二、外道成立自我,且以为梵我一体,于是自我之外,还有梵我,佛家说补特迦罗无我(人无我),因此,即无种种邪加行,如说我与我所,并由是建立我见、我闻等。所以佛家即能建立离烦恼、离戏论,且离作意的陀罗尼门,尤其是声音陀罗尼门与忍陀罗尼门,此二绝非外道所能比拟。

三、外道依大梵成立陀罗尼门,佛家既离作意,是即无有依止,且无加行,由观修陀罗尼,能悟入诸法离言实相。

【正文】尔时,世尊欲重宣此义,而说颂曰:

一切杂染清净法　　皆无作用数取趣
由我宣说离所为　　染污清净非先后
于粗重身随眠见　　为缘计我及我所
由此妄谓我见等　　我食我为我染净
若如实知如是者　　乃能永断粗重身
得无染净无戏论　　无为依止无加行

【释义】若离识境(例如数取趣),则无论杂染法与清净法皆无作用,因杂染与清净皆依识境而建立。是应了知,非能将染污法清净,清净法亦非先染后净,是故无所为,亦无所得。

缘粗重身随眠见,即有我及我所,并由此而起种种我见,如我见、我闻等,以至我染、我净。若知我及我所皆为随眠(潜伏的烦恼)则能断粗重身,由是无净、无染,得离识境的名言句义成无戏论。如是于识境中即无依止,亦无加行。

此三颂可与上段经文合参。

【正文】尔时,曼殊室利菩萨摩诃萨复白佛言:世尊,云何应知诸如来心生起之相?

佛告曼殊室利菩萨曰:善男子,夫如来者非心意识生起所显,然诸如来有无加行心法生起,当知此事犹如变化。

曼殊室利菩萨复白佛言:世尊,若诸如来法身远离一切加行,既无加行,云何而有心法生起?

佛告曼殊室利菩萨曰:善男子,先所修习方便般若,加行力故,有心生起。善男子,譬如正入无心睡眠,非于觉悟而作加行,由先所作加行势力而复觉悟；又如正在灭尽定中，非于起定而作加行，由先所作加行势力还从定起。如从睡眠及灭尽定心更生起，如是如来由先修习方便般若加行力故，当知复有心法生起。

【释义】文殊师利问如来心生起相，即问佛有无心行相。凡夫藉心行相而知识境，若佛有心行相，是则如何能智识双运而不落于识境；若说佛无心行相，是则又如何能见识境相。这是一个很重要的问题。

佛答：佛已离心意识，是故不可以说有行心相，然则如何能见，佛说为有"无加行心法"生起。所谓"加行"，即由心意识所起的行心相，无加行心法，即离心意识而起的心法。此境界难被识境认识，所以佛补充说，此"事犹如变化"。

文殊菩萨追问，若远离加行，如何能有心法生起？

佛以两个比喻作答，说此两比喻前，先说什么是加行生起的心法，如修般若，先修加行，由加行力，有心生起。此心的生起，即藉加行力而成。其实凡夫心行相的生起，亦可以说是由加行力生起，例如，惯住于名言句义，则其心必以住名言句义为加行力，由是即依名言句义而起心行相。佛的心有"无加行心法"，所以，即与凡夫不同，亦与修般若的加行力不同。这种心法，难以言说，所以只有用比喻来令人理解。

第一个比喻，喻如睡眠，何以能够睡醒呢？是不是有一个睡醒的心生起？当然不是，并不是有一个睡醒的加行，由加行力令人醒觉。这即可以喻为"无加行力心法"。

第二个比喻，喻如入灭尽定，于定中已无心行，但却可以起定，这亦不是因为修起定的加行，由加行力令人起定，所以这亦是"无加行力心法"。

无加行即是名言尽，一切名言句义自然而尽，是即离言说、离戏论，若须由加行而离名言句义，那便必须有作意、有功用，要成立种种观修来舍离，如是即有所为、有功用、有所得、有分别，是即不能通达离言法性，更不能无分别而证涅槃，无所得而证正等觉。由是可知，无上瑜伽的观修，必须是无加行的观修，亦即名言尽的观修。

**【正文】**曼殊室利菩萨复白佛言：世尊，如来化身，当言有心为无心耶？

佛告曼殊室利菩萨曰：善男子，非是有心亦非无心，何以故？无自依心故，有依他心故。

**【释义】**上面只说如来法身，所以文殊便问及如来化身，有心、无心？

佛言：无自依心，有依他心。此即说无自生心法，心法唯依外境而成。

这便即是《入楞伽经》所说的"唯心所自见"，由自见而成心法。

这里说的心法，即是佛后得智所起的心法。

**【正文】**曼殊室利菩萨复白佛言：世尊，如来所行，如来境界，此之二种有何差别？

佛告曼殊室利菩萨曰：善男子，如来所行，谓一切种如来共有不可思议无量功德，众所庄严清净佛土。如来境界，谓一切种五界差别。何等为五？一者有情界，二者世界，三者法界，四者调伏界，五者调伏方便界。如是名为二种差别。

**【释义】**文殊问：如来所行与如来境界有何差别？佛答：如来功德即是如来所行，所以不同于如来境界。

如来境界摄五界，即情、器世间，法界，佛所调伏的世间，佛以方便作调伏的世间。此五，称为无量界，以皆无量故。

**【正文】**曼殊室利菩萨复白佛言：世尊，如来成等正觉，转正法轮，入大涅槃，如是三种当知何相？

佛告曼殊室利菩萨曰：善男子，当知此三皆无二相，谓非成等正觉非不成等正觉，非转正法轮非不转正法轮，非入大涅槃非不入大涅槃。何以故？如来法身究竟净故，如来化身常示现故。

【释义】文殊问成等正觉相,转正法轮相,入大涅槃相。

佛答三者皆无二相。"何以故?如来法身究竟净故,如来化身常示现故。"此即是说智识双运,如来法身为智境,如来化身则住于识境,法身与化身不相异离,故成智识双运,由双运即可说为"非成等正觉非不成等正觉,非转正法轮非不转正法轮,非入大涅槃非不入大涅槃"。

【正文】曼殊室利菩萨复白佛言:世尊,诸有情类但于化身见闻奉事生诸功德,如来于彼有何因缘?

佛告曼殊室利菩萨曰:善男子,如来是彼增上所缘之因缘故,又彼化身是如来力所住持故。

【释义】文殊问:有情只于化身佛处得见闻奉事,是则如来法身对有情又有何关系?

佛答:如来是有情增上所缘之因缘,因为"化身是如来力所住持故",如来力所住持,即是增上缘,此住持力由如来而来,所以如来是增上缘的因缘。

【正文】曼殊室利菩萨复白佛言:世尊,等无加行,何因缘故,如来法身为诸有情放大智光,及出无量化身影像,声闻、独觉解脱之身无如是事。

佛告曼殊室利菩萨曰:善男子,譬如等无加行,从日月轮水火二种颇胝迦宝放大光明,非余水火颇胝迦宝,谓大威德有情所住持故、诸有情业增上力故。又如从彼善工业者之所雕饰末尼宝珠出印文像,不从所余不雕饰者。如是缘于无量法界,方便般若极善修习,磨莹集成如来法身,从是能放大智光明,及出种种化身影像,非唯从彼解脱之身有如斯事。

【释义】文殊师利问:何以如来法身能放大智光明,出无量化身,何以声闻独觉解脱身则不能?

佛答:此如水火琉璃宝,唯日月轮水火琉璃宝能放大光明,余水火琉璃宝则不能,所以只有具大威德,始能为有情所住持,由是如来法身能为有情放大智光,成种种化身。解脱身非日月轮水火琉璃宝,只能喻为水火琉璃宝,是故无此大威德。

【正文】曼殊室利菩萨复白佛言:世尊,如世尊说,如来菩萨威德住持,令诸众生于欲界中,生刹帝利婆罗门等大富贵家,人身财宝无不圆满,或欲界天色无色界,一切身财圆满可得。世尊,此中有何密意?

佛告曼殊室利菩萨曰:善男子,如来菩萨威德住持,若道若行于一切处,能令众生获得身财皆圆满者,即随所应,为彼宣说此道此行。若有能于此道此行正修行者,于一切处所获身财无不圆满。若有众生于此道行违背轻毁,又于我所起损恼心及瞋恚心,命终已后于一切处,所得身财无不下劣。曼殊室利,由是因缘,当知如来及诸菩萨威德住持,非但能令身财圆满,如来菩萨住持威德,亦令众生身财下劣。

【释义】此本品第三分,问如来菩萨威德,能利益众生福德,有何密意?

佛答:如来菩萨威德可令众生富贵、身财圆满,是由于众生"于此道此行正修行",是故与如来菩萨的威德相应,若众生违背此道、毁谤此道,则"所得身财无不下劣",以与如来菩萨的威德不相应故。所以如来菩萨的威德,不但能令身财圆满,亦可令身财下劣。由是而知,欲得加持,先须相应。

【正文】曼殊室利菩萨复白佛言:世尊,诸秽土中何事易得何事难得?诸净土中何事易得何事难得?

佛告曼殊室利菩萨曰:善男子,诸秽土中八事易得,二事难得。

何等名为八事易得?一者外道,二者有苦众生,三者种姓家世兴衰差别,四者行诸恶行,五者毁犯尸罗,六者恶趣,七者下乘,八者下劣意乐加行菩萨。

何等名为二事难得?一者增上意乐加行菩萨之所游集,二者如来出现于世。

曼殊室利,诸净土中与上相违,当知八事甚为难得,二事易得。

【释义】如来有两种色身，报身所住为净土，化身所住为秽土，此二者何事易得，何事难得？

文殊师利菩萨此问，实即表明净土亦为识境，与秽土平等，仅以净秽不同，所以显现为易事难事即有不同。所谓易事，即令有情易入道之事；所谓难事，即令有情难入道之事。经中所说易事难事，随文易知。

【正文】尔时，曼殊室利菩萨白佛言：世尊，于此解深密法门中，此名何教，我当云何奉持？

佛告曼殊室利菩萨曰：善男子，此名如来成所作事了义之教。于此如来成所作事了义之教，汝当奉持。

说是如来成所作事了义教时，于大会中有七十五千菩萨摩诃萨，皆得圆满法身证觉。

【释义】此为嘱咐品。

如来嘱咐文殊，本经所说，"名如来成所作事了义之教"，此亦即现证法身之了义教，由此可知本经宣说密意，至应珍重。

吉祥

## 图书在版编目(CIP)数据

《解深密经》密意/谈锡永著.—上海:复旦大学出版社,2013.10(2024.5重印)
(佛典密意系列)
ISBN 978-7-309-09792-4

Ⅰ.解… Ⅱ.谈… Ⅲ.①唯识宗-佛经②《解深密经》-研究 Ⅳ.B946.3

中国版本图书馆 CIP 数据核字(2013)第 127823 号

### 《解深密经》密意

谈锡永 著
出品人/严 峰
责任编辑/陈 军

复旦大学出版社有限公司出版发行
上海市国权路 579 号 邮编:200433
网址: fupnet@fudanpress.com http://www.fudanpress.com
门市零售:86-21-65102580 团体订购:86-21-65104505
出版部电话:86-21-65642845
上海崇明裕安印刷厂

开本 890 毫米×1240 毫米 1/32 印张 8.25 字数 211 千字
2013 年 10 月第 1 版
2024 年 5 月第 1 版第 5 次印刷

ISBN 978-7-309-09792-4/B·469
定价:36.00 元

如有印装质量问题,请向复旦大学出版社有限公司出版部调换。
版权所有 侵权必究